本书列入

2017年国家社会科学基金重大委托项目

"十三五"国家重点图书出版规划项目

中华传统文化百部经典

商君书

商鞅 著

蒋重跃 解读

国家图书馆出版社

图书在版编目（CIP）数据

商君书 /（战国）商鞅著；蒋重跃解读 . — 北京：国
家图书馆出版社，2022.6
（中华传统文化百部经典 / 袁行霈主编）
ISBN 978-7-5013-7372-7

Ⅰ . ①商… Ⅱ . ①商… ②蒋… Ⅲ . ①商鞅变法 ②《商
君书》-注释 Ⅳ . ① B226.22

中国版本图书馆 CIP 数据核字 (2021) 第 215790 号

国家图书馆出版社官方微信

书　　名　商君书
著　　者　（战国）商　鞅 著　蒋重跃 解读
责任编辑　于春媚
特约编辑　马庆洲
封面设计　敬人设计工作室

出版发行　国家图书馆出版社（北京市西城区文津街 7 号　100034）
　　　　　010-66114536　63802249　nlcpress@nlc.cn（邮购）
网　　址　http://www.nlcpress.com
印　　装　北京科信印刷有限公司
版次印次　2022 年 6 月第 1 版　2022 年 6 月第 1 次印刷

开　　本　710×1000（毫米）　1/16
印　　张　19.25
字　　数　247 千字
书　　号　ISBN 978-7-5013-7372-7
定　　价　57.00 元（精装）

编纂缘起

　　文化是民族的血脉，是人民的精神家园。党的十八大以来，围绕传承发展中华优秀传统文化，习近平总书记发表了一系列重要讲话，深刻揭示出中华优秀传统文化的地位和作用，梳理概括了中华优秀传统文化的历史源流、思想精神和鲜明特质，集中阐明了我们党对待传统文化的立场态度，这是中华民族继往开来、实现伟大复兴的重要文化方略。2017年初，中共中央办公厅、国务院办公厅印发《关于实施中华优秀传统文化传承发展工程的意见》，从国家战略层面对中华优秀传统文化传承发展工作作出部署。

　　我国古代留下浩如烟海的典籍，其中的精华是培育民族精神和时代精神的文化基础。激活经典，熔古铸今，是增强文化自觉和文化自信的重要途径。多年来，学术界潜心研究，钩沉发覆、辨伪存真、提炼精华，做了许多有益工作。编纂《中华传统文化百部经典》（简称《百部经典》），就是在汲取已有成果基础上，力求编出一套兼具思想性、学术性和大众性的读本，使之成为广泛认同、传之久远的范本。《百部经典》所选图书上起先秦，下至辛亥革命，包括哲学、文学、历史、艺术、科技等领域的重要典籍。萃取其精华，加以解读，旨在搭建传统典籍与大众之间的桥梁，激活中华优秀传统文化，用优秀传统文化滋养当代中国人的精神世界，提振当代中国人的文化自信。

这套书采取导读、原典、注释、点评相结合的编纂体例，寻求优秀传统文化与社会主义核心价值观之间的深度契合点；以当代眼光审视和解读古代典籍，启发读者从中汲取古人的智慧和历史的经验，借以育人、资政，更好地为今人所取、为今人所用；力求深入浅出、明白晓畅地介绍古代经典，让优秀传统文化贴近现实生活，融入课堂教育，走进人们心中，最大限度地发挥以文化人的作用。

《百部经典》的编纂是一项重大文化工程。在中宣部等部门的指导和大力支持下，国家图书馆做了大量组织工作，得到学术界的积极响应和参与。由专家组成的编纂委员会，职责是作出总体规划，选定书目，制订体例，掌握进度；并延请德高望重的大家耆宿担当顾问，聘请对各书有深入研究的学者承担注释和解读，邀请相关领域的知名专家负责审订。先后约有 500 位专家参与工作。在此，向他们表示由衷的谢意。

书中疏漏不当之处，诚请读者批评指正。

2017 年 9 月 21 日

凡　例

一、《中华传统文化百部经典》的选书范围，上起先秦，下迄辛亥革命。选择在哲学、文学、历史、艺术、科技等各个领域具有重大思想价值、社会价值、历史价值和学术价值的一百部经典著作。

二、对于入选典籍，视具体情况确定节选或全录，并慎重选择底本。

三、对每部典籍，均设"导读""注释""点评"三个栏目加以诠释。导读居一书之首，主要介绍作者生平、成书过程、主要内容、历史地位、时代价值等，行文力求准确平实。注释部分解释字词、注明难字读音，串讲句子大意，务求简明扼要。点评包括篇末评和旁批两种形式。篇末评撮述原典要旨，标以"点评"，旁批萃取思想精华，印于书页一侧，力求要言不烦，雅俗共赏。

四、原文中的古今字、假借字一般不做改动，唯对异体字根据现行标准做适当转换。

五、每书附入相关善本书影，以期展现典籍的历史形态。

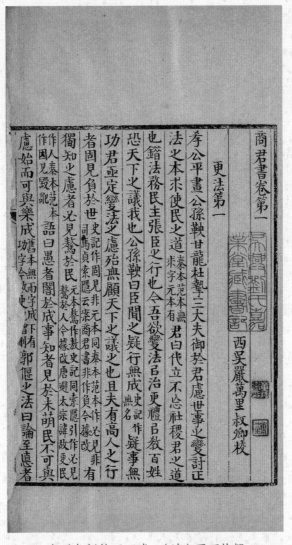

商君書卷第一

西吳嚴萬里叔卿校

更法第一

孝公平畫 公孫鞅甘龍杜摯三大夫御於君慮世事之變討正

法之本求使民之道 秦本范本無求字元本有 君曰代立不忘社稷君之道

也錯法務民主張臣之行也今吾欲變法以治更禮以教百姓

恐天下之議我也公孫鞅曰臣聞之疑行無成疑事無

功君亶定變法之慮殆無顧天下之議之也且夫有高人之行

者固見負於世 史記作非見 獨知之慮者必見驁於民 元本驁作教史記同秦隱引作必見

作人秦本范本 語曰愚者闇於成事知者見於未萌民不可與

慮始而可與樂成功 嬌字今本無 郭偃之法曰論至惪者

商君書新挍正序

商君書凡二十九篇今亡其十一

西吳嚴萬里叔卿譔

八篇又亡其二實二十四篇

舊刻多作誤不可讀余參稽眾本又旁搜羣籍勘正其

紕繆而疑其不可苡者然後爲馬曶魚十去三四乃繕

寫三編釐爲五卷架序之曰太史公爲鞅傳載鞅始見孝

公語求倉鞅曰吾說君帝道其志不開悟又說曰王

道茄未入佊鞅亦明然帝王之道不得已而重自貶損

出旃任法之說者及觀所爲商君書而知鞅實帝王之

目　录

商鞅和《商君书》

　　对于商鞅和《商君书》，过去的研究主要是在传统学术的范畴内进行的，大体有两种取向，一是站在儒家立场进行批判，二是站在法家立场进行辩护。两者皆有偏颇之处。我们生活在当代，理应站在较为中立的立场，以同情的理解，客观分析儒法两家的叙事，尽可能从中看到合乎历史的商鞅和《商君书》。

　　商鞅的故事，保存下来最早的，主要是受儒家思想熏陶的学者讲述的。在以往的历史上，大多数学者很容易接受带有儒家色彩的叙事，那是由他们拥有与古代儒家相似的社会处境和意识形态决定的。由此带来一些解读上的偏颇，是很自然的。我们现在讲述商鞅和《商君书》故事，必须意识到这一点。

一、商鞅其人

在古代，商鞅故事讲述得最多的，影响最大的，要数西汉人，其中以司马迁的《史记·商君列传》最为系统完整。我们知道，西汉初年，朝野兴起了一股强劲的"过秦"思潮，就是反思、批评秦朝的过失。严刑峻法被认为是导致秦朝灭亡的一个重要原因，而商鞅恰恰是这个政策的首倡者，所以难辞其咎。《商君列传》就是在这样的背景下撰写的。司马迁的父亲司马谈推崇黄老，作为儿子，他不能不受到影响，《史记》记载黄老事迹和人物，大体上是正面的；司马迁本人又倾向于儒家，以"考信于六艺"（此处的"六艺"指《诗》《书》《礼》《乐》《易》《春秋》）作为《史记》取材的原则。这样，《商君列传》的叙事就很可能从"清静无为"和"仁爱慈惠"两个方面与商鞅本人严重对立。可以想见，司马迁写商鞅时会带着怎样的情感、态度和成见了。当然，作为伟大的历史学家，他不会罔顾史实，随意下笔，但情感、态度和成见总会对他的取材和描述产生一定的影响，这是我们在读《商君列传》时要留心的。

据司马迁记载，商鞅是卫国人。学者推测，他大约出生于公元前390年左右①，祖上是卫国公族，所以称"公孙鞅"，又称"卫鞅"。追本溯源，他的家族出自姬姓，属于周代贵胄。不过，战国时代，由于长期的社会变革和宗族繁衍分化，许多拥有贵族血统的人既无爵位，又无恒产，成为布衣，靠技能谋生，商鞅应该就是这种人中的一位。

商鞅受到怎样的教育？司马迁说他"少好刑名之学"，这个说法到底可信不可信？不好说。战国中期，百家思想兴起，有条件接受教育的家庭，一般会让子弟学习百家的学问，以备社会选用。看商鞅后来的行事，他对于儒家是了解的，还有相当的军事思想，辩论术也相当熟练，应该是学过百家说的。当然，喜欢刑名，也是可能的，这与他这个拥有贵族血统的平民知识分子的身份倒是吻合的。

　　从司马迁的记载来看，商鞅不但有才干，还有胆略。他担任魏相公叔痤的中庶子，即家臣之一种。公叔痤知道他有奇才，还未来得及向国君举荐，就得了重病。魏惠王亲自来家探望，公叔痤乘机向国君举荐商鞅执掌魏国政务，魏王没有应允。公叔痤又建议杀掉商鞅，不要让他出境，免得遗患魏国，魏王答应而去。公叔痤急招商鞅，让他赶快逃命。商鞅笑着回答："魏王不能听您之言任用臣，又怎肯听您之言杀害臣呢？"

　　公叔痤去世后，恰巧相邻的秦国发布了《求贤令》，商鞅便带着魏国的改革家李悝的《法经》西行入秦。这一年是公元前361年（秦孝公元年），商鞅30岁左右。来到秦国后，商鞅通过宦官景监的关系几次得到秦孝公的召见。这说明，商鞅与景监应该有特殊关系，是怎么建立的，史家没有明说，这成了商鞅人生中遭人诟病的一大污点。对此，司马迁似乎很感兴趣，他后来在描写赵良当面批评商鞅的话里又一次提到了这件事。看来，他对商鞅是嫌恶的。不过，司马迁讲述商鞅见秦孝公的故事却是饶有兴味的：商鞅几次觐见，开始时，向孝公大讲三代的帝王之道，孝公不感兴趣，时时瞌睡，过后便责怪景监。后来见面，才向孝公大讲霸道，即强国之术，孝公被深深地吸引住了，情不自禁离开席位，凑近商鞅。值得注意的是，商鞅觉得秦国实行霸政固然好，但终究"难以比德于殷、周"，在道德上难以与殷、周相比。这说明，即使商鞅真的"少好刑名之学"，对于三代传统也是认同的，这与儒家有一致之处。

　　秦孝公三年（前359），孝公任用商鞅，准备变法，可是担心天下议论自己，便召集了一次变法决策的高层会议，参加者有秦孝公本人和商鞅、甘龙、杜挚三位大夫。《商君列传》《商君书·更法》《新序·善谋》都有记载，文字大同小异。

　　对于这次会议，近世学者几乎一致认为商鞅力排众议，有力地回击了反对变法的观点，说服了秦孝公，最终确立了变法政策。

可是细玩文意，感到这场论辩涉及到变法的必要性和合理性，但提出的根据并不充分，理论上也有不足之处，基本上是孝公主意已定，开会时提起话题，商鞅加以肯定；甘龙、杜挚提出反对意见，商鞅分别给予反驳；孝公肯定商鞅观点，于是颁布《垦草令》，启动变法。

期间，甘龙提出：与其变法，不如沿用传统，那样就可"不劳而成功"，"吏习而民安"；杜挚提出："利不百，不变法；功不十，不易器。"两人的目的显然是反对变法，但都提出了改革的代价和成本核算问题，是值得思考的，可惜没有引起孝公和商鞅的足够重视。

商鞅在批评二人的观点时提出的理由是"三代不同礼而王[②]，五霸不同法而霸"，"汤、武不循古而王，夏、殷不易礼而亡"。说三王五霸的兴起是改变礼法的结果，说汤、武王天下是不学习古代，夏、商的灭亡是不改变礼法的缘故。这样的论说有片面性。三代的礼制容有不同，但武王伐纣分明是学的商汤伐桀，商汤伐桀与夏代的启伐有扈又如出一辙，都是打着天命的旗号，怎么能说是不学习古代呢？夏商的灭亡不是不改变礼制，恰恰是因为过度改变旧的礼制，才犯了众怒，招致了灭亡。五霸实行法治的确改变了各国原有的制度，这点倒是被商鞅说中了。

总之，商鞅批评甘龙、杜挚的话绝大部分是历史知识的片面使用，论证的有效性不强。这场辩论，商鞅取胜，主要靠的是秦孝公的权力，不是真理的力量，在文字上并没有留下多少有说服力的理论成果，这不能不说是一个遗憾。

此外，商鞅的辩论中还不时流露出独裁专制的倾向。例如："超常的行为，一定会受到社会的非议；独到的见识，必然遭到民众的谩骂。愚蠢的人待到事情做成了还不明所以；聪慧的人事情还没有萌生就有所发现了。所以，说起民众啊，不能与他们一起谋划事情的起始，只可和他们享受成事的结果。有最高德行的，一定是不合于流俗的；成就伟大功

业的，只能是不与民众谋划的。"如此抬高改革者的站位，甚至与广大
民众对立起来，给自己的前景投下了可怕的阴影。当然，是改革就一定
会触动既得利益，道理说得再透彻，也不可能博得所有人，特别是既得
利益者的赞同；但道理说得好，至少可以在理论上占得先机，创造和拥
有更大的合法性资源。总之，在关于变法的辩论中，商鞅在理论思考上
明显是欠火候的。有没有性格急躁、理论修养不足的原因呢？可能性是
很大的。不过，改革的确是秦国当时需要的，从后来的历史进程来看，
效果也是明显的。如此说来，商鞅变法尽管理论准备不充分，但改革的
勇气还是绰绰有余的，改革的时机是牢牢地把握住了，所以才创造了历
史业绩。

　　关于变法改革中商鞅的某些行为，司马迁的描写不好理解。比如，
新法实行一年，秦国民众上千人来到国都，抱怨说新法给社会带来不便。
商鞅作为变法的领导者，压力自然是很大的。偏巧此时太子犯法（很有
可能是故意的），为了给新法立威，给反对新法者迎头痛击，商鞅毅然
下令，对太子的师傅公子虔、公孙贾施刑，迈出了他人生中最为致命的
一步。结果，当然是个个震恐，人人趋令。新法行之十年，成效显著。
当年那些说新法不便的人士有些又跑到都城，反过来颂扬说新法便利。
这本是一件好事，不料商鞅却说："这些都是扰乱秩序的人！"下令全部
迁往边城。从此，人民就再没有敢议论新法的了。按常理，那些曾经说
新法不便的人士又跑来说新法便利，这不是现身说法，有利于改革的大
好事么？为什么要处罚他们呢？商鞅的做法有违常理，读起来不可思议。
可是史家留给我们的思考余地就这么大，剩下的，就可能往商鞅心胸狭
隘、报复性极强这一条道上去想了，这或许就是太史公想要的阅读效果
吧，也未可知。

　　据其他史料记载，商鞅是一位军事家，与孙武、孙膑、吴起齐名，
可是读《商君列传》却只能看到寡廉鲜耻、阴险奸诈的一个事例。齐魏

马陵之战魏国损失惨重。第二年，即孝公二十二年（前340），商鞅率军伐魏，这对于解除秦东向发展的障碍，在战略上是有意义的一步。魏军由公子卬统帅。两军相拒。商鞅写信给公子卬，说："当初我与公子交往甚好，如今我俩任两国将军，实在不忍心相互攻伐，希望能与公子见面，订立盟约，痛饮罢兵，以此促成秦、魏和平。"公子卬信以为真。会盟结束后饮酒，商鞅埋伏甲士袭击并俘获公子卬，随后发起攻击并彻底打败魏军。商鞅回国后，受封於、商十五邑，号为商君。我们今天习惯称商鞅，就是因为他受封为商君的缘故。

商鞅当政十多年，宗室贵戚多有怨恨。孝公二十四年（前338）赵良来见，当面批评商鞅。商鞅列举新法改变秦国的种种事实，然后问道："您看我治理秦国，与五羖大夫（春秋时期秦国名相百里奚）谁更好？"骄矜之态跃然纸上。赵良借机指责商鞅通过嬖人景监求见秦君，实施严刑峻法，伤害贵族，并引"得人者兴，失人者崩"，"恃德者昌，恃力者亡"的《诗》《书》语录，劝谏商鞅激流勇退，明哲保身。最后甚至语带威胁：如果贪图商、於的富庶，继续积怨，孝公一旦不在，秦国要收拾您的人岂能少吗？您的败亡不就随时降临了吗？看文意，赵良应该是商鞅的故人，所以才有机会说出别人想说而不敢说的话。不过，商鞅显然没有接受赵良的意见。

按司马迁的说法，五个月后，秦孝公去世，太子继位。公子虔等人告发商鞅"欲"谋反，并派兵缉捕。商鞅逃到关下，想住客舍（旅店），店主说："商君之法，留宿没有证件的人住店，按犯法论处。"商鞅喟然叹息道："天啊！实行法治的弊端竟到如此地步啊！"随后逃往魏国。魏国人怨恨商鞅欺骗公子卬，又把他撵回秦国。商鞅无奈，回到商邑，与徒属发邑兵，北上击郑，被秦军杀死在黾池（今河南渑池县北）。秦惠王下令车裂商鞅，宣布说："如果有人谋反，就像商鞅一样下场！"随即族灭了商鞅全家。

司马迁不惜笔墨描写赵良的批判和商鞅的末路，是情不自禁，言而由衷的。太史公曰中这样写道：

> 商君，其天资刻薄人也。迹其欲干孝公以帝王术，挟持浮说，非其质矣。且所因由嬖臣，及得用，刑公子虔，欺魏将印，不师赵良之言，亦足发明商君之少恩矣。余尝读商君开塞耕战书，与其人行事相类。卒受恶名于秦，有以也夫！

战国时期，《韩非子》对商鞅是肯定的。西汉时期，法家的余绪仍然在肯定商鞅，《盐铁论》中"大夫"（桑弘羊）和御史就坚持商鞅的治国主张。相反，作为意识形态领域中占主导地位的黄老和儒家则是否定商鞅的。

司马迁尽管在提到个人的为人时对商鞅没有什么好感，但在讲述商鞅变法故事的时候，却对史实作了客观的叙述，由此可以看到一位伟大的历史学家是如何忠于自己的使命的。

二、商鞅变法

商鞅变法是秦孝公的动议，除了更法会议中作出变法决定之外，在变法过程中，几乎看不到秦孝公的影子，好像所有的变法活动都是商鞅主持的。司马迁在讲述变法故事时，比较冷静客观，是忠于史实的。

更法会议在理论上没有什么成绩，对于后世，特别是对于今天的人们来说，除了几句口号和带有偏颇的历史论证，没有太多可以借鉴的东西。但司马迁所记载的变法措施，却是有意义的。

孝公三年（前359），商鞅被任命为左庶长，主持变法。左庶长是秦爵第十级的名称，是有实权的军政首席大臣。变法措施如下：

第一条，令民为什伍，互相监督，犯罪连坐。十家为什，五家为伍，各家互相监督，一家犯法，别家必须告奸，不告奸者，腰斩；告奸者，与斩敌首同赏。匿奸者，与降敌同罚。

第二条，鼓励分家。民有两个儿子以上而不分户的，每人加倍缴纳军赋。

第三条，奖励公战，禁止私斗。参加国家的军事行动而有功的，根据制度享受上一级的爵位。私斗者，根据轻重判刑。

第四条，重本抑末。不论大小，只要努力耕织，生产粮食和丝帛多的，免除本人徭役。因从事工商活动或懒惰而致贫穷的，收为官奴。

第五条，实行军功爵制。按等级明确爵位，按家庭爵位等级占有相应数量的田宅奴婢衣用什物等。贵族若无军功，不得列名于宗室名籍。做到有功者显荣，无功者虽富不得享有荣华。

法令拟就，担心民众不信，商鞅便在国都市场的南门立一根三丈长的木杆，发布告示：有人能把木杆移到市场北门，赏金（一说铜）十镒。民众感到奇怪，没有人敢于应命。商鞅再次发布通告：有能移到北门的，赏金五十镒！这时真有一人把木杆移到了北门，果然给予五十镒金，表明不是欺骗。这就是著名的"徙木立信"的故事。于是，变法之令发布。

到秦孝公十年（前352），变法效果显著，我们从司马迁下面这段文字中可以明显感到太史公的笔锋是带着感情的：

（新法）行之十年，秦民大说，道不拾遗，山无盗贼，家给人足，民勇于公战，怯于私斗，乡邑大治。

　　于是，商鞅升任为大良造，即"大上造"（秦爵位第十六级，也是当时秦国的最高官职），开始营建咸阳（今陕西咸阳秦都区）。孝公十二年（前350），秦国都城从雍（今陕西凤翔县东南）迁到咸阳。接着，开始第二阶段的变法。措施如下：

　　第一条，禁止父子兄弟同室而居。

　　第二条，集中小都乡邑聚落，设县，置县令、县丞。共得31县。

　　第三条，田地破除阡陌封疆而赋税平。

　　第四条，统一度量衡，称"平斗桶权衡丈尺"。

　　司马迁说："居五年，秦人富强，天子致胙于孝公，诸侯毕贺。"周天子按礼数赏赐祭肉给孝公。这和上面新法行之十年时说的一样，是赞扬新法实施效果的。

　　商鞅两次改革，建立起什伍连坐制度和军功爵制度，破除旧的阡陌封疆，推行重农抑商政策，崇尚以国家事务为内容的公共意识，反对为了家族和其他小团体利益的私人意识，统一了税收制度，统一了度量衡制度，推广、整齐了县一级地方行政制度，大力倡导核心家庭制度，这些都表现了秦国正在从分封制向郡县制、从世卿政治向官僚制度、从复合型血缘大家族向核心型小家庭、从身份认同向契约精神、从私人意识向公共意识转变的特征。总之，商鞅变法使秦国在政治、经济、军事、社会、文化、思想等诸多方面进一步摆脱传统旧俗的束缚，朝着建立起一个无所不管的、强大而有效的公共管理机构的目标迅跑。

三、《商君书》

　　商鞅是政治人物，有没有著作？从文献上看，古代许多政治人物的言行都有记载，有的文字还不少，可以作为本人著作来读。像周公，《尚书》的《周书》八诰几乎可以看作他本人的著作，文字整理工作肯定是史官做的，但话是他讲的，思想是他的，这不会有问题。商鞅在秦国的地位，有点像周公在周朝的地位，这样身份的人，有什么思想，有什么讲话，应该是会记录下来，而且不会少。所以，说《商君书》或其中的部分内容有可能是商鞅本人所撰，或至少有商鞅的言行和思想在其中，应该不会有什么问题。

学者认为，战国时代诸子著书立说风气很盛，商鞅相秦二十余年，有时间、有条件著书立说。他不仅有政书，还有兵书传世，《汉书·艺文志》兵权谋："公孙鞅二十七篇。"《汉书·刑法志》："吴有孙武，齐有孙膑，魏有吴起，秦有商鞅，皆禽敌立胜，垂著篇籍。"好像还有农书。《艺文志》诸子农家："《神农》二十篇。"颜师古注引刘向《别录》："疑李悝及商君所说。"[③]

高亨先生考证，根据《商君书》中所述及的史实，有五篇很明显是作于商鞅死后。例如，《更法》有"孝公"（生而称谥，不合礼制，当是后人整理之作）；《错法》"乌获举千钧之重"；《徕民》"自魏襄以来"，"周军之胜"（指秦灭周），"华军之胜"（指华阳之战），"长平之胜"（指长平之战）；《弱民》"乌获举千钧之重""秦取楚鄢郢""唐蔑死于垂沙"；《定分》"丞相置一法官"篇中提到的这些事实都在商鞅身后。有七篇，《算地》《错法》《徕民》《赏刑》《君臣》《禁使》《慎法》是臣下上奏文稿。这七篇也非出于一人之手。此外，《去强》《弱民》《靳令》语言风格颇不一致，彼此重复、歧异，证明这几篇非出于一人之手。

高亨先生认为书中确有商鞅遗著，例如《垦令》即《更法》中所说的有关《垦草令》的上书。《靳令》："行罚，重其轻者，轻其重者，轻者不至，重者不来，此谓以刑去刑，刑去事成；罪重刑轻，刑至事生，此谓以刑致刑。"与《韩非子·内储说上七术》所引公孙鞅的话"行刑，重其轻者，轻者不至，重者不来，是谓以刑去刑"一致。《外内》，《韩非子·南面》中提到"商君之《内外》"，即《外内》。《韩非子·定法》引商鞅的话："斩一首者爵一级，欲为官者为五十石之官；斩二首者爵二级，欲为官者为百石之官。"官爵之迁，与斩首之功相称也。《境内》："能得甲首一者，赏爵一级，益田一顷，益宅九亩，除庶子一人，乃得入兵官之吏。"两者文句不同，内容相近。《淮南子》所说的《启塞》，《史记》中说的《开塞》《耕战》也可能是商鞅遗著。

目前所能知道的，大体就是以上这些情况。总之，说今本《商君书》是商鞅遗著和思想一致的其他作者（以下称为"商鞅派法家"）遗著的合编当不会有问题。

那么，《商君书》流传情况如何？

《韩非子·五蠹》有言："今境内之民皆言治，藏《商》《管》之法者家有之。"《商》《管》需要"藏"，即收藏，可见应该是成书的，而且流传还很广，战国后期竟达到了"家有之"的普及程度。不过，韩非所说的"《商》《管》"究竟是什么样子的，商鞅本人究竟做了多大贡献，目前没有办法完整复原。《韩非子》提到的商鞅言行，可能不如《商君书》全，但与《商君书》中的商鞅言行吻合是可以肯定的。例如，《定法》篇给"法"下的定义，就与《商君书》思想吻合。《韩非子》中讲到商鞅，提到了法治、诚信、耕战、意识形态管控等等，也与《商君书》的内容相符。至于它批评商鞅徒法而无术，在字面上也是吻合的。事实上，商君之法是包含了治吏思想的，这与术的内容是有重合的，但由于没有用"术"这样的概念来加以整合和提炼，法里面的治吏思想很难形成独立的系统。

司马迁《史记·商君列传》曾提到"商君《开塞》《耕战》书，与其人行事相类"。今本《商君书》的确有《开塞》《农战》两篇，内容也与商君言行相符。《淮南子》提到过"商鞅之法"（《要略》），"商鞅之《启塞》"(《泰族》）。可见，《商君书》在西汉也有传本。此后，该书在历代艺文志记载中从未间断。

《汉书·艺文志》法家类著录《商君》二十九篇。本注云："名鞅，姬姓，卫后也。相秦孝公，有列传。"

《隋书·经籍志》法部："《商君书》五卷，秦相卫鞅撰。"

《旧唐书·经籍志》法家："《商子》五卷，商鞅撰。"

《新唐书·艺文志》法家："《商君书》五卷，商鞅，或作《商子》。"

到了宋代，《通志·艺文略》记载："《商君书》五卷，秦相卫鞅撰。汉有二十九篇，今亡三篇。"今本目录恰是二十六篇。

晁公武《郡斋读书志》法家类："《商子》五卷。……本二十九篇，今亡者三篇。"与《通志·艺文略》同。

陈振孙《直斋书录解题》法家类："《商子》五卷，秦相卫公孙鞅撰。……《汉志》二十九篇，今二十六篇，又亡其一。"看来，宋代私人藏书与官本并行。

今天读到的《商君书》大多是清人严万里（可均）校勘整理后的传本。严氏曾得元刻本，知有二十六篇，其中第十六、第二十一篇存目，实有二十四篇。他据明代范钦本、秦四麟本等善本加以校勘。上海书店出版的《诸子集成》所用《商君书》即严氏校本的翻刻本，是为通行本。20世纪《商君书》注释名作，例如蒋礼鸿《商君书锥指》、高亨《商君书注译》等，都是以严万里校本的翻刻本为底本，参校其他注本撰成。2012年出版的张觉《商君书校疏》，则根据国内所见较早的严校本以及范本、冯本、李本、程本、吴本、朱本、陈本、四库本、崇文本加以汇校，最具校勘权威性；注释中有许多条非常精到，超越前人，有重大创新价值。本书即以上海书店《诸子集成》本所据《商君书》严氏校本的翻刻本为底本，并参考蒋礼鸿《锥指》、高亨《注译》、张觉《校疏》等撰成。

四、《商君书》的主要内容

《商君书》现有二十四篇，内容以论述具体的治国方略为主，与《史记》本传所记商鞅本人思想行事相一致，同时也有关于政治问题的理论阐发，虽然篇幅有限，但达到了古代一流理论著作应该有的深度。全书可以作为商鞅和商鞅派法家思想的代表作。

（一）系统的治国方略

《商君书》论述的治国方略内容丰富，且形成系统，值得总结。

1. 农战

农战是商鞅变法的核心内容，也是《商君书》的核心内容。

《更法》是《商君书》的第一篇，记载了孝公、商鞅与甘龙、杜挚的辩论，确定了变法政策，会后发布的第一条法令就是《垦草令》。

《垦令》是第二篇，对鼓励农耕的系列政策作了说明。要求官府提高行政效率、按粟而税、山泽国有、提高酒肉价格、重刑连坐、驱使家族余子耕田、精简官府人员、加重关税、重征商人及家属徭役、管制粮食运输、严惩罪犯。对交通外国谋求官职、贵族聚集人口躲避农耕、文艺下乡干扰农人佣工、民众擅自迁徙、高官各地巡游、女子进入军市、客舍经营、粮食市场交易等采取禁止、废除或限制政策。所有这一切，目的只有一个，就是保证有更多的人一心一意搞好农业生产。

第六篇《算地》讲求计算土地、第十五篇《徕民》主张招徕魏国民众到秦国耕田，都是讨论农耕政策的具体例证。

第三篇《农战》，专门阐述重农重战的意义，批判儒家聚集党徒，高谈阔论，主张国家用授予官爵的办法奖励农战，压制不参加农战的儒生、工商，不让儒者取得官职，不让工商享受优裕生活，以保护农民和士兵的积极性。第二十二篇《外内》大概是商鞅本人之作，其中阐述的重农、重战、压制儒生、压抑工商，是农战政策的集中表达。

《战法》第十、《立本》第十一、《兵守》第十二等等都是关于如何加强军事力量的文字。其中的"以战去战""以杀去杀"是商鞅派法家思想在军事问题上的基本观点。关于商鞅在军事思想上的成就，我在下文"理论思考的成就"中还有专门介绍。

2. 赏刑

商鞅以"变法"成名，遵从其学说的人士被称为"法家"。这里所谓的"法"，含义较为宽泛，有时指治国的方法，有时指法律、法典、司法、刑罚。最核心的东西，其实是"赏刑"，或曰"赏罚"，即根据国家的政策和法律、法规、命令等，处罚违犯者，奖赏遵从且有功者。商鞅围绕赏刑，设计了一系列相关制度，目的是有效驱动百姓投身于国家的耕战事业中去。例如，建立什伍连坐法，把百姓按五家为伍、十家为什组织起来，作为最基层的社会、行政、军事组织，家家互相监督，一家犯法，其他家必须举报，如果隐瞒不报，则罚为官府奴隶；告奸则有赏，按斩敌人首级获得爵位财富。

商鞅还发展了秦国的军功爵制度，有功者，首先是斩获敌人军官首级者，获得爵位。按爵位，可享受相应的赏赐和社会待遇，犯法审判时，可用爵位抵罪或赎免。

赏刑可以说是贯穿今本《商君书》的一条红线。不过，有一个问题需要提出来讨论，那就是刑和赏孰重孰轻。

《修权》主张重刑厚赏。《外内》批评"轻法"，即"赏少而威薄"；认为赏赐少了，无利可图，得不到激励；刑罚轻了，犯法者得不到惩戒。所以，要想驱使民众投身农战，就一定要做到"赏则必多，威则必严"。可见，《修权》和《外内》都是主张"重刑厚赏"和"赏多威严"的。

可是，另外有些篇章似乎不同。例如，《开塞》主张"刑多而赏少""刑九赏一"。《靳令》主张"重刑少赏"。我理解，应该是说赏不要频繁，从次数上说，赏要少。这与上面所说的重刑厚赏不构成矛盾关系。合起来，就是说，赏不要过于频繁，一旦要赏，就一定要厚。

对于重刑厚赏政策的必要性，《商君书》还给出了理性的论证和说明：《开塞》篇主张刑罚用于即将犯罪者，这样，大奸大恶就不会发生；赏赐用于奖励举报奸邪之人，那么细小的错误也不会侥幸逃脱处罚。《算地》指出：刑戮是用来禁止奸邪的，官爵是用来鼓励功劳的。《垦令》有言：用重刑，而且实行连坐，那么，心胸褊狭、性情急躁之民就不会相斗，凶狠刚烈之民就不会争讼，懒散怠惰之民就不会游手好闲，浪费钱财之民就不会出现，口是心非之民就不会施辩。境内没有这"五民"，荒地就一定会开垦出来！这与《史记》记载的商鞅变法实行重刑和什伍连坐是吻合的。以上都是从功效的角度说的。

更值得重视的是，《商君书》还指出了实行重刑政策的目的不是为了施刑而施刑，而是为了"以刑去刑"。

《去强》《说民》《开塞》《画策》《赏刑》《靳令》这些著名篇章都主张"以刑去刑"。《靳令》说得比较具体详明："行罚：重其轻者……轻者不至，重者不来，此谓以刑去刑，刑去事成。"实施刑罚是这样的：对轻罪施以重刑，轻罪就不会犯。轻罪都不犯，更何况重罪呢！这就叫做"以刑去刑"。因此，《商君书》才能说出"以战去战，虽战可也；以杀去杀，虽杀可也；以刑去刑，虽重刑可也"的话来。无论如何，《商君书》认为，刑罚严酷，可以达到"以刑去刑"的目的。这似乎是在用目的和效果的良善来为重刑政策辩护。

3. 胜民

《商君书》的另一个引人注目的思想是它的"弱民""制民""胜民"主张，争议也最大。《去强》《弱民》两篇专谈"弱民"；《画策》则提出"制民"和"胜民"主张。

历史上公开声明要"弱民"，要"制民"，要"胜民"的，恐怕就只有《商君书》了，这在民主观念深入人心的今天，是无论如何也不能接受的。可是，仔细研读文献，却会发现情况似乎并不简单。

《商君书》中的"民"虽然可以指称所有的人民，但从政策的具体适用方向看去，却是有所不同的。有的政策适用于全体人民；有的适用于下层大众之民；有的则是针对着上层少数之民的。

对于全体人民，《商君书》主张不能放任，要实行法治，即用赏罚驱使他们投身于农战事业。《弱民》指出：人民，生活在屈辱中，才会看重爵位；力量弱小，才会敬畏官职；贫穷，才会希图赏赐。用刑罚惩治，民才愿意为你所用；用赏赐鼓励战斗，民才会看轻死亡。所以战争中士兵为你所用，这才叫强。人民若有自己的荣誉观，就会看不起爵位和官职；人民若富裕了，就会轻视赏赐。统治人民用刑罚来惩治他们，有战争来就可战斗。人民怕死，临到事乱才战，结果战士和农民都会怠惰，国家也会衰弱。

有些主张针对的情况是不同的。例如，《弱民》提出政策按照民所厌恶的情况来制定和实行，民就会弱；政策按照民所愿意的情况来制定和实行，民就会强。民弱，国强；民强，国弱。弱民政策所要弱的民，显然是那些有能力与国家政策作对，不按照国家要求办事，自己另搞一套而强大起来的民。政策不能以他们的好恶为准，他们所厌恶的，正是国家要做的，做的结果，就会使这样的民削弱。他们所乐意的，正是国家要禁止的，若不禁止，他们就会变得强悍。《商君书》的作者断定，强民与国家利害相反，强民所乐意的，国家一定要反对；强民所厌恶的，国家一定要实行。

而那些因势利导，顺应欲望，鼓励家富、身显而力农死战的政策，则显然更与下层大众之民期盼的社会流动方向一致（《壹言》）。

读《商君书》可以看出，商鞅和商鞅派法家不主张公产制，而是保护和发展私有制，在此基础上，加强政府的干预和管控。正因为如此，才会有民的区别，才会有"弱民"和"强民"这样看上去对立的政策主张。

《商君书》中专门有压制"五民"（《垦令》）和"六虱"（《靳令》）的主张。"五民"指的是褊狭急躁的人、狠毒刚愎的人、懈怠懒惰的人、游手好闲的人、口蜜腹剑的人（《垦令》），已如前述。哪些人是"六虱"？《靳令》列出以下六种：行礼乐的、吟诵《诗》《书》的、讲究修善孝悌的、倡导诚信贞廉的、实行仁义的、非兵羞战的。如果国家无法驱使这六种人投身农战，那结果就势必贫穷削弱。这六种人一旦成群，君主的治理就不能战胜臣下，官吏的治理就不能战胜人民，这就叫作"六虱战胜了国政"。不过，从《靳令》文字中可以看出，国家曾经是从"六虱"中选用官僚，给予爵位的。这不能不说是一个矛盾。比较而言，"六虱"说的是社会阶层中偏上的民；"五民"则是普通民众中在性格和为人上的不同种类。

《商君书》中令某些人士困惑和误会最深的就是公开号召用"奸"来治"善"，用"奸民"管理"善民"和"良民"。这到底是怎么回事呢？

《去强》："国以善民治奸民者，必乱至削；国以奸民治善民者，必治至强。国用《诗》、《书》、礼、乐、孝、弟、善、修治者，敌至，必削国；不至，必贫国。不用八者治，敌不敢至；虽至，必却；兴兵而伐，必取；取，必能有之；按兵而不攻，必富。"有人引用材料时只取"国以善民治奸民者，必乱至削；国以奸民治善民者，必治至强"，然后就迫不及待地得出结论：商鞅主张用流氓恶棍来治理善良百姓！其实，这里的"善民"，是顺着社会的习惯口吻说的，指下文的用"《诗》、《书》、礼、乐、孝、弟、善、修"这八种德行来治理的人。这样的人管事，敌人来了，国家注定要削弱；敌人不来，国家也注定会贫穷。反之，不用这八种人，敌人不敢来；来了，也会退兵；兴兵征战，一定会取胜；胜利之后，一定能牢牢据有胜利果实；按兵不动，一定会富裕。刚刚提到的"六虱"不正是这里所说的"善民"吗？这里的所谓"奸民"，他们外可以抗御敌人，内可以富强国家，显然不会是"五民"，由此可见，这里所谓的"奸民"只能是"五民""六虱"之外的广大普通居民，他们被叫做"奸民"，只是作者顺着社会的成见或者就是儒者之流的口吻说的，这大概可以看做是一种"反讽"吧④。

《说民》中有这样的思想：使用所谓的"善"（即善人）来治理，人民就"亲其亲"。这里的"善"指的就是孝悌之人，他们的行为合乎儒家倡导的血缘伦理。使用所谓"奸"（即奸人），人民就亲近制度（君主的命令）。这里的"奸"指的就是忠君之人，他们的行为合乎法家倡导的国家伦理。与人相好、替人掩盖罪过的叫做"善"，互相分别、互相监督的叫做"奸"。表扬这样的"善"，有过错的人就会藏匿起来；任用这样的"奸"，有罪恶的人就能得到惩罚。有过错的人藏匿起来，叫做"民胜法"；有罪恶的人得到惩罚，叫做"法胜民"。民胜法，国家就乱；法胜民，军队就强。所以说，用"良民"来治理，必定乱以至于削弱；用"奸民"来治理，必定治以至于强大。可见，这两处所谓的"善人""良民"其实就是民中迷恋慈惠、固守血缘伦理的那部分人；所谓的"奸人"就是民中效忠君主、遵从国家法制的另一部分人。后面这部分人中间不能保证没有流氓恶棍，但是排除了"五民"之后，整体上应该是守法之民。所以，说这种所谓的"奸民"就是流氓恶棍，是很难令人信服的。而那些满嘴"仁义道德"的所谓"良民"，却凭借着传统势力，在新兴的中央集权政府面前表现出了桀骜不驯的姿态，成为政府必欲弱之、制之、胜之的对象。这类人中会有品德高尚举止优雅之士，但也会有像后世的"假道学"那样的败类，这应该不难理解。

如此看来，《商君书》中所说的"弱民""制民""胜民"的"民"，在实践上更多的是指传统意义上的、依靠血缘伦理享有社会优势的上层之民，也就是后代史书中常常见到的"豪强"。这样的民不制住，法治就不能施行，农战就无法落实，国家在兼并战争中就难以取胜。这样的选择与秦国变法的时代背景是吻合的。

《商君书》关于"任法去私"的思想同样体现了"胜民"的精神。《画策》："国乱者，民多私义；兵弱者，民多私勇。"这里的"私义""私勇"，指的就是那些仗着传统血缘伦理而享有社会优势并与国家作对的少数上层之民的价值观和武装行为。这些人，往往打着仁爱的旗号维护他们的私利，儒家思想是他们的精神依靠。为了胜民，集权国家自然要批判儒家思想了。在这场批判中，法家创造了以国家"公义"为旗号的"仁义观"。《修权》的作者还用历史知识作出论证：尧舜禅让，是出于天下公利，是以天下为怀的。三王五霸莫不如此。这种倡导公义的思想，直接呼唤着仁义观念的革命。

不过，仁义观念中发生的这场革命，不能过高评价。《靳令》有言：圣君治民，务必要得其心，只有得其心才能用其力。力能生强，强能生威，威能生德，可见，德是生于力的。只有圣君才会拥有这样的德，所以才能行仁义于天下。法家反对以孝悌为根本、以家庭为中心的儒家仁义观，主张对待人民要得其心，用其力，做到"力生强，强生威，威生德"，最终行仁义于天下。当然，这场革命很可能要付出意想不到的代价，人们在挣脱了阻碍个体发展的血缘家族的桎梏之后，转眼又戴上冷冰冰的国家的锁链。这样的所谓仁义，其实就是法家"弱民""制民""胜民"主张的另一种美化的表述而已。

4. 作壹

《商君书》给人留下深刻印象的还有"作壹"的思想。

所谓"壹"，就是专一。"作壹"，就是做到专一。

首先，国家的政策要统一，不能混乱。《垦令》主张政府统一按谷物数量来征收地税，百姓感到公平，就不会批评统治者，夹在中间的官吏也不会以做官为苦。总之，政策要统一，不能有歧义，否则就会失信于民。

其次，百姓的心态要专一，不能有干扰。《垦令》篇有言：好听的音乐，好看的杂技，不要传到各个县里去，这样，民众在劳作时就不会去看，休息时也不会去听，精神就不会外泄，意念就会专一。如此，农田就会开垦出来了。

复次，山泽酒肉由国家统制，不能有漏洞。《垦令》主张国家专营山泽之利，这样，那些厌恶农业、散漫懒惰、游手好闲的人就没有别的途径寻得吃喝，只好投身到垦田中去。农业之外的渔业、林业、副业由国家专管，提高酒肉价格，这样，民众就只能专一务农。

关于"作壹"，《农战》篇也有较为系统的说明："善为国者，其教民也，皆作壹而得官爵，是故不官无爵。国去言，则民朴；民朴，则不淫。民见上利之从壹空出也，则作壹。作壹则民不偷营。民不偷营，则多力；多力，则国强。"治理国家，要让百姓只能从国家得到官爵，让百姓看到"上利之从壹空出"⑤，利益只能从上级这一个孔道中出来，这样百姓就能作壹。如此，国家才会强大。

此外，《去强》《算地》《壹言》《立本》《靳令》《画策》也都是主张"作壹"的。

关于"作壹"，《赏刑》的论述最有系统性。该篇认为："圣人治国也，审壹而已矣。"文章通过"壹赏""壹刑""壹教"这三个主题论证了"审壹"的思想，是全书比较精彩的部分，值得分析。

该篇认为，圣人治理国家，要做到"壹赏""壹刑""壹教"。为什么呢？从效果上看，"壹赏则兵无敌，壹刑则令行，壹教则下听上"。更有意义的是，作者还提出了"明赏不费，明刑不戮，明教不变"这样带有辩证色彩的观点。所谓"明赏不费"，是说赏赐政策实施得好就不会花费国家的财富。所谓"明刑不戮"，是说刑罚政策实施得好就会达到无刑的结果。所谓"明教不变（辩）"，是说宣教政策实施得好就会实现不用说教的目的。

为什么赏罚明就可以得到不用赏罚的结果呢？本篇从道理和史实两

个方面作了很有说服力的论证。

所谓壹赏，就是利禄官爵专出于兵事。不管什么人，都拼出死力为国家去打仗，国家的军队就会攻无不克、战无不胜。城破之日，一切都归胜利者所有，庆赏再厚，相比于虏获而言，也就算不得什么了。所以才说"明赏不费"。

所谓壹刑，就是刑无等级，自卿相、将军以至大夫、庶人，一视同仁。如有不从王令、犯国禁、乱上制者，罪死不赦。不管从前有功还是有善，决不因此亏法。哪怕是忠臣孝子，只要有过，也一定判罪。即使是守法守职之吏，如有不行王法者，同样罪死不赦，刑及三族。重刑而且连坐，人民就不敢以身试法。这就是"明刑不戮"。

所谓壹教，是把知识和思想统一于国家政策。任凭你有怎样的知识、品德、修养和声誉，都不可因此而富贵，不可因此而妄评刑法，不可因此而私议干上。无论如何，都不能以无功获得国家之利。富贵之门，永远为战士敞开，只有能战者才可跨进。与国家作对的强硬分子，则只有常刑而不赦。因此，父子、兄弟、熟人、姻亲、同乡者，都会说："我们要做的事情就在于战争啊。"所以壮者努力参战，老弱尽力守城，死了也不后悔，活着就相互勉励，这就是所谓的壹教！富贵一定出于兵事，因此，百姓听说有仗打就相互庆贺，起居饮食所唱的歌谣都是战争。这就是所谓的"最好的教育是不用喋喋不休的说教"啊！

《赏刑》篇关于"壹赏""壹刑""壹教"的文字，有理有据，是古典文献中最有论证意义的文章，十分宝贵！

根据"壹教"的论说，可以明了，《商君书》不是不讲教育，但讲的却是另一种教育。《君臣》有"导民"之说：臣听说，导民之门，在君上以何为先。人民，可以让他们农战，可以让他们求官，可以让他们做学问，一切要看君上表扬什么。君上若表扬立功，那人民就会参战；君上若表扬诵读《诗》《书》，那人民就会求学。人民追求利益，就像水往低处流一样，是没有固定方向的。人民只要有利可图就会去做，关键就看君上表扬什么……上面肯定、表扬什么，人民就会趋向什么。人民追求利益就像水之就下。水是液体，本身并无定形，哪里低洼就往哪里流淌，人民的行动也是一样，哪里有利就趋向哪里。那么，究竟让民往哪里走呢？这完全看上面怎样引导。正是出于这样的考虑，《商君书》才会有导民的思想。

导民思想运用到法治上，就会要求官府制定的法律必须让百姓明白无误。同时，还要"置吏为师"，安排专门的官员，做好法制的宣传普及和解释说明的工作。民众遇到法制问题需要咨询，须由专门的法吏给予解答，如果因为官吏未尽到明白无误的告知和解释职责，致使民众触犯了该条法律所规定的罪行，失职官吏须受到该条法律所规定的处罚（见本书《定分》篇）。可见，《商君书》所说的"壹教"还有着非同寻常的民本意味哩。

5. 势术

我们都知道法、术、势兼治是韩非的贡献。其实，《商君书》中也有法、术、势相结合的思想。《定分》用街兔市兔作比喻，与《慎子》相同，是讲名分的，势就以名分为基础。《禁使》集中讨论如何整治奸臣，显然有术的思想。而《靳令》《修权》又都有法、术（权）、势相统一的思想，十分难得。而最典型的、贡献最大的要数《禁使》。

《禁使》指出，势和术都源于道。飞蓬能行千里，是因为乘风之势；探渊者能知千仞之深，是因为悬绳之数（术）。有了风这个势，再远也能到达；守住悬绳这个数，再深也能测得。离娄号称视力超群，可黑夜中偌大的山陵他也看不见；一旦天明，就可上辨飞鸟，下察秋毫，原因无他，就是靠着阳光这个势啊。政治上也是如此。国君有了势，掌握得好，即使不多设置监察官，官员都能够廉洁。会运用术处理事务，就都能得当。可如今靠众多的官员，又设置丞、监等辅佐。设丞立监本是为了禁止官员牟取私利，可是，丞、监也想获利，又将怎样禁止呢？所以懂得用术的，采取"别其势，难其道"的办法，即划分官员的职权范围，使他们无法得到追求私利的机会。造成了官员难以藏匿罪恶的情势，那么，即使是盗跖，也不敢为非。所以先王看重势（"贵势"）。

《商君书》的术与道家黄老派的术治思想有所不同，后者主张内心保持虚静，事情来了则回应，事情过去就不管了（《管子·心术上》中有"物至则应，过则舍矣"）。《商君书》却认为，官员到职之后，在任上自己说了算，年终写好汇报上报中央（即后世所谓"上计"），君主即使感觉报告中有问题，也很难找到充分的证据加以核查。怎么办呢？《商君书》好像没有提供什么有效的办法，只能说些原则性的话：事物出现在眼前，眼睛就不会看不见；言语来到耳边，耳朵就不会听不到。治理得好的国家，使人们不能掩藏他们的罪恶；治理得不好的国家，只知依靠众多官吏互相监督。这就引出另一个问题，官吏众多，但他们处境相同，立场一致，这叫做"事合而利同"，他们之间怎么能互相监督呢？这个观点非常深刻，涉及的问题也非常尖锐，戳到了官僚制度的痼疾。怎么办？《商君书》提出了一个原则，让"事合而利异"者互相监督：工作相关，利益却不同，这样，官员才可以互相监督。例如，君主与臣下，就是事合而利异，干的都是管理国家的工作，这叫"事合"；但君主要的是臣下奉法廉洁，而臣下想要的恰恰是枉法贪赃，这叫"利异"。只有君主才真心要监督臣下。可是，君主一人，臣下众多，怎么能够监督得了呢？那就只好让臣下之间做到"事合而利异"。作者打了个比方，喂马和养鸟的两个官员就很难互相监督，因为他们"事合而利同"，即差事相关，利益一致。这时，被喂养的马和鸟若能开口说话，那喂马的和养鸟的奸慝就无法隐藏了，因为只有马和鸟才与喂马的养鸟的处于利异的状态。但是，臣下之间怎样才能处于利异的状态呢？该篇没有交代，只是说，"事合而利异"是先王用来为政的原则，治理国家，用不着贤人和智者，只要有这条就行了。

6. 家断

有了完善的法治，行政效率就靠人民的自觉性来提高了。《说民》指出，法治成熟的标志，不是法律条文的数量多，不是官府执法的力度大，不是君主的英明，而是民众自觉守法的程度。是非决断于百姓自家，这样的国家可以称王；决断于官府，这样的国家可称强；决断于君主，这样的国家只能称弱。是非由百姓自家了然于心而决断，这叫做治；由君主决断，这叫做乱。至于政务，在十里范围来决断的，国家就弱；在五里范围内来决断的，国家就强。由家庭来决断的则有余，由官府来决断的则不足，由君主来决断的则乱。结论：有道之国，治理国家不必事事听从君主的，百姓也不必事事听从官员的，只要自觉遵守法律就一切问题都可解决了。能够拥有这样的法治愿景，多少表明法家思想中的确有着超越时代的价值。

《靳令》有言："行治曲断，以五里断者王，以十里断者强，宿治者削。""宿治"即政务滞留朝中，效率最低。《去强》有言："十里断者，国弱；九里断者，国强。以日治者王，以夜治者强，以宿治者削。"道理相同。

由此可见，法家的治国理想，是要通过人民对法律的理解和尊重，实现称王天下的远大目标。法家的抱负，岂可谓小哉！

以上六条是我为了叙述的方便所作的划分，其实，它们之间是有联系的。就法家政策而言，农战是大政方针；赏刑是为了实现这个大政方针而确定的法治手段；胜民意在排除干扰，作壹强调全力以赴，都是为了实现大政方针的保障性措施；势和术是巩固和加强最高领导权和保证政治秩序的具体策略；家断是全部法治政策实施的理想效果。

商鞅派法家思想有系统的治国方略，已如上述。诚然，商鞅和《商君书》是主张"任其力不任其德"（《错法》）、"任功"不"任善"（《靳令》）的。他们的法治主张态度坚决，不容怀疑。《君臣》有言："故明主慎法制。言不中法者，不听也；行不中法者，不高也；事不中法者，不为也。言中法，则辩之；行中法，则高之；事中法，则为之。故国治而地广，兵强而主尊，此治之至也。人君者不可不察也。"但这不等于他们完全无视传统的社会结构和文化传统。商鞅派法家并没有全面建立公产制的预想，他们还是主张保护私有制，只不过强调政府管控和统制，强调政府调节和干预社会生活。《君臣》篇主张："英明的君主治理国家，战士立了功劳，爵位一定要使他荣耀，俸禄一定要让他足够生活。村里农民要能够奉养双亲，供应军需。这样，战士才能为国杀敌，农民才能努力耕作。"可见，他们的目的并不是完全毁灭传统的社会结构，在根本的家庭制度上，还是有所保留的。我们在了解其主张的时候，也要承认，他们仍然不能脱离社会环境和文化传统。

（二）理论思考的成就

《商君书》的主要内容在阐述治国措施，但它的贡献，并不局限于具体的政策设计和阐释，它还在一些理论问题上发表了重要的见解，成为后来法家思想的理论先导。其中有些甚至可以超越时代和国界，在人类的政治思想史上留下深深的印痕。

1.历史观

《商君书》不仅是政策书，还可以当理论著作来读。为了说明法治改革的合理性，若干篇章不惜笔墨，在法治政策的理论前提问题上大做文章。

《君臣》篇有言："远古没有君臣上下的时候，人民混乱，不能治理，所以圣人分辨贵贱等级，制作爵位制度，设立名位徽号，用来区分君臣上下的责任。土地广大，人民无数，万物繁多，所以分设五官加以保护。人民众多，难免奸邪滋生，所以创立法制、制作度量用来禁止。因此才有君臣的责任，五官的职分，法制的禁令，不可不重视啊！"这段表述堪比标准的自然状态说，而且是接近于霍布斯那种的，即自然状态混乱不堪，后来兴起的制度自然就是法治的、强权的。不同的是霍布斯是主张契约论的，法家则沿袭中国的传统，认为类似于救世主的圣人的出现才带来了新的法治政策和制度。

《开塞》篇也有类似的文字。大意是，法治改革之所以具有必然性，是因为政治活动和国家制度在起源上就注定了的。按照该篇的说法，人类最初是"亲亲而爱私"的，亲亲就相互分别，爱私就相互抱有险恶用心，因此就出现乱象。这时有贤者出现，中正无私，这样，亲亲就废弛了，尚贤主义就确立了。可是，人们在尚贤的名号下，相互攀比，相互竞争，结果又导致社会混乱。于是又有圣人出现了，对土地、财货、人民加以分别，建立法制，设立官府和官员。有了官府和官员，又不能统一，所以设立君主。有了君主，尚贤就废弛了，贵贵又成了新的时代主题。这样，历史就可划分为三个阶段，各有各的主题："上世亲亲而爱私，中世上贤而说仁，下世贵贵而尊官"。从中得出的重要政策依据就是"世事变而行道异也"，时代变了，治道也相应地跟着变革。《韩非子·五蠹》所谓的"世异则事异""事异则备变"与之完全一致。

《画策》篇也有相似的文字，但讲法已从自然状态的叙述过渡到了对历史的回顾。为了说明"以战去战""以杀去杀""以刑去刑""虽重刑可也"的合理性，作者从历史上找到可资类比的例证。昊英之世，人口少，树木和野兽多，所以当时的任务就是伐木和杀兽；黄帝之世，不猎小兽，不取鸟卵，官府不提供仆役，人死了安葬有棺无椁；神农之世，男耕女织，刑政不用，甲兵不起；神农死后，出现动乱，以强胜弱，以众暴寡，所以，黄帝设计君臣之义、父子兄弟之礼、夫妇之合，以及刑法军队。这说明什么？这说明："事不同，皆王者，时异也。"时代主题不同了，都可以王，这就是时代变化啊。言外之意，要符合"当今"时代主题，以战去战，以杀去杀，以刑去刑，甚至实行重刑，都是理所当然的。

从以上所引可知，《商君书》编造自然状态，宣扬三世历史阶段论，目的只有一个，就是为战国时代的变法主张找到理论前提。因为自然状态的混乱，因为"当下"所处的历史阶段有自己的主题，"所以圣人治理国家，不效法古代，不顺从当今，根据世道来治理，考察风俗来设立法制。所以，法不观察人民的实际而设立，则不会成功。推行政治因时制宜，这样就不会与时代相抵触"（《壹言》）。

商鞅派法家虽然提出了类似于自然状态说的观点，但他们又强调历史的阶段性主题，这又使他们的自然状态说具有了历史主义的特点。如此说来，他们主张法治，反对礼治，就不会是在永恒的意义上，而只能是在历史的意义上说的。不同历史阶段，政治的主题是不同的，"上世亲亲而爱私，中世上贤而说仁，下世贵贵而尊官"，"当今"时代，法治是合乎时宜的，礼治就不合乎时宜。但在从前的阶段，礼治曾经是合乎时宜的呀。《赏刑》篇对商、周时代的汤、武修文教还是表扬的，只不过这种表扬是历史的评价，是承认它的历史合理性。但他们又坚信，不同时代的主题不能相超越，"当今"时代如果用儒家主张来治理，那就是不合时宜的。可见，法家的治国理念主要是建立在因时制宜、与时俱进的历史观上面的。

2. 道理说

《商君书》的大部分篇幅用来讲述具体的治国方略，但如果仅凭这一点，就说它是古代世界的一部理论著作，则未免感到不足。庆幸的是，它的确在一些理论问题上有着出色的发挥，作为理论思维的优秀代表，是当之无愧的。

《赏刑》篇说过："圣人并非样样事物都能通晓，他只是知道万物的'要'，也就是关键所在。所以，他治理国家是抓住'要'（关键），这就可以掌握万物，说话少而功效大。"这个"要"就是一个具有本质意义的东西。因此，《靳令》有言："圣君知物之要。"《农战》有言："故圣人明君者，非能尽其万物也，知万物之要也。故其治国也，察要而已矣。"

《商君书》的作者清楚地知道，治理国家的人不可能周知万物，能做的只是把握住事物的"要"，即"关键"，"农战""赏罚""作壹"就是治理民众的"要"。可见，商鞅派法家在阐述他们的"农战""赏刑""作壹"等政策主张时，并非就事论事，而是有着自觉的理论追求的。

其实，再进一步仔细品味，就会认识到，所谓"要"，相当于"道"，即事物之所以然的道理。《更法》中有"讨正法之本，求使民之道"。"道"与"本"相对，含义也应相近。《更法》中又有"代立不忘社稷，君之道也。错法务明主长，臣之行也"。"道"和"行"都有道路的意义。此外，还有"治世不一道，便国不必法古"。不同的时代有不同的治国方法，这就是治理国家的原则，只不过这种原则也是历史的。这种思想，在《商君书》中随处可见。

《修权》篇把能否处理好公私关系理解为"治乱之道"：不以天下为己有，为天下治理天下，就会成功；反之，当政者擅一国之利而管一官之重，以便其私，国家就会危亡。这种治乱之道体现了某种天下为公的精神，同样是贯穿全书的基本精神。

更令人惊奇的是，《商君书》似乎有着"道理论"的思想萌芽。司马迁说《开塞》是商鞅的著作，今本《开塞》有言："故兴王有道，而持之异理。武王逆取而贵顺，争天下而上让。其取之以力，持之以义。"兴起王业自有其道，而保持王道则有不同的理。武王攻打殷纣王，是逆取，所以叫"兴王有道"；取得天下后，就特别地重视顺从，也就是"持之异理"；或者说"兴王有道"指的就是"争天下"和"取之以力"；而"持之异理"指的就是"上让"和"持之以义"。商鞅本人能说出"兴王有道，而持之异理"这样的话，把道和理对应起来，是难能可贵的。不过，需要冷静对待的是，此处的道和理，似乎还只是并列关系，各有各的所指，包容和被包容的同一性还不明显。道与理的同一性，如包容和被包容、相互转化等关系，则要到一百年后，由杰出的后辈思想家韩非来完成。到了那时，古代中国人已经确定地把政治生活理解为是由道理决定的，从事政治活动，也需要掌握它背后的道理，也需要有政治的知识。但尽管如此，说《商君书》在知识论的意义上，朝着政治的道理论的方向迈出了重要的一步，或许并不为过。

　　3. 君主论

　　《商君书》主张君主集权，这不假，但它理想中的君主，却不是一般人物，而是要具备"圣""明"的修养才可以的。书中随处可见"圣人""圣君""圣王"以及"明君""明王""明主"这样的语词，不是随便说的。例如，"圣人之立法、化俗"（《壹言》）、"圣人为法"（《定分》）；"圣王之治也，慎为、察务，归心于壹而已矣"（《壹言》），"圣王治治不治乱"（《定分》）；"圣君知物之要"（《靳令》）。"明君之治国也"（《君臣》），"明君修政作壹"（《农战》），"明君错法而民无邪"（《错法》）；"明王任法去私"（《修权》），"明王之治天下也，缘法而治，按功而赏"（《君臣》）；"故明主慎法制"（《君臣》），"故明主因治而终治之，故天下大治也"（《定分》）。"圣人明君"是实行法治政策的统治者，具有崇高的境界，只有他们才能"知要"，才有资格"立法化俗"。

　　《画策》篇提出"圣人见本然之政，知必然之理"一句，同样具有重要的理论意义。按此处所说，政治就应该区分为经验层面的和"本然"层面的，"本然之政"就是政治的"必然之理"。知道了"本然之政"，也就是知道了"必然之理"，也就是"知要"，就可以治理天下了。圣人循道理以立法治国，这就使《商君书》全部思想内容形成完整的体系。

4. 军事学

《史记·商君列传》记载了商鞅率秦军伐魏的史事，不过，主要是描写商鞅如何卑鄙无耻地设局诱捕身为魏军统帅的昔日朋友公子卬的情节。这样的叙事，显然是在向世人揭露商鞅人格中幽暗的一面，不足以表现他的军事才能和兵学思想。前文提到，商鞅有兵权谋著作《公孙鞅》二十七篇（《汉书·艺文志》）；史家记载商鞅与孙武、孙膑、吴起齐名，都曾"禽敌立胜，垂著篇籍"（《汉书·刑法志》）。细察今本《商君书》，可知其中的确有着丰富的兵学思想。

其一，《商君书》的变法革新思想大多涉及军事活动。书中所述军功爵制度、什伍连坐制度、军地联动制度，农战、赏刑、作壹等等政策主张，以及"武爵武任"（《去强》）、"行爵强兵"（《错法》）、"爵禄专出于兵"（《赏刑》）等口号，无一不与军事相关。法律规定官兵在战阵之中都有任务指标，完不成的，要受到严厉处罚（《境内》）；攻城失利相关责任人就在城下接受车裂之刑，连替他们讲清的都要受到墨刑和劓刑的处罚（《境内》）；军中违法者更要受到严厉处分，同袍、亲属还要连坐（《画策》《境内》）。当然，另一方面，立功受奖有明确规定，例如获得敌方军官首级的赏爵一级，增加田地一顷，宅地九亩，役使"庶子"一人，还可以担任军队和官府的职务。而且，赏赐必须及时兑现，否则要处罚相关官员（《境内》）；全体社会成员都要"怯于邑斗，而勇于寇战"，培植起对内遵守法纪，安定社会，对外崇尚勇力，乐战好杀的风尚（《战法》）。

其次，《商君书》中的兵学思想在战略战术上也有较独特的内容。例如，在战略问题上，提出所谓四面受敌的国家（"四战之国"），应该采取防守战略；所谓背靠大海的国家，应该采取进攻战略（《兵守》）。关于如何改变秦与三晋的战略被动局面的问题，在详细调查分析了秦国地广人稀、耕者不足的问题，和三晋地狭人众、失业者多的问题的基础上，提出徕民的政策建议。指出秦国当政者要改变以往小气吝啬的习惯，不惜以优惠条件吸引大批的三晋之民到秦国耕种。从军参战由秦国原有居民承担，新来的三晋移民则享受三代人免服兵役的优待政策，专心从事农业生产，为国家提供农产品。作者认为，这样做就可以从根本上扭转秦对三晋的战略劣势，比单纯军事上的胜利要划算或有效得不知多少倍（《徕民》）。关于如何打仗，提出了"军事上的最高原则是谨慎"的原则，并明确了以下几条具体规则：要时刻了解敌我双方的情况，政治不如敌方清明就不要与之战斗；粮食不如敌方多就不要与之持久战斗；敌人数量过多则不要进攻；敌人方方面面都不如我方，则发起攻击，不可迟疑（《战法》）。此外，还提出"王者之兵，胜而不骄，败而不怨"思想，表现了较高的精神境界。

　　在战术上，《境内》篇描述了攻城的过程，从统帅到战斗人员，再到监督人员，各尽本职；特别是如何从划定区域，分配任务，到挖地道，行火攻，再到组织敢死队攻城杀敌的完整战斗过程，都进行了详细的描写，读到这里就会有身临其境之感。而《兵守》篇则保存了作者关于城市防御战的思考。文中着重讲述了防御过程是如何从开始时的防守城墙，到防守城墙的士兵全部牺牲后转入由城内兵力展开巷战；在这个过程中，守军是如何从生力军变成死力军，又如何从死力军再变成生力军的殊死搏斗的惨烈过程，惊心动魄，读后由衷地赞叹城市防御战中的战术选择和誓死保卫城市的英勇精神的可贵。再有，《垦令》篇记述了军队市场的管理问题，让我们了解了秦国军队的后勤保障和军地联动的情况，是十分难得的历史资料。

　　历史上一直盛传秦国军队是虎狼之师，一听说有仗打就欢呼雀跃，不能自已；还有人说秦国士兵上阵后往往要脱掉铠甲，赤膊徒跣，以便灵活使用武器，为的是尽快得到对方的首级，杀敌立功的急迫心情，跃然纸上。我没有理由说这些都是假的，因为《商君书》中也有类似的记载，说是要把民众训练得乐战好杀，一听说有机会杀敌立功，就像饿狼见到肉一样（《画策》）；还说，要让民众不管吃饭还是睡觉，嘴里哼唱的，都应该是战斗的歌谣（《赏刑》）。但即使如此，会不会在某个特定的时候，某种特定的情况下，秦国军队和军人们，也会感到一丝的恐惧和悲怆呢？《兵守》篇描述敌方大兵压境前的紧张空气，读后会感到十分的压抑和恐怖。敌人来攻之前，守城机构动员并征集武装人员，组成三军，壮男一军，壮女一军，男女老弱一军。壮男一军全副武装，临阵待敌。壮女一军在城外挖壕布阱，改变垄亩方向，给来犯之敌增设障碍；又拆除城外建筑，撤走木料，来不及则焚毁，不给敌人留下任何攻城器具。老弱一军则放牧牲畜，采集林木果实充饥，把口粮积攒下来留给前线的壮男和壮女食用。上级还严格规定，三军将士不得相互往来探望，理由是壮男见到壮女，不免心生珍爱之情，难舍难分；壮男、壮女见到老弱，必定悲伤怜悯，不能自抑，这样的悱恻缠绵，如何保持旺盛的战斗力？如何抵御来犯之敌呢？由此可见，即使是秦国军人，内心深处也隐藏着柔软的东西，他们也是人，也爱惜家庭和生命，也从心底里厌恶战争。（《画策》："凡战者，民之所恶也。"）

五、《商君书》的历史地位和时代价值

这里所谓的历史地位，是说《商君书》与之前和之后的思想传统有什么关系，由此看出它相对于之前做了哪些改变，对于之后产生了哪些影响。

《商君书》毫无疑问是战国中后期变法改革的政策宣讲和指导性文献，是三晋法家学派的代表之作。书中的法治主张，是李悝《法经》的继承和发展。它一扫传统的礼治主义，主张压制宗法贵族和血缘势力，强调君主立法，用刑赏手段，推进农战政策。它详细记述了不论男女、

不论主人还是仆役，都要在官府登记户籍；它记载并阐述了军功爵这项秦国改革的重要制度，这些都表明它拥有推动法治改革的进步的历史地位。

商鞅的法治思想，直接启发了后来法家的集大成者韩非。商鞅变法，推动了秦国国力的增强，但在韩非眼里，却是单纯实施法治，不懂术治。从今本《商君书》中就可发现，它大讲凭功劳而予爵加官，这个观点受到韩非的批评，以为是把斩首的勇力等同于行政管理的技能，显然不符合作为行政管理制度的术治精神。至于今本《商君书》中把从事同一件行政工作而利益不同（"事合而利异"）才可相互监督作为术治原则，以及关于势的思想，韩非却没有提及，或许《商君书》记载这些内容的篇章形成较晚，也未可知。

《商君书》还是中国历史上政论体裁的优秀代表作。许多篇章围绕各自的主题展开论证，或从人性基础，或从历史因缘，或从得失利弊，来证明法治主张的合理性，有理有据，许多篇章可以看做是议论文的典范之作，在此前的著作史上是不多见的，为后来以《韩非子》为代表的论说文写作提供了成功的样板。

这里所谓的时代价值，是说《商君书》及其思想在当今时代还有什么意义，还有什么用。

法家，通常又称为"商管"或"商韩"，从汉代起，被当做严苛寡恩、追名逐利、阴谋诡计的代名词，在两千年历史上，往往成了文化上的贬义词，甚至被认为是邪恶的象征，文人学士很少有人敢公开赞扬的，这种现象是中国文化具有浓厚的古典属性的一个生动表现。可是每逢有政治需求的时候，情况就不同了。三国时期，刘备称赞《商君书》能"益人意智"。19世纪后期，法家思想又抬起头来，在科举考试的策论中，成了讨论国家大政方针的思想资源。到了20世纪，法家的故事以及法家思想反复被人们提起，在某个特殊的历史条件下，赞扬法家的观点竟至形成大规模的社会思潮和文化运动。直到今天，法家代表人物作为正面的人物形象，不断地出现在文艺作品中，而且引起了当政者和广大群众的同情和感动。这究竟是为什么呢？

其实，道理不难理解。19世纪中期，外国资本势力侵入中国，亡国灭种的危险，越来越严峻地摆在中国人的面前。从"师夷之长技以制夷"口号的提出，经过号称"自强"的洋务运动，再经过后来的戊戌变法、辛亥革命，一直到新民主主义革命，追求民族独立、国家富强，成了近代中国社会发展的主题。为了实现这个主题，建立强有力的国家权力，最广泛地动员群众、特别是最基层的广大民众投身革命，就成了20世纪社会运动的基本趋势。这与战国时代的发展主题有着某种相似之处。在传统文化的诸多流派中，法家更多地成为适合这个时代主题的思想和文化资源，而儒家有时则成了这个时代主题发展所要打击和祛除的对象。这就是为什么法家思想在20世纪以来不断被提起，法家人物至今在文艺作品中大多是正面形象的原因。

就《商君书》本身而言，它反对血缘贵族的旧政治和私人伦理，主张国家集权和平等主义的齐民制度、郡县制度、军功爵制度，显然在某种意义上与后世的所谓现代性因素不谋而合。这种现代性当然无法褪掉它的残酷性，但仍不能因此而简单地看作是专制独裁者邪恶思想的流露，而应看作是集权君主制度在意识形态上的表现，它的目标和下层社会广大民众追求富贵的目标有一致之处，因而拥有并不单薄的社会基础。可以肯定，这是政策和路线问题，不是单纯的人品和德行问题。《商君书》以及它所表现的法家思想，是社会结构的产物，是社会结构性矛盾的产物，如果仅仅看作是品行恶劣者的任性，那就太简单、太表面化了。正因为拥有如此深厚的社会基础，《商君书》才的的确确帮助秦国的君主打垮了旧贵族势力，也打垮了山东六国。

这就提醒我们，要客观地看待社会阶级、阶层，特别是客观看待社会的结构性矛盾。让我们的思想和研究，透过人际纷争的迷雾，深入到社会阶级、阶层的层面，进入到影响社会发展的制度和政策设计领域，寻找社会健康发展的出路，而不是站在少数高贵者的立场上，背靠着传统道德的庇护和支撑，贬低下层群众的生活追求和新兴政治人物的改革理想。这就是《商君书》这样的作品告诉我们的最有价值的东西。

与此相关，还有一个更为深刻的因素值得提出，那就是《商君书》所表现的商鞅派法家对于普通民众的关注和重视。今本《商君书》中，生产第一线的农民和战争第一线的战士为代表的普通人民显然是作为正面形象加以表现和表扬的。在有些情况下甚至对他们还给予了深切的同情。例如，《兵守》篇中关于敌人攻城之前防守一方的所作所为，讲到壮男之军、壮女之军和老弱之军的同仇敌忾和相濡以沫，使读者在黑云压城的紧迫形势下看到了一丝人道之光。《定分》篇详细描述法律咨询的制度设计，讲到官吏和民众来咨询法律问题，提供法律咨询的官员必须详细讲解，还要形成文字，写在符节，双方各执一半，以便核验。如果前来咨询者犯法，是因为提供咨询的官员未能尽到明确告知的责任，那么这个官员就要受到该条法律规定的相应处罚。《定分》篇还用了较多文字，专门讲述了法律是为广大民众设置，既然设置了法律，就要让民众清楚法律的内容和意义，因此，政府还要设置专门的官员，作为老师，向广大民众宣传讲解法律，以免群众因不了解法律而犯法受刑。这些，多多少少表现出了商鞅派法家对普通人民的重视和同情，这是不是应该给予某种程度的肯定呢？

总之，《商君书》以坦率和真诚，表达了社会发展意义上的进步要求，它对建设中央集权制大国的种种设想和设计，它对国家公义和廉洁奉公精神的憧憬和讴歌，它对传统血缘纽带的反抗和挣脱，它在理性思考和政论写作上的杰出成就，具有穿越时代的价值和意义。可以毫不夸张地说，《商君书》是人类历史上第一流政治学经典中的不朽之作。

① 钱穆:《先秦诸子系年》,中华书局,1985 年版,第 229 页。

② 今本《商君书·开塞》有"圣人不法古,不修今。法古则后于时,修今则塞于势。周不法商,夏不法虞,三代异势,而皆可以王"。司马迁认为《开塞》是商鞅遗著,看来商鞅的确是片面地理解历史的,与孔子的三代损益说相去甚远。《商君书·壹言》:"故圣人之为国也,不法古,不修今,因世而为之治,度俗而为之法。"看来这在商鞅是根深蒂固的思想。

③ 参见高亨:《商君书作者考》,见高氏著《商君书注译》,中华书局,1974年版,第 6 页。

④ 下文所引《说民》中的"良民""奸民"用法相同。不过,《商君书》中的"奸民"并不都具有反讽的意味。《画策》:"不作而食,不战而荣,无爵而尊,无禄而富,无官而长,此之谓奸民。"这里的"奸民",指的正是它的本义:干犯国家法令和政策之民,《垦令》《兵守》《靳令》中的"奸民",含义相同。对于这类奸民,《商君书》是主张坚决压制、去除的。

⑤ "利出一孔"是《商君书》的重要思想。《弱民》"利出一孔,则国多物;出十孔,则国少物。守一者治,守十者乱。"《靳令》"利出一空者,其国无敌;利出二空者,国半利;利出十空者,其国不守。"

更法第一

孝公平画[1]，公孙鞅、甘龙、杜挚三大夫御于君。虑世事之变，讨正法之本，求使民之道。

开篇交代人物、事由及意义，简洁明畅，气势宏大。

【注释】

[1]"孝公平画"以下五句：孝公谋划治国方案，公孙鞅、甘龙、杜挚三位大夫陪侍左右，思考时事的变化，探讨政治的根本，寻求使用人民的道理。孝公，秦孝公，嬴姓，名渠梁。前361年—前338年在位。任用商鞅，实行变法，推动秦国走上富强之路。平画，即治策，确定治国方案。平，治。画，策。公孙鞅（约前395—前338），卫国人，姬姓，祖上应为公族。甘龙、杜挚，秦国大臣，反对改革的代表人物，生平不详。大夫，春秋以前贵族时代，大夫是贵族的第三级，地位较高；战国时期，大夫仍是较高级别官职和爵位的称谓，这里泛指高级官员。

君曰：“代立不忘社稷[1]，君之道也。错法务民主张，臣之行也。今吾欲变法以治，更礼以教百姓，恐天下之议我也。”

公孙鞅曰[2]：“臣闻之：‘疑行无成，疑事无功。’君亟定变法之虑，殆无顾天下之议之也。且夫有高人之行者[3]，固见负于世；有独知之虑者，必见骜于民。语曰：‘愚者暗于成事[4]，知者见于未萌。民不可与虑始，而可与乐成。’郭偃之法曰[5]：‘论至德者不和于俗，成大功者不谋于众。’法者，所以爱民也；礼者，所以便事也。是以圣人苟可以强国，不法其故；苟可以利民，不循其礼。”

孝公曰：“善！”

商鞅自认变法爱民，却视民众为愚氓，不能共谋变法大计。

【注释】

[1]“代立不忘社稷”以下七句：继承君位不忘国家，这是做君主的根本；制定法律政策一定要表明君主的英明，这是做臣子的规矩。如今我要变法用来治理百姓，更礼用来教导百姓，却担心天下对我议论纷纷。错法务民主张，《新序·善谋》作“错法务明主长”。错，设置。　[2]“公孙鞅曰”以下六句：公孙鞅说：“我听说：‘对行动过分疑虑则不能有成，对事业过分疑虑则不能有功。’请您尽早确定变法的主意，一定不要顾忌天下的议论！”

成，成功。殆，必。　[3]"且夫有高人之行者"以下四句：德行高深的，一定为世俗所反对；智虑独到的，必然被民众所诋毁。骜，通"謷"，诋毁。　[4]"愚者暗于成事"以下四句：愚蠢的人，事情做成了他还没有意识到；智慧的人，事情没有萌芽他就已经有所发现了。民众，不可与他们同谋创始，只可与他们共庆成功。暗，蒙昧无知。　[5]郭偃之法：内容不详。郭偃，即卜偃，春秋时期晋国大夫，卜官，历经献公、文公两朝。

甘龙曰："不然。臣闻之：'圣人不易民而教[1]，知者不变法而治。'因民而教者[2]，不劳而功成；据法而治者，吏习而民安。今若变法，不循秦国之故，更礼以教民，臣恐天下之议君。愿孰察之。"

公孙鞅曰："子之所言，世俗之言也。夫常人安于故习[3]，学者溺于所闻。此两者，所以居官而守法，非所与论于法之外也。三代不同礼而王，五霸不同法而霸。故知者作法[4]，而愚者制焉；贤者更礼，而不肖者拘焉。拘礼之人，不足与言事；制法之人，不足与论变。君无疑矣。"

普通人安逸于传统习惯，读书人沉迷于所学知识，习惯势力和已有知识竟成为认识改革意义的巨大蔽障。商鞅要破除这两大蔽障，具有解放思想的意义。

【注释】

[1]圣人不易民而教：圣人并不改变民俗才来实施教化的。易，换。　[2]因民而教：遵循人民的原有情况来实施教化。因，

遵循。　[3]"夫常人安于故习"二句：普通人安逸于旧习，学者沉迷于所学的知识。溺，淹没、沉迷于。　[4]"故知者作法"以下四句：有智慧的人创制新法，愚蠢的人则只知因循旧法；贤能的人改革礼教，不成器的人则只知拘守故礼。制，限制，局限。拘，约束，泥守。

杜挚反对变法，提出要考虑成本核算。这个观点有重要的启发意义。

杜挚曰："臣闻之：'利不百，不变法；功不十，不易器。'臣闻：'法古无过，循礼无邪。'君其图之！"

君主立法，因时制宜，乃战国变法的最深层本质。商鞅揭示，贡献极大。

公孙鞅曰："前世不同教，何古之法？帝王不相复，何礼之循？伏羲、神农教而不诛[1]，黄帝、尧、舜诛而不怒。及至文、武，各当时而立法，因事而制礼；礼法以时而定，制令各顺其宜，兵甲器备各便其用。臣故曰：'治世不一道，便国不必法古。'汤、武之王也[2]，不修古而兴[3]，殷、夏之灭也，不易礼而亡[4]。然则反古者未必可非，循礼者未足多是也。君无疑矣。"

本段以双重反诘起首，援古喻今，气势宏大，但却把对话变成了训话，把讨论变成了纵论。商鞅以力服人，不容置喙的强硬姿态跃然纸上矣！

【注释】

[1]"伏羲、神农教而不诛"以下三句：伏羲画八卦，神农尝百草，黄帝开创中华文明，尧、舜禅让，周文王实行德政、周武王推翻殷纣王的统治，建立周朝。他们在史籍中被认为是有大功于中国文化的古代帝王。　[2]汤：商朝的建立者，子姓。武：周

武王，周朝建立者，姬姓，名发，文王第二子。　[3]修：循；修礼即循礼，按照礼来做事。　[4]殷、夏：商朝（前16—前11世纪，从前13世纪盘庚迁殷起，又称殷）、夏朝（前21世纪—前16世纪）。

孝公曰："善！吾闻穷巷多吝[1]，曲学多辨。愚者笑之[2]，知者哀焉；狂夫之乐，贤者丧焉。拘世以议[3]，寡人不之疑矣。"于是遂出《垦草令》[4]。

【注释】

[1]"吾闻穷巷多吝"二句：我听说出身小巷的多固陋，所学褊狭好言辩。吝，鄙，无知，固陋。曲，褊狭，狭隘，局部。　[2]"愚者笑之"以下四句：愚蠢者高兴的事，却让智慧者感到悲伤；狂妄者快乐的事，却令贤明者忧戚。之乐，《四库本》作"乐之"。丧，悲戚。　[3]"拘世以议"二句：对于那些拘守世俗之见的观点，我不再疑惑。　[4]《垦草令》：即下篇《垦令》。

【点评】

此篇名"更法"，系文章的主题。该文又见于《史记·商君列传》和《新序·善谋》。

从文献上说，通篇叙事，类似当今会议纪要。内容记录了现场对话，在古代应该属于"语"体，与之相类者，早期有《国语》《论语》等，晚近有《朱子语类》。开篇称"孝公"，属生人称谥，不合礼制，前人据此认为该篇不是商鞅著作，而是商鞅派法家著作。我认为，第一段可能是文献整理者的按语，第二段"君曰"开始像是原作文字。

从写作角度看，这是一篇较好的叙事文章，好就好在真实上面。文章记录了真实的场景，真实的观点，真实的主张，真实的错误，真实的历史。这篇文章有以下几个特点：

其一，结构精当。文章由三个层次构成：其一，"君曰"提起话题，"公孙鞅曰……"予以呼应，"君曰：'善！'"结尾。这是"讨论"的第一回合。但细察原文可知，它是自足的，封闭的，排他的。孝公设立话题，公孙鞅给予回应和解释，孝公予以肯定，全部过程完成。好像演戏，情节预先设计好了，两个角色完成了各自的任务。这分明是说给甘龙、杜挚听的，是不想讨论的。随后甘龙插话，就显得节外生枝，多此一举，其不识时务、愚顽僵化的形象便呈现出来了。

接下来，进入第二会合：甘龙提出异议，掀起波澜，公孙鞅强力反驳。再接下来，进入第三回合：杜挚前赴后继，再提异议，波澜又起，公孙鞅接住话题，全力反驳。虽然掀起两次波澜，反对派好像是被灌了迷魂药，认同了自己的配角身份，甘愿表演反面形象，他们的所作所为仅仅是为了提起话题，自讨没趣，而商鞅则以强大的声势，千钧压顶，不容反驳，再加上孝公一锤定音，反对派的失败命运就此铸成，全文结束。

文章第一回合是肯定，提出论点。第二、第三回合是提出否定性意见，但两次都被强大的声势压制，最后孝公拍板。全文以正方提出论点开始，中经正方两次压服反方，最后以正方定论收尾，保证正方在论说形式和篇幅上都占有绝对优势，这是叙事文章中以声势取胜的典范之作。

其二，选材精粹。对话内容，句句实情，且全篇环环相扣，间不容发，没有任何繁冗杂沓，显然经过精选和提炼。阅读中读者仿佛身临其境，神经紧绷，体会到现场的紧张感。

其三，行文精巧。文章语言平实贴切，不露痕迹；用例通俗自然，信手拈来；思路逐层递进，由缓变急，由浅入深，通篇了无滞碍，带入感极强。

从史学的角度看，最重要的是记录了主张变法的秦孝公、公孙鞅与反对变法的甘龙、杜挚的现场辩论。分析双方各自的议论，看观点，旗帜鲜明，政治性极强，不容置疑，较好地表现了变法革新怎样不断克服阻力，在矛盾中前进的历史。

阅读文章，我们看到了真实的历史：

围绕着变法主题，存在着观点针锋相对的两派人物，他们有着各自的主张。

双方观点各有短长，但在理论思维上均严重不足。

正方的论点总体上看，符合社会发展潮流，应该是有意义的。但在论证方法上，则没有那么出色。可能是因为现场辩论情势仓促的缘故，商鞅的议论除了观点鲜明之外，理由并不充分。

其一，使用论据的客观性不强，在理论上大都经不起推敲，无法在逻辑上站住脚。例如，商鞅反驳甘龙时说："三代不同礼而王，五霸不同法而霸。"三代之礼固然有所不同，但一定还有些是相同的。五霸之法固然有所不同，但也一定会有些相同。那么，三代五霸政治的成立究竟是因为礼法的不同呢？还是因为礼法的相同呢？商鞅的观点过于简单和片面，无法回答这样的问题。历史学家的看法是，三代之王天下，恰恰是因为他们都遵循了敬天法祖、以德为本的礼治精神；三代败亡，恰恰都是违背了这个精神。这与商鞅的观点刚好相反。五霸之所以成功，都是在国内加强法治和集权，对外打着尊王攘夷的旗帜，号令天下，团结华夏诸侯，存亡继绝。这又与商鞅的说法相反。

再例如，商鞅在驳斥杜挚时说："汤、武之王也，不修古而兴，夏、殷之灭也，不易礼而亡。"这个观点似是而非。汤、武革命，改变了统治集团，当然是"不修古"的；可是，他们都秉持了"天命有德""以民为本"的传统精神，这又是于古有征的了。周公曾对迁徙到洛邑的殷遗民说过，你们商朝有丰富的历史资料，从中得知，你们的祖先汤就是灭掉夏朝后建立全国统治的呀。我们取代你们商朝的统治，就像你们的祖先汤取代夏朝的统治一样啊！（见《尚书·多士》）对于周人来说，商朝开国之君当然是古人，武王伐纣与商汤伐桀是如出一辙呀。这种自觉学习古人的做法，难道是"不修古"吗？夏桀、殷纣当然没有彻底改变夏朝和商朝的制度，可是读读《尚书》中的《汤誓》《牧誓》就会知道，他们破坏了夏朝和商朝传统中的某些根本内容，所以才激化了矛盾，造成身死国灭的下场，这还能说是"不易礼而亡"吗？

其二，迷信先知先觉的独知之明，夸大精英人物的历史作用，无视人民群众的智慧和力量，把改革领导者摆在和群众对立的位置上。例如，商鞅在反驳甘龙时说："常人安于故习，学者溺于所闻，此两者，所以居官而守法，非所与论于法之外也。"把"常人""学者"排除在研讨法治改革的人群之外。再例如，"知者作法，而愚者制焉；贤者更礼，而不肖者拘焉。拘礼之人，不足与言事；制法之人，不足与论变"。放弃了法治改革需要的沟通商讨和宣传教育工作。从以上两句可以看出，商鞅的这种观点既不利于政策的设计和制定，也不利于团结人民一道完成共同的事业。法家人物的命运有着阴郁的悲剧色彩，总好像是某种宿命。其实，是他们脱离人民群众，自我孤立、独断专行的必然结果。他们中的绝大多数人最终难以逃脱悲剧命运，好像有着某种历史的必然性，原因无须到外面去寻找，更不必诿之于天命和上帝！

其三，为国、利民的主张是口号式的，不具体，有空洞之嫌。

其四，忽视反方观点的价值。例如，反方的尊重传统思想，反方的成本核算思想，都是很有价值的，不应一概否定和忽视。

看反方的文字，感觉甘龙的话较为随意，因循守旧的味道很浓，重复既得利益贵族的语言，无甚可取之处。不知果真如此，还是被文献整理者改编成了法家叙事。杜挚的话则保留了有价值的内容，特别是"利不百，不变法；功不十，不易器"，这是极有价值的卓识。改革的成本核算，即使今天，也是非常非常重要的话题。两千年前能提出这样的问题，实在是文化进步、文明发展的精彩表现。当然，杜挚本人究竟是怎么想的，不得而知，但无论如何，杜挚引用的这个观点本身是非常值得珍视的，我当然不想因为任何理由而放弃对这个观点的肯定和赞扬。

两千多年过去了，反复研读，悉心品味，还会发现《更法》中仍然有许多内容值得反思，这就是文章的魅力所在！

垦令第二

无宿治^[1]，则邪官不及为私利于民，而百官之情不相稽^[2]。则农有余日^[3]。邪官不及为私利于民，则农不败。农不败而有余日，则草必垦矣。

【注释】

[1]"无宿治"二句：官府不拖延政务，邪恶的官吏就来不及从人民那里谋取私利。宿，留，此处指拖延、积压。 [2]百官之情不相稽：百官的实际工作不互相积压。稽，留、滞，此处指积压。 [3]余日：余下来的时日。按行文规则，此句前当重"百官之情不相稽"一句。

訾粟而税^[1]，则上壹而民平。上壹则信；信则臣不敢为邪。民平则慎^[2]；慎则难变。上信而

提高行政效率，防止邪官压榨民众，这是《商君书》乃至战国法家的一贯精神，也是《商君书》的一个亮点。

根据谷物产量征税，考虑了田地贫瘠丰腴的差别，比按地亩数量征税更加公平合理。这项主张或有利于开垦荒地、提高农业产量和国家税收。

官不敢为邪，民慎而难变，则下不非上[3]，中不苦官。下不非上，中不苦官，则壮民疾农不变。壮民疾农不变[4]，则少民学之不休。少民学之不休，则草必垦矣。

【注释】

[1]"訾（zī）粟而税"二句：（政府）计算谷物数量以征收地税，那么政策就统一，百姓就安定而治理。訾，量。平，安，治。　[2]"民平则慎"二句：人民治理，就会顺服；顺服就不易改业。慎，通"顺"。变，改业，本段其他"变"字义同。　[3]"则下不非上"二句：居下的（百姓）不批评在上的（统治者），居中的不以做官为苦。　[4]"壮民疾农不变"二句：强壮之民努力农耕不想改业，那么年少之民就会向他们学习，也不懒惰。疾，急，指努力从事。

让人民处于愚昧的状态，不看重学问，防止他们有能力里通外国，目的是保证有更多的人从事农业生产。

无以外权爵任与官[1]，则民不贵学问，又不贱农。民不贵学问则愚，愚则无外交，无外交则国勉农而不偷[2]，民不贱农，则国安不殆。国安不殆，勉农而不偷，则草必垦矣。

【注释】

[1]"无以外权爵任与官"以下三句：不要因为外邦势力而授予爵位和官职，这样，人民就不看重学问，也不轻视农耕。外权，外邦势力。爵，授予爵位，用作动词。任，职位。与官，授予官职。　[2]偷：苟且，敷衍，不努力。

禄厚而税多[1]，食口众者，败农者也。则以其食口之数[2]，贱而重使之。则辟淫游惰之民无所于食[3]。民无所于食则必农；农则草必垦矣。

按人口数量征收赋税徭役，在当时，显然有打击世家大族势力的意图。

【注释】

[1]"禄厚而税多"以下三句：俸禄丰厚而税收量大，吃饭的人口众多，是有害于农的。　[2]"则以其食口之数"二句：根据吃饭的人口征税并加重徭役。贱，当为"赋"之误，意即收税。重，加重。使，役使，指徭役。　[3]则辟淫游惰之民无所于食：那么，邪辟、淫逸、游荡、懒惰之民就没有地方吃闲饭了。

使商无得籴[1]，农无得粜。农无得粜[2]，则窳惰之农勉疾。商不得籴[3]，则多岁不加乐。多岁不加乐[4]，则饥岁无裕利。无裕利则商怯；商怯则欲农。窳惰之农勉疾，商欲农，则草必垦矣。

限制粮食市场交易，以保护农业生产，这在中国，有着悠久的传统。

【注释】

[1]"使商无得籴（dí）"二句：商人不得卖粮，农民不得买粮。"籴""粜"应该互易。籴，买粮。粜（tiào），卖粮。　[2]"农无得粜"二句：农民不得买粮，那么，懒惰者就会努力（种田）。粜，应为"籴"。窳惰，懒惰。　[3]"商不得籴"二句：商人不得卖粮，那么丰年也不会更加享乐。籴，应为"粜"。多岁，丰年。　[4]"多岁不加乐"二句：丰年不会更加享乐，那么饥荒之年也不会有更

多富馀。裕，饶，富余。

声服无通于百县[1]，则民行作不顾，休居不听。休居不听[2]，则气不淫。行作不顾，则意必壹。意壹而气不淫，则草必垦矣。

【注释】

[1]"声服无通于百县"以下三句：音乐、杂技不许下到各县，那么，百姓劳动时就不能观看，休息时也不能聆听。声服，高亨说应为"声技"。声，音乐。技，杂技，形近而误为"服"，可从。　[2]"休居不听"以下四句：休息时不能聆听，精气就会守住；劳动时不能观看，意念就会专一。

文艺还有鼓动和激励的意义，商鞅未能认识到这一层，遗憾！

无得取庸[1]，则大夫家长不建缮，爱子不惰食，惰民不窳，而庸民无所于食，是必农。大夫家长不建缮，则农事不伤。爱子、惰民不窳，则故田不荒，农事不伤，农民益农[2]，则草必垦矣。

禁止有地位有势力的家庭雇佣人手搞营建，以防止与农业生产争夺劳力。

【注释】

[1]"无得取庸"以下六句：不得雇佣人手，那么，大夫家长就不能雇工修建房屋，爱子不能不劳而食，惰民不能偷懒，佣工不能在别处挣饭吃，就只能务农。庸，通"佣"；取佣，雇用佣工。建缮，建设修缮。窳（yǔ），懒惰。庸民，即佣工。　[2]农民益农：农民更加积极地投身农业生产。

废逆旅[1]，则奸伪、躁心、私交、疑农之民
不行，逆旅之民无所于食，则必农。农则草必垦
矣。

为了让更多的人从事农业生产，旅店业也纳入废除名单！

【注释】

[1] "废逆旅"以下四句：废除旅店，那么，奸诈、狡猾、交通私家和迷惑农民的（坏人）就无处可行；经营旅店的人也就没有别的生路，而只能务农。逆旅，客舍，旅店。躁，狡猾。私交，交通私家，指与大臣（本国或外邦的）交往。

壹山泽[1]，则恶农、慢惰、倍欲之民无所于
食。无所于食，则必农。农则草必垦矣。

官府独占山泽之利竟然也是要把民逼往一个方向：垦草！

【注释】

[1] "壹山泽"二句：（政府）独占山泽之利，那么百姓中不愿意从事农业生产的、散漫懒惰的、贪欲大的人就无处得食。壹，专一，专有，独占。倍欲，比常人欲望成倍地多；或可作"背俗"，形近而误，意即违背习俗。

贵酒肉之价[1]，重其租，令十倍其朴，然则
商贾少，农不能喜酣奭，大臣不为荒饱。商贾
少[2]，则上不费粟。民不能善酣奭[3]，则农不慢。
大臣不荒[4]，则国事不稽，主无过举。上不费粟，

为了保护农业生产，政府可以靠提高酒肉价格和税收的手段来限制饮酒食肉。

民不慢农，则草必垦矣。

【注释】

[1]"贵酒肉之价"以下六句：提高酒肉价格，加重税收，让它十倍于原价，那么卖酒肉的商人就会减少，农民也不能喜欢饮酒，大臣也不敢荒淫醉饱。租，税。朴，本，原来的样子。酣奭（hān shì），饮酒过度，奭，饮酒欢乐貌。　[2]"商贾少"二句：商人少，国家就不能浪费粮食。　[3]"民不能善酣奭"二句：农民不喜欢饮酒，就不会忽视农作。慢，忽视，轻视。　[4]"大臣不荒"以下三句：大臣不荒淫醉饱，那么国事就不会积压不办，国君就不会有错误的举措。大臣不荒，按上下文，"大臣不荒"下应夺一"饱"字。稽，留止，滞留，积压。举，行动，举措。

重刑而连其罪[1]，则褊急之民不斗[2]，很刚之民不讼[3]，怠惰之民不游[4]，费资之民不作[5]，巧谀、恶心之民无变也[6]。五民者不生于境内，则草必垦矣。

要杜绝"五民"，须实行重刑而连坐的政策。

【注释】

[1]重刑：加重刑罚。连其罪：一人犯法，相关的其他人等就得连坐。按商鞅之法，一人犯罪，父母兄弟妻子连坐。商鞅建立什伍制度，五家为伍，十家为什，一人犯罪，如不检举，就得什伍连坐。　[2]褊（biǎn）急：狭隘、急躁。　[3]很刚：凶狠。讼：争辩。　[4]怠惰：懈怠，懒惰。游：游手好闲。　[5]费

资：浪费资材。　[6]巧谀（yú）、恶心：花言巧语，心怀叵测。变：通"辩"。

使民无得擅徙^[1]，则诛愚乱农农民无所于食而必农。愚心躁欲之民壹意^[2]，则农民必静。农静、诛愚，则草必垦矣。

为了保证更多的人手投入农业生产，要限制随意迁徙。

【注释】

[1]"使民无得擅徙"二句：不许百姓自由迁徙，这样，愚昧无知而不安于农业的人就无处谋生，因而必定务农。擅，专，自作主张。徙，迁徙，迁移。诛愚乱农农民，应作"朱愚乱农之民"，第二个"农"字应系误把"之"字当做重文而致。诛愚，即"朱愚"，"朱"与"愚"意义相近，指愚昧迟钝。　[2]"愚心躁欲之民壹意"二句：心智愚昧、欲望躁动的百姓，都能专心一意（于农），那么农民必定安静。

均出余子之使令^[1]，以世使之^[2]，又高其解舍^[3]，令有甬官食槩^[4]，不可以辟役^[5]，而大官未可必得也，则余子不游事人^[6]，则必农。农则草必垦矣。

贵族子弟也不能逃脱农业生产。

【注释】

[1]均出余子之使令：颁布让贵族大家的余子都要服徭役的法令。均，皆。余子，贵族家除了嫡长子之外的其他儿子。使令，

即役使的法令，指服徭役的法令。 [2]以世使之：根据户籍册役使他们。世，一说即"册"，指户籍名册，形近而误。 [3]高其解舍：提高解除徭役的标准。解舍，解除徭役，这里大概是指解除徭役的标准。解，放。舍，免。 [4]令有甬官食（sì）槩（gài）：设立管理徭役的官吏，供给服役者粮食。甬官，即管理徭役的官。甬，即"佣"，指徭役。食，给人吃。槩，通"槩"，即古代的"饩"（xì，繁体做"餼"）字，意即供给役人和客人的粮米。 [5]"不可以辟役"二句：不可能逃避徭役，又不一定能当上大官。辟，通"避"。 [6]游事人：周游四方服侍他人（指权势者）。

国之大臣诸大夫[1]，博闻、辩慧、游居之事，皆无得为，无得居游于百县，则农民无所闻变见方。农民无所闻变见方[2]，则知农无从离其故事，而愚农不知，不好学问。愚农不知，不好学问，则务疾农。知农不离其故事[3]，则草必垦矣。

作者认识到城市文明对传统农耕有破坏作用，所见深刻！

【注释】

[1]"国之大臣诸大夫"以下五句：举凡闻见广博、聪慧善辩、游逛闲居诸事，国都中的大臣、大夫都不得做，不许到各县居住游逛，这样，农民就不可能听到奇谈和看见异能。变，奇。方，方术。 [2]"农民无所闻变见方"以下四句：农民无从听到奇谈和看见异能，那么，有知识的农民就无从抛弃农耕，愚昧的农民因为没有知识，也不会去寻求学问。知农，即"智农"。故事，旧业，指农耕。 [3]知农不离其故事：一说此句或前或后应有"愚

农务疾农"五字。

令军市无有女子[1]。而命其商[2]，令人自给甲兵，使视军兴；又使军市无得私输粮者[3]，则奸谋无所于伏[4]，盗输粮者不私稽，轻惰之民不游军市。盗粮者无所售，送粮者不私[5]，轻惰之民不游军市，则农民不淫[6]，国粟不劳，则草必垦矣。

军队中有专用市场，且管理严格。

【注释】

[1]令军市无有女子：命令军人市场中不得有女子。　[2]"而命其商"以下三句：命令商人（提供充足的装备），让人们可以根据战争发生的情况，购买到武器，做到铠甲、兵器自足。视，关注，根据。军兴，军队动员。　[3]又使军市无得私输粮者：又使军人市场不得有私人运输粮食的。输，运输。　[4]"则奸谋无所于伏"以下三句：那么，奸谋就无处隐伏，偷军粮的无处售卖，运军粮的不会私自拖延，清闲懒惰之民不会在军人市场上游荡。盗输粮者不私稽，按下文应为"盗粮者无所售，输粮者不私稽"。稽，停留，滞留，拖延。　[5]送粮者不私：后脱"稽"字。　[6]"则农民不淫"二句：农民不滥情，国家的粮食不枉费。淫，淫逸。劳，多费。

百县之治一形[1]，则从迁者不敢更其制，过而废者不能匿其举。过举不匿，则官无邪人。迁者不饰，代者不更，则官属少而民不劳。官无邪，则民不敖[2]；民不敖，则业不败。官属少，征不烦[3]。民不劳，则农多日。农多日，征不烦，业不败，则草必垦矣。

简政保民！

【注释】

[1]"百县之治一形"以下三句：各县的治理相同，故人人遵从。邪辟的官员不敢伪装，接替的官员不敢变更旧制，因为过失而罢免职务的官员不能藏匿所作所为。形，情形。迁者不敢更其制，据下文，此处应有脱误，应为"迁者不饰，代者不敢更其制"。迁，不直，邪辟。　[2]敖：通"遨"，游荡。　[3]征：征收，指赋税征收。烦：多。

重关市之赋[1]，则农恶商，商有疑惰之心。农恶商，商疑惰，则草必垦矣。

重农抑商，是商鞅派法家思想的一个主旋律。

【注释】

[1]"重关市之赋"以下三句：加重关口市场的商品税，那么，农民就嫌恶从商，商人有自我怀疑和怠惰之心。

以商之口数使商[1]，令之厮、舆、徒、重者必当名，则农逸而商劳。农逸则良田不荒，商劳[2]，则去来赍送之礼无通于百县，则农民不

商人的家内奴仆也要在政府有人口登记！

饥，行不饰。农民不饥，行不饰，则公作必疾^[3]，而私作不荒^[4]，则农事必胜。农事必胜，则草必垦矣。

【注释】

[1]"以商之口数使商"以下三句：根据商人家的人口数征发徭役，命令商人的各类奴仆必须按政府名册来服役，这样，农民就轻松了，商人就劳烦了。厮、舆、徒、重，各类家庭奴仆。重，童。 [2]"商劳"以下三句：商人烦劳，就不能把往来之礼送到各县，那么农民就没有饥荒，也不必用心于应酬。赍（jī），把东西送给别人。饰，装饰，表面上给人看的（事）。 [3]公作：公家的劳作。 [4]私作：私人的劳作。疾：努力。荒：废。

令送粮无取僦^[1]，无得反庸，车牛舆重设必当名。然则往速徕疾^[2]，则业不败农^[3]。业不败农，则草必垦矣。

百姓家用于服役的运输工具政府也有登记！

【注释】

[1]"令送粮无取僦（jiù）"以下三句：规定送粮的不许雇佣别人的车辆，空车返回时不得载货（挣钱），拉车的牛和车载的重量服役时必须与官府登记的相吻合。取僦，雇别人的车。反，返。庸，佣。设，当为"役"，形近而误。 [2]徕：读lái，招来；读lài，慰劳。两通。 [3]业：指送粮工作。

无得为罪人请于吏而饷食之^[1]，则奸民无主。奸民无主^[2]，则为奸不勉。农民不伤^[3]，奸民无朴。奸民无朴，则农民不败。农民不败，则草必垦矣。

不许善待罪人，以此威吓"奸民"。

【注释】

[1]"无得为罪人请于吏而饷食之"二句：不得请求官吏许可给罪人送饭，这样，奸民就失去了主人。　[2]"奸民无主"二句：奸民没有主人，为奸就不得免除（刑罚）。勉，通"免"。　[3]"农民不伤"二句：据他本，此句应为"为奸不勉，则奸民无朴"。做奸不免（刑罚），那么奸民就没有依靠。朴，本、根，指依靠。

【点评】

《垦令》是《商君书》第二篇。该篇不像是政府法令，倒更像是政府法令的说明性文件。全篇行文类似连珠，一口气说出二十个"草必垦矣"，排山倒海，气势宏大，与《更法》所营造的泰山压顶的变法声浪桴鼓相应。

文章语言平实质朴、短促有力，与注重辞采、讲求工巧的儒者文章形成鲜明对照，表现了较强的务实精神。

本篇最大的贡献是保留了商鞅和商鞅派法家的政策主张，具有重要的历史和文献价值，读者可据此了解商鞅和商鞅派法家思想的基本内容和基本特点。

垦草意即农业生产。重视农业生产是商鞅变法的基本政策，围绕这个政策，作者阐述了一系列重要的政策主张，时至今日，仍然有启发意义。例如：

首先要有一个精简、廉洁、高效的政府。各县实行统一的治理，政令畅通，邪辟的官员就不敢为非作歹。政府要做到"官属少，征不烦"，官员数量要少，征收赋税不要繁多。政务不要积压（"无宿治"），这样，"邪官"就来不及从人民那里牟取私利；官员的工作情况能够相互公开，农民就会有更多的时间从事农业生产。这些主张应该是古代中国两千年历史上重农传统和民本传统的重要源头之一。

有了这样的政府，就要通过制度和政策推动农业生产。这样的政策很多：像根据粟米数量来征税，做到政府的政策统一，百姓认为公平。政府管控山泽之利，人民非业农不得食。提高酒肉价格，使人民不得酣爽醉饱荒废农业生产。实行重刑和连坐，使不务正业、违法乱纪的"五民"不得存在。贵族的余子和奴仆都要服劳役，以增加农业人口。加重关市之征、商人仆役也要服劳役，这样就会抑制商人，保护农业生产。

本篇的许多政策主张是限制性的，像不许通过外邦势力在本国获得官爵，这样人民就不看重学问，不轻视农业；不许商人卖粮，不许农民买粮，这样，才能保证更多的人从事粮食生产；音乐、杂技不许下到各县，免得扰乱农民的视听，打击生产积极性；不许雇佣人手搞建设修缮，以免与农业争夺劳力；废除客舍或旅店，杜绝有人游手好闲四处游荡；不许人民自由迁徙，免得脱离农业生产；国都中的大臣诸大夫不得到各县闲居游逛，免得以新奇异能把农民的注意力从农业生产上移开；军人市场有诸多限制性规定；为官府运送粮食不得雇佣车辆，空车返回时不得私自揽活；不得请求官吏给罪人送食物，以绝奸人重燃邪恶念头。

怎样评价商鞅和商鞅派法家的上述主张？在古代，学者们大多站在儒家的立场上，批评商鞅刻薄寡恩，不通人情。这样说，当然有一定道理。商鞅主张以国家的政策来规范人民的生活，这在习惯了贵族制度血缘伦理的人士看来，显然是难以接受的。但在我看来，情况或许不这样简单。儒家批评法家的主张，从社会结构上说，主要反映了传统社会的上层人士的态度。法家提出的政策建议往往会被儒家人士批评为与民争利，可是，像本篇提出的子弟、奴仆都要服役、不许通过外邦势力在本国获得官爵、废除客舍、提高酒肉价格、政府管控山泽、甚至按粟而赋，这些被剥夺或限制的利权一般情况下是贵族、商人和官僚地主们才可能享有的，与广大的下层民众关系不大。政府的垦草政策中，有鼓励性的内容，这些倒与下层民众追求富贵的愿望有一致之处。

《商君书》，我们承认它是经典，是有价值的，并不是因为其中的内容都是我们认为好的，没有糟粕，没有丑恶。它之所以成为经典，是因为它的真实性，是因为它的典型性，是因为它的艺术性。它真实地表现了那个时代那些人的思想。法家讲实话，态度是诚恳的，尽管他们的实话往往也会有很大的片面性，因而可能走向反面，总体上变得不真实；但法家著作又以高超的艺术手法，表现了那个时代的典型事件、典型思想，我们因此

才说它是经典。读《商君书》不会让我们变坏，只能让
我们变得更好，让我们变得更深刻、更具有人道情怀，
道理就在于此。

　　根据这样的理解，我们来看《垦令》，就会有新的发
现，有新的收获，这恰恰是它作为经典名篇的价值所在！

农战第三

农战是国家兴盛的根本！

凡人主之所以劝民者^[1]，官爵也；国之所以兴者，农战也。今民求官爵，皆不以农战，而以巧言虚道，此谓劳民^[2]。劳民者，其国必无力；无力者，其国必削。

商鞅派法家也讲教育。不过，他们主张的教育是政策教育，是农战政策教育，是一心一意走农战道路的教育（"作壹"），是官爵只能靠农战获取（"利出一孔"）的教育！

【注释】

[1]"凡人主之所以劝民者"二句：君主用来鼓励民众的是官职和爵位。劝，鼓励。　[2]劳：懒，使……疲敝而无功。

善为国者^[1]，其教民也，皆作壹而得官爵，是故不官无爵。国去言^[2]，则民朴；民朴，则不淫。民见上利之从壹空出也^[3]，则作壹。作壹则民不偷营^[4]。民不偷营，则多力；多力，则国强。今境内之民皆曰："农战可避，而官爵可得也。"是故豪杰皆可变业^[5]，务学《诗》《书》，随从外权^[6]，上可以得显^[7]，下可以求官爵；要靡事商贾^[8]，为技艺，皆以避农战。具备，国之危也。民以此为教者，其国必削。

【注释】

[1]"善为国者"以下四句：善于治理国家的，教导民众只能专务一项工作（指农战）而得到官爵，所以，不能专务一项工作的，就不能得到官爵。"是故"后脱"不作壹"三字。　[2]"国去言"以下四句：国家去掉无用之言，百姓就朴实。百姓朴实，就不会淫逸。淫，多余无用。　[3]"民见上利之从壹空出也"二句：百姓看到国家的利益从一个孔道中出来，就会专心于一项工作（农战）。空，窍，孔窍。　[4]偷：苟且。营：经营。　[5]变业：变更工作，指抛弃农战工作。　[6]随从：追随；外权：外邦势力。　[7]显：荣誉。　[8]要靡：意指细屑、平庸之人，以与上文"豪杰"相对。要，通"幺"，小。靡，细。

善为国者，仓廪虽满，不偷于农^[1]；国大民众，不淫于言^[2]，则民朴壹。民朴壹，则官爵不可巧而取也。不可巧取，则奸不生。奸不生，则主不惑。今境内之民及处官爵者，见朝廷之可以巧言辩说取官爵也，故官爵不可得而常也。是故进则曲主[3]，退则虑私，所以实其私[4]，然则下卖权矣。夫曲主虑私，非国利也，而为之者，以其爵禄也；下卖权，非忠臣也，而为之者，以末货也[5]。然则下官之冀迁者皆曰[6]："多货，则上官可得而欲也。"曰："我不以货事上而求迁者[7]，则如以狸饵鼠尔，必不冀矣；若以情事上而求迁者[8]，则如引诸绝绳而求乘枉木也，愈不冀矣。二者不可以得迁，则我焉得无下动众取货以事上而以求迁乎[9]？"百姓曰[10]："我疾农，先实公仓，收余以食亲；为上忘生而战，以尊主安国也。仓虚，主卑，家贫。然则不如索官。"亲戚交游合[11]，则更虑矣。豪杰务学《诗》《书》，随从外权；要靡事商贾、为技艺，皆以避农战。民以此为教，则粟焉得无少，而兵焉得无弱也？

商鞅派法家不反对家庭制度，承认孝亲伦理，与儒家并无二致。

【注释】

[1]偷：放松。　[2]淫：乱，滥。　[3]"是故进则曲主"二句：上朝则曲意逢迎君主，回家则处心积虑私利。曲，曲意逢迎。　[4]"所以实其私"二句：用来实现私利的，就是在下面出卖国家的权利。　[5]末：逐、追求；一说为"求"字，形相近

而误。货：钱财。　[6]冀迁者：希望升迁的人。冀：望，希望；迁：升迁，提升职务。　[7]"我不以货事上而求迁者"以下三句：我不花钱给上司以求升迁，那就像用猫来引诱老鼠，肯定是没有希望的。饵，诱饵，此处用如动词，引诱。　[8]"若以情事上而求迁者"以下三句：若以老实本分来对待上司以求升迁，那就像牵着断绳攀爬弯曲的树木，就更没有希望了。情，诚，实。　[9]下动众取货以事上：到下面扰动民众、搜刮钱财以贿赂上司。　[10]"百姓曰"以下十句：百姓说："我努力务农，先装满公家粮仓，收拾剩余的用来孝敬父母；为了上面舍生战斗，目的是尊崇君主安定国家。（结果呢？）国库空虚，君主卑弱，家庭贫穷。那么，还不如求官呢！"索官，求官。　[11]"亲戚交游合"二句：亲戚交往时意见相合，所以就改变主意了（意即不继续从事农战了）。

善为国者[1]，官法明，故不任知虑。上作壹[2]，故民不偷营，则国力抟。国力抟者强，国好言谈者削。故曰：农战之民千人，而有《诗》《书》辩慧者一人焉，千人者皆怠于农战矣。农战之民百人，而有技艺者一人焉，百人者皆怠于农战矣。国待农战而安，主待农战而尊。夫民之不农战也，上好言而官失常也。常官则国治[3]，壹务则国富。国富而治，王之道也。故曰：王道作[4]，外身作壹而已矣。

商鞅派法家也以王道为最高理想。

【注释】

[1]"善为国者"以下三句善于治理国家的，要让官府的法律明晰，所以不靠智慧和计谋。　[2]"上作壹"以下三句：在上者保持政策统一，所以民众做事就不会偷懒，那么国力就会凝聚起来。偸，"偷"字之讹。抟，集聚、集中，又通"专"，专一。　[3]"常官则国治"二句：官府有规则国家就治理得好，做事专一国家就富裕。常官，使官府有常规。壹务，做事专一。　[4]"王道作"二句：王道兴起，靠的就是不骛其他，专心做事（指农战）而已！前一"作"字，兴起。外身，《老子》七章"外其身而身存"，置身繁杂事外，才能保有其身，此处指对于农战之外的事情，要外其身，如此才能专心于农战。作壹，集中全力，专门从事一项事业或工作（这里指农战）。

"因能授官"在当时是一项新制度，通过这个制度录用的官僚却以讨君王的欢心为能事，作者发现了新制度的新问题，目光如炬！

这十种人即传统意义上的所谓"善民"，在法家眼里，是要限制甚至去除的。

今上论材能知慧而任之[1]，则知慧之人希主好恶，使官制物，以适主心。是以官无常，国乱而不壹，辩说之人而无法也。如此，则民务焉得无多[2]？而地焉得无荒？《诗》、《书》、礼、乐、善、修、仁、廉、辩、慧，国有十者，上无使守战。国以十者治，敌至必削，不至必贫。国去此十者，敌不敢至，虽至必却；兴兵而伐，必取；按兵不伐，必富。国好力者以难攻[3]，以难攻者必兴；好辩者以易攻，以易攻者必危。故圣人明君者，非能尽其万物也，知万物之要也。故其治国也，察要而已矣。

圣人未必尽知万物，但一定要知万物之要领。治理国家也有要领！

【注释】

[1]"今上论材能知慧而任之"以下四句：如今的君主用人看才能和智慧，那么，智慧之人便看重君主的好恶，（他们）使用官吏、管理事务，以迎合君主的心思为目标。知，通"智"。希，望，看重。适，适合，迎合。　[2]民务焉得无多：人民的任务怎能不多呢？[3]"国好力者以难攻"以下四句：国家重视国力的，就是在难做的事情上努力，在难做的事情上努力的必然兴盛；喜欢言谈论辩的，就是在容易做的事情上努力，在容易做的事情上努力的必然危险。

今为国者多无要。朝廷之言治也[1]，纷纷焉务相易也。是以其君惛于说，其官乱于言，其民惰而不农。故其境内之民，皆化而好辩、乐学，事商贾，为技艺，避农战。如此，则不远矣[2]。国有事[3]，则学民恶法，商民善化，技艺之民不用，故其国易破也。夫农者寡而游食者众，故其国贫危。今夫螟、螣、蚼蠋[4]，春生秋死，一出而民数年不食。今一人耕而百人食之，此其为螟、螣、蚼蠋亦大矣。虽有《诗》《书》[5]，乡一束，家一员，独无益于治也，非所以反之之术也。故先王反之于农战。故曰：百

当时的秦国藏书究竟有多少？《诗》《书》之类可以每乡一捆、每家一卷！

人农一人居者王，十人农一人居者强，半农半居者危。故治国者欲民之农也[6]。国不农，则与诸侯争权不能自持也，则众力不足也。故诸侯挠其弱[7]，乘其衰，土地侵削而不振，则无及已。

【注释】

[1]"朝廷之言治也"二句：朝廷上讨论治理国家，纷然杂乱，相互间都以"易"为说。易，应为前文"以易攻"的"易"，内容就是言谈论辩。故有下文"其君惛于说，其官乱于言（其君因为各种说辞而迷惑，其官因为各种言论而昏乱）"。　[2]不远：一说前应有"亡国"二字。　[3]"国有事"以下五句：国家一旦有战事，那些学者之民只知讲法律的坏话，商贾之民只知追求钱财为善，技艺之民不肯为国家效力，这样的国家就容易攻破。恶，揭短，污蔑。善化，以钱财为善。化，通"货"，钱财。　[4]螟（míng）：吃苗心的害虫。螣（téng）：吃苗叶的害虫。蚼蠋（gǒu zhú）：即"乌蠋"，长得像蚕的一种虫子，常在禾叶和桑叶上。　[5]"虽有《诗》《书》"以下五句：虽然有《诗》《书》，每乡一捆，每家一卷，对于治理仍然没有什么好处，因为它们不是转贫为富、转危为安的好办法。员，数量单位，相当于一束、一卷。独，唯独，偏偏。　[6]之农：从事农业生产。之，动词，到，往。　[7]"故诸侯挠其弱"以下四句：所以诸侯乘其衰弱而征伐和欺凌，土地被侵夺而不振，（到那时想要生存）就来不及了。

劝民归心于农
乃治国之要！

　　圣人知治国之要，故令民归心于农。归心于农[1]，则民朴而可正也，纷纷则易使也，信可以守战也。壹则少诈而重居[2]，壹则可以赏罚进也，壹则可以外用也。夫民之亲上死制也[3]，以其旦暮从事于农。夫民之不可用也[4]，见言谈游士事君之可以尊身也、商贾之可以富家也、技艺之足以糊口也。民见此三者之便且利也，则必避农。避农，则民轻其居。轻其居，则必不为上守战也。

【注释】

[1]"归心于农"以下四句：专心务农，那么人民就朴实而可管理，淳厚而易役使，诚信而可守土参战。正，使……正，有管理之意。纷纷，当作"纯纯"，形近而误。　[2]"壹则少诈而重居"以下三句：（人民）专一则少有欺诈而重视所居，（人民）专一则可以用刑罚驱使，（人民）专一则可以用来对外。重居，重视自己的居住地。进，使……前进，意即驱使。　[3]"夫民之亲上死制也"二句：人民所以能够亲近君上为国家法令而牺牲，正因为他们从早到晚从事农业生产。上，君主。制，君主的命令，国家的法令。　[4]"夫民之不可用也"二句：人民之所以不可为君主所用，是因为他们看到策士靠游说君主就可以尊贵，商人靠经商就可以富家，手工业者靠技艺就足以糊口的缘故啊。

凡治国者[1]，患民之散而不可抟也，是以圣人作壹，抟之也。国作壹一岁者[2]，十岁强；作壹十岁者，百岁强；作壹百岁者，千岁强；千岁强者王。君修赏罚以辅壹教[3]，是以其教有所常，而政有成也。

团结民众，是千年大计，王业根本。

【注释】

[1]"凡治国者"以下四句：大凡治理国家的人，都以人民散乱而不团结为患，所以，圣人发起"壹"的政策，就是要把人民集中起来呀。抟，聚拢，集中，团结。壹，专心于一个方向的政策叫做"壹"。　[2]"国作壹一岁者"以下七句：国家实行"壹"的政策一年，就会获得十年的强大；十年，就会获得百年的强大；百年，就会获得千年的强大；千年强大的，才是王。[3]"君修赏罚以辅壹教"以下三句：君主明确赏罚制度来辅助"壹"的教导，所以教导有常规，政事有成就。教，指政策主张的宣传教育。

说《商君书》以成就霸业为终极目标，作者是不能认同的，这里主张的分明是王业，所赞扬的分明是"王者"。

王者得治民之至要，故不待赏赐而民亲上，不待爵禄而民从事，不待刑罚而民致死。国危主忧，说者成伍，无益于安危也。夫国危主忧也者，强敌大国也。人君不能服强敌、破大国也，则修守备，便地形[1]，抟民力，以待外事，然后患可以去，而王可致也[2]。是以明君修政作壹，去无用，止浮学事淫之民[3]，壹之农，然后国家可富，而民力可抟也。

【注释】

[1]便：通"辨"，辨别，考察。　[2]王：统一天下的君主，此处应指实行王道的政治。致：获得。　[3]浮学事淫之民：即指前文提到的"言谈游士""商贾""技艺"之民。

今世主皆忧其国之危而兵之弱也，而强听说者[1]。说者成伍[2]，烦言饰辞，而无实用。主好其辩[3]，不求其实。说者得意[4]，道路曲辩，辈辈成群。民见其可以取王公大人也[5]，而皆学之。夫人聚党与[6]，说议于国，纷纷焉，小民乐之，大人说之。故其民农者寡而游食者众。众则农者殆，农者殆则土地荒[7]。学者成俗，则民舍农，从事于谈说，高言伪议，舍农游食，而以言相高也，故民离上，而不臣者成群[8]。此贫国弱兵之教也。夫国庸民以言[9]，则民不畜于农。故惟明君知好言之不可以强兵辟土也，惟圣人之治国作壹、抟之于农而已矣。

说客靠言谈为生，在当时已形成行业共同体。他们遍行天下，大多不以效忠某个国家为意。法家限制游说行为，是从国家治理的角度做了深层思考的。

【注释】

[1]强：意即勉强。说者：说客。　[2]"说者成伍"以下三句：说客成群结队，繁复其言，巧饰其辞，却没有实际用处。　[3]"主好其辩"二句：君主喜欢他们的雄辩，却不看是否实用。　[4]"说

者得意"以下三句：说客们得意了，行路时也不忘极尽辩说，一伙一伙的，成群结队。曲辩，就细小琐屑的问题进行的辩论，意即极尽辩才。曲，细屑。辈辈，一伙一伙的。　[5]取：有"拿""得到"等义，此处指说服王公大人，俗语"拿下"颇为准确。　[6]"夫人聚党与"以下五句：很多人伙同朋友，在国都中游说议论，纷纷攘攘，普通百姓乐意如此，大官们也喜欢如此。　[7]殆：通"怠"，懒惰。　[8]不臣者：不效忠国君的人。　[9]"夫国庸民以言"二句：国家以言谈来养民，那么民就不靠农业吃饭了。庸，用。不畜于，不养于，即不靠……吃饭，说客以游谈为生，所以叫"游食者"。畜，养。

【点评】

本篇全文讨论农战主题，可以分为四节，每节结构大体相同，都是先用全称判断正面提出论点，接着以"今……"引领，批评农战可以逃避、言谈游说可以富贵的现实问题。最后指出这样做导致国力削弱的危险。不同的是，第一节是总纲，提出论说的基本结构。后面三节都以"善为国者"作为开头标记，应该是从三个方面展开论说，而且都用正反对比方法。

全文有三个最重要的关键词，它们是"官爵""农战""言谈"。关于三者的关系，第一节提出基本观点：君主用官爵来激励人民。按作者预设的道理，农战应该是获得官爵的唯一渠道，因为只有农战才可使国家富强兴盛。可事实上，官爵的获得凭借的却是言谈，即游说。这样，人民就会懒惰，国家就会削弱。

第二节似乎是想从政策教育的角度，把"教民作壹得官爵"当作主题加以阐述。指出：善于治理国家的，坚持通过"作壹"的办法，即排除其他活动，特别是游说活动，坚持农战是获取官爵的唯一通道。这就是著名的"利出一孔"的政策主张。如此，人民就会朴实，心无旁骛，努力投身农战，国力就会强大。可现实情况刚好相反，境内人民都知道，农战是可以逃避的，官爵可以通过言谈游说来获取。结果，出身高贵的可以改变旧业，习《诗》《书》，跑邦交；出身低微的可以干商业、学手艺。总之，都是想方设法，逃避农战。本节最后指出，若以此教导民众，国家就危险了。

第三节应该是想从民的角度，谈获取官爵的正反两途造成了截然相反的结果，这两种结果对于国家都极为不利。一方面，作者试图从正面树立"民朴壹"的理想原则，阐述通过农战获取官爵的积极意义。另一方面，由"今"引起，通过描述残酷的现实状况，把"以货事上"和"以情事上"、把"索官"与"农战"的截然相反的两种结果鲜明地摆在读者面前：一方面，大臣逢迎君主、卖权渔利；下级贿赂上司、以求升迁；民众逃避农战而全力索官、竞相奔走于言谈贿赂，却都能够得其所欲。而另一方面，用诚实面对上级的、努力从事农战的，却只有仓廪空虚、君主卑弱、家庭贫穷的结果。由此得出与第二节完全相同的结论来。

第四节应该是想从统治者的角度，从王道的角度，说明通过农战获取官爵是治理国家的"至要"（最高纲领）。所谓"上作壹"、所谓"王道作，外身作壹而已矣"，都是非常深刻的见解。

为了进一步说明上述论点，接下来就是三段由"今"引领的文字，可以作为这一节的三个分论。

第一段指出，国君以智慧任用官员，结果智慧之人就一切迎合君主的好恶，政治就混乱不堪。更恶劣的是，如此，带坏了社会风气，人民群众无心搞好农业生产，致使土地荒芜。结论，《诗》《书》、礼、乐、善、修、仁、廉、辩、慧，这十者必须去掉，否则国家就会削弱。要想扭转这种趋势，统治者就必须"治国察要"，这个"要"，就是农战。接下来，对知要与不知要可能带来的结果做了对比，以此证明知要的重要性。

第二段详细列举了治国无要的种种表现：君主被各种言说所迷惑，官吏因言谈而混乱，人民有的喜好辩论和学问，有的从事商贾和手工技艺，而对于农战，则纷纷逃避。圣人要知治国之要，一定要让人民归心于农战，这就叫做"圣人作壹"！

第三段则描述了言谈者招摇于世的情景。他们人数众多，成群结伙，以辩论为时尚，或者相聚都城，倡言无忌；或者身在旅次，也不忘施展辩才。这是贫国弱兵之教！为了强兵开土，结论只有一个，那就是"圣人之治国作壹、抟之于农战而已矣！"

这篇文章提出了若干重要观点，值得注意。其一，"外身作壹"；其二，"利出一孔"；其三，"圣人知要"。这三者其实说的是一回事。按"外身作壹"的"外身"应来自《老子》"外其身而身存"。《老子》说的是修道处世的方法。"外其身"，即面对纷繁复杂的世事，不要卷进去，要做到"不入死地"，这样才能得道，才能长生久视。《农战》把它移用到政策上，告诉人们，对待其他事务（例如言谈游说和工商技艺等），要"外身"，不要卷进去，这样，才会"作壹"，即坚守农战这一条路。政府为了让人民"外身作壹"，保证农战政策的落实，就一定要确立"利出一孔"的原则，保证官爵只能通过农战这一条路获取，坚决不许通过其他途径——例如言谈游说和工商技艺——谋得官爵，也就是坚决杜绝利出多孔的情况。对于这条政策的重要意义，统治者一定要有充分的认识，所以提出了"圣人知要"。这个"要"指的就是农战，就是"外身作壹"所要坚守的对象。由此可见，"外身作壹"的"壹"，"利出一孔"的"一孔"，"圣人知要"的"要"指的是同一个东西，那就是"农战"！

此外，阅读本篇还可以给我们带来这样的启发：

其一，法家的教育等于政策宣讲。法家不是不讲教育，法家讲教育，但不是通常理解的学校教育，而是政策教育，是政策宣讲。本篇的目的就是告诉当政者，要把农战政策、把外身作壹、把利出一孔当作教育内容，灌输给全社会。

其二，政府应采取严厉措施，限制其他行业和行业共同体的发展，以保证农战政策的有效实施。由此启发我们，一个有理性的国家和社会，重视什么行业，限制什么行业，都与那个国家、那个社会的公共意志息息相关。发展哪些行业共同体，限制哪些行业共同体，不是因为统治者个人的喜好和任意，而是因为它与政府的政策有着深刻的内在联系。

其三，阅读本篇，会有这样一个疑问：好像国家在大力反对言谈游说，可是社会上却总是有大量的言谈游说之士存在。作为政治家，商鞅和秦孝公以及后来的历代秦国君主，是不是早就习惯了玩一种猫捉老鼠的游戏？猫要吃掉老鼠，可老鼠总是捉不完。话又说回来了，老鼠一旦捉完了，猫也就无法生存下去了。如果是这样，那就是说政府并没有真的想消灭言谈游说之士。事实上，我们看到，秦国搞连横策略，与合纵的策士展开智斗，怎么可能消灭言谈游说之士呢？张仪、范雎（张禄）、公孙衍、蔡泽、李斯，那么多被秦国重用的客卿，哪一个不是言谈游说之士呢？商鞅本人，不就是最典型的言谈游说之士吗？

在写作上，本篇有优点，主要表现在：第一，有结构设计意识，可以分出一、二、三、四节，从一节到四节，由抽象而具体，逐步落实，越来越细。第二，正反对比：文章以官爵获取为中心，把农战与言谈两种途径对立起来，形成正反对比的态势，非此即彼，不容妥协，表现了旗帜鲜明的斗争精神和战斗气概。第三，提出了"外身作壹""利出一孔"和"圣人知要"等重要观点。

但也有缺点。例如，大的节目设计较为清楚，但是下面的行文却有松散、拖沓、重叠的情况。究其原因，在于缺乏概念性思维和科学分类意识。例如，第一节总纲，提出论点。其余三节却找不到各自的关键句和核心概念，每节是在什么意义上、什么范围内展开，没有说清楚。第二节好像是要从教育和示范的意义上论说，似乎有点范畴意识，大体上也说得通。第三节大概是想从

"民"的角度，第四节大概是想从"君"的角度，来说明
"作壹"与否结果完全不同。其实，把本文的内容划分为
政策教育、民众态度和君主修养，意义不大，因为二、三、
四节的内容并无本质差异，甚至可以说它们的内容几乎
相同，说的不外乎就是：如果统治者和人民都不"作壹"，
即都不集中全力于农战，对于国家来说，就是极为有害
的。这个论点，第一节已经交代清楚了，后面三节没有
提供必要的新知识，如果硬是分成三部分来写，结果只
能变得重叠、拖沓和累赘了。在近代中国的社会发展和
进步事业中，有人建议要在下面四点上多做努力，这样
才能更好地发展和进步。这四点是：人尽其才、地尽其
利、物尽其用、货畅其流。其实，还可补充一个第五点：
言尽其实！这是要请朋友们在阅读本篇时留意的。

去强第四

国家不以善为目标？善从来都是具体的，凡具体的都是矛盾的。法家不以儒家所谓的善为国家的目标，不等于没有自己所向往的善。这里使用的"善"字，指的是儒家所认可的善，也就是诗书礼乐，不是法家的善，所以要予以反对。

以强去强者弱[1]，以弱去强者强。国为善[2]，奸必多。国富而贫治[3]，曰重富，重富者强；国贫而富治，曰重贫，重贫者弱。兵行敌所不敢行[4]，强；事兴敌所羞为，利。主贵多变[5]，国贵少变。国多物[6]，削；主少物，强。千乘之国守千物者削[7]。战事兵用曰强[8]，战乱兵息而国削。

【注释】

[1]"以强去强者弱"二句：用使民强大的办法除掉强民，结果会变得削弱；用使民变弱的办法去掉强民，才会变得强大。所谓使民强大的办法，指的是儒家的诗书礼乐等，这些使民特别是民的上层变得强大；所谓"使民变弱的办法"指的是法

治。 [2]"国为善"二句：国家做所谓的"善事"，奸人一定多。这里所谓的"善"，指的是传统价值观所认可的事，也就是诗书礼乐所认可的事。 [3]"国富而贫治"以下六句：国家即使富裕也要采用治理贫穷的办法，这样国家就会富上加富，富上加富的，就强。国家贫穷却像富国那样治理，就叫做穷上加穷，穷上加穷的，就弱。 [4]"兵行敌所不敢行"以下四句：做敌人不敢做的事，军队必强大；做敌人认为可耻的事，国家必有利。 [5]"主贵多变"二句：君主要重视多变，国家要重视少变。 [6]"国多物"以下四句：按《弱民》"利出一孔，则国多物；出十孔，则国少物。……故国致物者强；去物者弱。"此句"多""少"应互易。国家财物少，就弱；君主财物多，就强。 [7]千乘之国守千物者削：千乘之国，只守千种物资的必削。千乘、千物，均指少（相对于万乘、万物而言）。 [8]"战事兵用曰强"二句：战斗有序，士兵用命，国家就强大；战斗无序，士兵懈怠，国家就削弱。事，有"治"义。曰，疑为"国"，形近而误。息，疑为"怠"，形近而误。·

　　农、商、官三者[1]，国之常官也。三官者生虱官者六[2]：曰"岁"，曰"食"；曰"美"，曰"好"；曰"志"，曰"行"。六者有朴[3]，必削。三官之朴三人[4]，六官之朴一人。以治法者[5]，强；以治政者，削。常官治者迁官[6]。治大[7]，国小；治小，国大。强之[8]，重削；弱之，重强。夫以强攻强者亡[9]，以弱攻强者王。国强而不战[10]，毒输于内，礼乐虱官生，必削；国遂战[11]，

　　国家要去除"六虱"。本篇所谓的"六虱"是指以下六种行为：岁（农民因懒惰而导致农田歉收）、食（农民不劳而食）、美（商人贩卖华美物品）、好（商人贩卖玩好之物）、志（官吏营私牟利的愿望）、行（官吏贪赃枉法的行为），与《弱民》所说的六虱相同，却不同于《靳令》中的六虱。看来，"六虱"这个罪名就像一只筐，盛的东西是可以替换的。

　　把儒家倡导的礼乐比喻为虱害，所谓去强，就是去除礼乐之强。这是本篇的要害。

毒输于敌，国无礼乐虱官，必强。举荣任功曰
强[12]，虱官生必削。农少商多[13]，贵人贫、商贫、
农贫，三官贫，必削。

【注释】

[1]"农、商、官三者"二句：农民、商人和官吏，这是国
家固定的职业。前一"官"字，指官吏；后一"官"则指职
业。　[2]"三官者生虱官者六"以下七句：可是这三种职业却
生出六种虱害。称作"岁"的虱子，指因农民懒惰而导致农业
歉收；称作"食"的虱子，指农民不劳而食；称作"美"的虱
子，指商贾贩卖华美的商品；称作"好"的虱子，指商人贩卖玩
好之物；称作"志"的虱子，指官吏营私牟利的愿望；称作"行"
的虱子，指官吏贪赃枉法的行为。后一"官"，害也，形近而
误。　[3]"六者有朴"二句：六害若有了根，国家必然削弱。朴，
根。　[4]"三官之朴三人"二句：农、商、官三种职业的根在
三种人身上，六种虱害的根子则在于君主一人身上。　[5]"以
治法者"以下四句："以治法"当做"以法治"；"以治政"当做"以
政治"。用法律治理的，国家就强大；用政令治理的，国家就削
弱。　[6]常官治者迁官：久任一官治理效果好的，升官。　[7]"治
大"以下四句：政治上浮华张扬的，国土就缩小；政治上务实低
调的，国土就扩大。　[8]"强之"以下四句：使民强大的，国
家就弱之又弱；使民弱小的，国家就强之又强。　[9]"夫以强
攻强者亡"二句：与本篇第一句相同，用使民强大的方法来攻
取强民的，国家就会灭亡；用使民弱小的办法攻取强民的，才
能成就王业。　[10]"国强而不战"以下四句：国家强大却不投
入战争，流毒就会侵入内部，礼乐虱害就要产生，国家必定削

弱。　[11]"国遂战"以下四句：国家要顺利地投入战争，流毒就会侵入敌方，国家就不会有礼乐虱害，这样的国家必定强大。　[12]"举荣任功曰强"二句：推举和任用有功劳的人，叫做强；虱害滋生就必定削弱。荣，劳，形近而误。　[13]"农少商多"以下四句：农民少商人多，官吏、商人和农民这三种人贫穷了，国家必定削弱。

国有礼有乐，有《诗》有《书》，有善有修[1]，有孝有弟[2]，有廉有辩。国有十者，上无使战，必削至亡；国无十者，上有使战，必兴至王。

【注释】

[1]修：贤。　[2]弟：悌。

国以善民治奸民者[1]，必乱至削；国以奸民治善民者，必治至强。国用《诗》、《书》、礼、乐、孝、弟、善、修治者，敌至，必削国；不至，必贫国。不用八者治，敌不敢至；虽至，必却；兴兵而伐，必取；取，必能有之；按兵而不攻，必富。国好力[2]，日以难攻；国好言，日以易攻。国以难攻者[3]，起一得十；以易攻者，出十亡百。

礼、乐、《诗》《书》善、修、孝、悌、廉、辩这十者，是儒者崇尚的文化成果和行为准则，商鞅派法家认为它们与国家推行战争政策以谋求天下统一背道而驰。

商鞅主张用流氓恶棍统治善良之民吗？这里的"善民""奸民"都有社会上通行的含义。在法家看来，这里所谓的"善民"就是下句话所说的八种人，所谓的"奸民"就是这八种人之外突破了传统宗法血缘桎梏、忠于国家的守法之民。

商鞅派法家重视积蓄实力，反对肆意空谈，认为国家必以难做的积蓄实力来攻击敌人，反对以容易做的肆意空谈来攻击敌人。

【注释】

[1]"国以善民治奸民者"以下四句：国家用"善民"治理"奸民"的，必定混乱以至于削弱；国家用"奸民"治理"善民"的，必定安定以至于强盛。善民，即下句所列的习《诗》、《书》、礼、乐、孝、弟、善、修的八种人。奸民，即此八种人之外的其他人。　[2]"国好力"以下四句：两"日"字，应为"曰"。国家积蓄力量，这叫作用难做的事来攻击敌人；国家喜欢言谈，这叫作用容易做的事来攻击敌人。　[3]"国以难攻者"以下四句：以难做的事情攻击敌人的国家，动员一分力量，得到十分的回报；以容易做的事情攻击敌人的国家，动员十分的力量，得到百分的损失。

本篇主张重刑轻赏。

法家从来主张增强实力，反对空谈。

治理国家若能让贫穷的变富、富裕的变穷，就会成就王业。

重罚轻赏，则上爱民，民死上；重赏轻罚，则上不爱民，民不死上。兴国行罚，民利且畏；行赏，民利且爱。国无力而行知巧者必亡。怯民使以刑，必勇；勇民使以赏，则死。怯民勇，勇以死，国无敌者强，强必王。贫者使以刑[1]，则富；富者使以赏，则贫。治国能令贫者富、富者贫，则国多力，多力者王。王者刑九赏一，强国刑七赏三，削国刑五赏五。

【注释】

[1]"贫者使以刑"以下四句：贫者用刑罚来驱使，他们就会变富；富者用官爵来奖赏，他们（因为捐粮）就会变贫。

国作壹一岁[1]，十岁强；作壹十岁，百岁强；作壹百岁，千岁强。千岁强者王。威[2]，以一取十，以声取实，故能为威者王。能生不能杀[3]，曰自攻之国，必削；能生能杀，曰攻敌之国，必强。故攻官、攻力、攻敌[4]，国用其二、舍其一，必强；令用三者，威，必王。

要想统一天下，必须以农战为唯一要务，这叫做"作壹"，"作壹"是《商君书》倡导的一项重要政策主张。

为政者，既要懂得积蓄实力，又要懂得消耗实力。只知积蓄实力不知消耗实力，那叫做攻击自己的国家，注定要削弱；能够积蓄实力又能消耗实力，才叫做攻击敌国的国家，必定强大。

【注释】

[1]作壹：以农战政策为唯一要务。　[2]"威"以下四句：有了威，就可用一分力量得到十分收获，发出虚声就可取得实效，所以，能够造成威势的国家就能称王天下。　[3]"能生不能杀"以下六句：能够积蓄实力而不能消耗实力的，只能叫做攻击自己的国家，必定会削弱；能够积蓄实力又能消耗实力的，叫做攻击敌国的国家，必定强大。生，增加，增长。杀，减少，削减。　[4]"故攻官、攻力、攻敌"以下六句：所以，能够消灭虱害、消耗实力、攻打敌国，国家用其二，舍弃其一，必定强大；三者都用，就会形成威势，必定称王天下。官，害，形近而误，指虱害。令，一说"今"，有转折之义，前文三者取二即可强大，"今"三者皆用，必成威势而称王天下；一说"合"，形近而误，"合用三者"，亦通。

十里断者[1]，国弱；九里断者，国强。以日治者王[2]，以夜治者强，以宿治者削。举民众口数[3]，生者著，死者削。民不逃粟，野无荒草，

在遵守国家政策和法令的问题上，越是能在小范围内做出决断的，效率就越高。

则国富，国富者强。

做好户籍管理，民众就不能逃避赋役，田野就不致荒芜，这是去除礼乐之强，促进国家富强的措施。

【注释】

[1]"十里断者"以下四句：以十里范围做决断的，国家就弱；以五里范围做决断的，国家就强。这里是想说明：越是在小范围内做出正确决断，行政或执法的效率就越高。断，决断。九里，一说"五里"，于理更胜。 [2]"以日治者王"以下三句：法家主张简政，政事不繁，白天能干完最好，可以称为"王道"；白天干不完，夜里接着干，勉强称为强国；可是政务积压，就只能叫做削弱之国了。宿，留，意指政务积压。 [3]"举民众口数"以下三句：上报民众的人口数字，活着的都登记，死了的就注销。

轻罪重刑，就会刑去事成，这就叫"以刑去刑"，是法家法治理论的价值理想。

以刑去刑 [1]，国治；以刑致刑，国乱。故曰：行刑重轻，刑去事成，国强；重重而轻轻 [2]，刑至事生，国削。刑生力，力生强，强生威，威生惠 [3]，惠生于力。举力以成勇战 [4]，战以成知谋。

【注释】

[1]"以刑去刑"以下八句：用刑去掉刑，国家就治理得好；用刑招来更多的刑，国家就混乱。所以说：对轻罪实行重刑，结果刑罚不用而事情办成，这就是强国。 [2]"重重而轻轻"以下三句：对重罪施以重刑，对轻罪处以轻刑，刑罚用到位了，但事情也就不断了，这就是削弱的国家。 [3]惠：恩惠，仁慈。 [4]"举力以成勇战"二句：施展力量才能有英勇的战斗，有了英勇的战斗才会实现智谋。

金生而粟死^[1]，粟死而金生。本物贱^[2]，事者众，买者少，农困而奸劝，其兵弱，国必削至亡。金一两生于竟内^[3]，粟十二石死于竟外；粟十二石生于竟内，金一两死于竟外。国好生金于竟内^[4]，则金粟两死，仓府两虚，国弱；国好生粟于竟内^[5]，则金粟两生，仓府两实，国强。

法家相信握有粮食比拥有黄金更重要。

【注释】

[1]金生而粟死：与下句"粟死而金生"语义重复，没有表现出二者相互反对的意义，据他本校改为"粟生而金死，粟死而金生"。　[2]"本物贱"以下六句：粮食价格低，生产的人多，购买的人少，农民遇到困难，而奸人却活跃，军队就弱，国家也会削弱直至灭亡。本物，粮食。　[3]"金一两生于竟内"二句：黄金一两输入国境以内，就要粟米十二石送出境外。竟，通"境"，国境。　[4]"国好生金于竟内"以下四句：公家喜欢黄金输入境内，结果，黄金和粟米两者皆失，粮仓和金库就都空虚了，这样的国家就变弱。　[5]"国好生粟于竟内"以下四句：国家喜欢粟米流入国内，那么，就会黄金和粟米两者保全，粮仓和金库就都会满盈，国家就强大。

强国知十三数：竟内仓、口之数^[1]，壮男、壮女之数，老、弱之数，官、士之数^[2]，以言说取食者之数^[3]，利民之数^[4]，马、牛、刍藁之

国家治理中了解国情的重要。

数^[5]。欲强国，不知国十三数，地虽利，民虽众，国愈弱至削。

【注释】

[1] 竟：通"境"。仓：仓廪。口：户口。　[2] 官：官吏。士：文士。　[3] 以言说取食者：指游说之士。　[4] 利民：赢利之民，指商人；一说"利"乃"刑"之讹，形近致误，"刑民"，指刑余之人，即受过刑罚的人。　[5] 刍藁：喂牲口的草料。刍，草。藁，庄稼的秸子。

法家主张缓和国内矛盾，通过农战获得爵位和官职，民众就不会有怨恨，军事就会胜利，国家就会富强。

国无怨民曰强国。兴兵而伐，则武爵武任^[1]，必胜。按兵而农^[2]，粟爵粟任^[3]，则国富。兵起而胜敌、按国而国富者王^[4]。

【注释】

[1] 武爵武任：靠战功得到爵位和官职。　[2] 按兵：与上句"兴兵"、下句"兵起"相对，指不起兵。　[3] 粟爵粟任：用粟米得到爵位和官职。　[4] 按国：应为"按兵"。

【点评】

本篇标题"去强"，系文章开篇时用的动宾词，意即去除强民，也可以做全篇主题来理解。文章一开篇就旗帜鲜明，提出论点：不要用使民强横的办法去除强民，而要用使民顺服的办法去除强民。即不要用所谓"善"

的办法去除强民，而要用农战的办法去除强民。所谓善的办法，就是接下来揭露的农、商、官三个行业中的"六虱"，以及礼、乐、《诗》、《书》、孝、悌、修、善、廉、辩这十种德性，而主张以功劳任官取爵。再下来，就提出了至今仍被许多人误解和诟病的"以奸民治善民"的观点。此外，文章提出重刑轻赏、作壹（即国家政策集中于农战）、以十里断不如以五里断、以刑去刑、粟米重于黄金、掌握各类资源的数字、武爵武任、粟爵粟任才能国无怨民，变得强大，以成就王业等等，都是从各自的角度去强的策略。总之，通篇可以理解为论说去强主题的文字。

本篇提出了一些很有价值的观点，值得思考。

其一，什么是"善"？怎样理解"以奸民治善民"？这涉及到传统的私人伦理和新兴的公共伦理的本质及其关系的问题。这是人类的普遍问题，因而具有重要的伦理学、政治学、社会学的意义。善，总是具体的，因人而异，某些人认为善的，另一些人可能并不认同，甚至认为是恶。此其一也。国家是否要以"善"为目标？也是具体的。国家不以儒家所谓的善为目标，不等于没有自己的善作为价值目标。本篇批评礼乐《诗》《书》孝悌修善廉辩，这十种德性，恰恰是儒家所认可的善的具体指标，所谓"善民"，指的就是符合这十种指标的人。可是，这些人，在法家看来，却是政府要去除的强民。因为这些人不能在农战事业上作出贡献，反而凭借拥有的上述十种德性，自行其是，干扰政府的农战政策，给国家富强大业带来麻烦，所以，成了政府必欲去除的对象。

由此可见，用"奸民"治"善民"，就顺理成章了。邻里乡党称善的，多是符合上述十种德性的人，这种人，国家未必称善。国家称善的，是遵守法令，投身农战的人，这种人，邻里乡党的传统未必称善。这样说来，去强，就不是一般意义上的不许人民强大；用奸民治善民，也就不是一般意义上的用奸民管治善民。更不会是某些人所理解的用流氓恶棍管治善人良民。说白了，就是用遵守国家法令、积极投身农战的人，来管治具有上述那十种德性之人。这的确是一种较为彻底的反传统的主张，而且明显地处于斗争最为激烈的阶段上，以至于连"善民""奸民"这样带有传统含义的名词都不改。法家用遵守国家法令、积极投身农战的所谓"奸民"来治理固守传统道德、与新兴国家对抗的"善民"，这是社会发展的道路之争，政策之争。如果不问情由，仅仅根据"奸民""善民"这两个名词，就否定法家的主张，显然是过于简单了。不过，我觉得学者这么轻易地就下结论，很可能另有原因。

其二，文章提出的其他一些观点，也有重要的意义。"主贵多变，国贵少变"，这是国家政治的一项重要原则。"重刑轻赏"道理何在？为什么重刑轻赏还被认为是"上爱民"，而且"民死上"？"作壹"即国家政治集中于农战上，它的目的是使国家富强。其实在本篇中，它还包含着另一个意图，那就是可以通过作壹，来做到去强——农战政策贯彻好了，"六虱"之人，十种德性之人就无法成为强民了。为什么"以五里断"要胜过"以十里断"？在小范围内就可作出正确决断，比在大范围内才可作出正确决断更能说明法律的执行效率和效果，这大概就是它的意义所在。从中是否可以看出法家的法治主张的价值理想呢？如果说这还不足以说明问题，那么，通过数字来掌握各类资源，显然是在政治实践上做着新的正面的建设工作。秦国的富强和统一天下，某种意义上，是得益于成功的国情资源管理，这点，有识之士已经看到。"以刑去刑""行刑重轻，刑去事成"，不但能够实现强国目标，还可以最终转化成某种恩惠，回报人民。"武爵武任""粟爵粟任"，结果是什么？结果是"国无怨民"，不仅仅是使国家变得强大，更是要用这种办法来成就王业。

说民第五

本篇提出"民胜其政"还是"政胜其民"的问题，这里的"民"不是一般意义上的民，不是全体人民，而是特指拥有巧辩、智慧、礼、乐、慈惠、仁爱、侠义、名誉这八种德行的人，也就是儒墨所推崇的善民。下文"民胜其法"和"法胜其民"的"民"含义相同。

辩慧[1]，乱之赞也；礼乐[2]，淫佚之征也；慈仁[3]，过之母也；任誉[4]，奸之鼠也。乱有赞则行，淫佚有征则用，过有母则生，奸有鼠则不止。八者有群，民胜其政；国无八者，政胜其民。民胜其政，国弱；政胜其民，兵强。故国有八者，上无以使守战，必削至亡。国无八者，上有以使守战，必兴至王。

【注释】

[1]"辩慧"二句：巧辩和智慧是乱事的帮手。辩，善言谈、辩论。慧，聪明，智慧。赞，助。　[2]"礼乐"二句：礼乐是荒淫逸乐的保障。征，征候、标志、表征，礼乐是贵族享有相应特权在社会制度上的规定，也就是保障。　[3]"慈仁"二句：慈惠

和仁爱是犯错的根源。　　[4]"任誉"二句：侠义和名声是奸邪的老窝。鼠，通"处"。

　　用善[1]，则民亲其亲；任奸，则民亲其制。合而复者[2]，善也；别而规者，奸也。章善则过匿[3]，任奸则罪诛。过匿，则民胜法；罪诛，则法胜民。民胜法，国乱；法胜民，兵强。故曰：以良民治，必乱至削；以奸民治，必治至强。

【注释】

　　[1]"用善"以下四句：任用"善人"，人民就爱自己的亲人；任用"奸人"，人民就爱国家的法制。　　[2]"合而复者"以下四句：与人友好而替人掩盖（罪行）的，叫做善；与人保持距离而监视，叫做奸。合，与人相好。复，通"覆"，遮盖，掩盖。别，分，距离。规，"规"的异体字，通"窥"，监视。　　[3]"章善则过匿"二句：表扬这样的善，那么罪过就藏匿起来了；任用这样的奸，罪行就得到处罚。章，彰，表彰，表扬。过，过错，罪过。匿，藏匿。

　　国以难攻[1]，起一取十；国以易攻，起一亡百。国好力[2]，日以难攻；国好言，日以易攻。民易为言[3]，难为用。国法作民之所难[4]，兵用民之所易，而以力攻者，起一得十；国法作民之所易，兵用民之所难，而以言攻者，出十必百。

　　治理社会，不任用良民，而任用奸民，岂不骇人听闻？原来，本篇所谓的良民，就是只知亲其亲，把替亲人隐瞒罪行当作善良行为的人。而所谓奸人，则反其道，是遵守国家法令，监督检举犯罪行径的人。这是传统的私人伦理和新兴的公共伦理的对立，是小团体利益与国家和社会利益的对立，是宗法亲族势力与君主集权势力的对立。

　　法家务实，不尚浮华，通过做好农战这样难做的事业来攻击敌国；而不通过言谈这样易做的事情来攻击敌国。

【注释】

[1]"国以难攻"以下四句：国家动用通过艰难的事业（得到的实力）来攻击（别国），那么用一分力量就会获取十分利益；国家动用通过容易做的事情（得来的实力）来攻击（别国），那么用十分力量必定损失百分的利益。难，艰难的事业，指农战。易，容易的事情，指言谈。起一亡百，严校本据下文，为"出十亡百"。　[2]"国好力"以下四句：国家喜好集聚力量，就是"用通过艰难事业得来的实力攻击（别国）"；国家喜好言谈游说，就是用通过容易的事情得到的实力来攻击（别国）。日，严校本据他本作"曰"。　[3]"民易为言"二句：人民言谈游说容易，为国家所用（指农战）则艰难。　[4]"国法作民之所难"以下八句：国法使人民做成难做的事业，军队用人民难得的力量，那就是用实力来攻击（他国），起一分力量获十分利益；国法使人民做成易做的事情，军队用人民易得的力量，那就是用空谈来攻击（他国），出十分力量损失百分的利益。据文意，"兵用民之所易"与"兵用民之所难"应对调。"出十必百"的"必"之后省"亡"字。

刑赏之间具有内在联系，刑罚可以用爵位减免，所以罚越重，赏就越显得珍贵。

法家主张重刑少赏，是经过深思熟虑的。罚得重，人民才畏惧；赏的次数少，人民才珍惜。结果，刑和赏都实现了各自的功效。

罚重[1]，爵尊；赏轻，刑威。爵尊，上爱民；刑威，民死上。故兴国行罚，则民利；用赏，则上重。法详，则刑繁；法繁[2]，则刑省。民治则乱[3]，乱而治之，又乱。故治之于其治，则治；治之于其乱，则乱。民之情也治[4]，其事也乱。故行刑[5]，重其轻者，轻者不生，则重者无从至矣，此谓治之于其治者。行刑[6]，重其重者，轻其轻者，轻者不止，则重者无从止矣，此谓治之于其乱也。故重轻[7]，则刑去事成，国强；重重而轻轻，则刑至而事生，国削。

【注释】

[1]"罚重"以下四句：刑罚重，爵位就更显得尊贵；赏赐不必频数，则更显出罚的威严。　[2]繁：据文意当做"简"。　[3]"民治则乱"以下七句：民众治理好了而又会乱，待到乱了才去治理，就会更乱。所以，在治的时候就去治理，那么就会治；在乱的时候才去治理，那么就会乱。"民治则乱"的"则"通"而"，有"而又"的意思，民众治了而又会乱，这在历史上是屡见不鲜的。　[4]"民之情也治"二句：人民本来是可以治的，只不过行事乱而已。情，实情，本然状况。　[5]"故行刑"以下五句：所以实施刑罚，对轻罪施以重刑，这样，连轻罪都不犯，重罪也就无从发生，这就叫做在治时实施治理。　[6]"行刑"以下六句：实施刑罚，对重罪施以重刑，对轻罪施以轻刑，结果，轻罪都不能制止，重罪也就无从制止了，这就叫做乱了才去治理呀！[7]"故重轻"以下六句：所以对轻罪施以重刑，那么就会得到刑去事成的结果，这样，国家就强大；对重罪施以重刑，对轻罪施以轻刑，结果就会刑至而事生，那么国家就削弱。

对轻罪施以重刑，轻罪都不敢犯，更不要说重罪了；对重罪施以重刑，对轻罪施以轻刑，民众会在轻重之间做出权衡，就有了侥幸心理，结果犯罪就不断。法家把法律当作政治的工具，想的是国家治理的效果，而不是法律本身的正义。此段文字说理较为透彻。

民勇，则赏之以其所欲；民怯，则杀之以其所恶。故怯民使之以刑，则勇；勇民使之以赏，则死。怯民勇，勇民死，国无敌者必王。民贫则治理国家贵在让贫者变富、富者变贫。一般人会有疑问：这不是自相矛盾、白费力气么？在法家心目中，民众在贫富之间循环，政治就玩转了。贫者富了，就能为国家多交粮食；富者贫了，恰是因为向国家多交了粮食。政府用刑罚逼迫民众求富，又用赏赐鼓励民众交出粮食，政府在民众贫富循环中不断地得到越来越多的粮食，这就是法家鼓吹治国要让贫者富富者贫的秘密所在。

商鞅派法家也讲德么？是的。不但讲德，而且认为德来源于刑。他们的逻辑是这样的：实施刑法就可以增强实力，有了实力就可变得强大，强大就会产生国威，有了国威自然就可以有德，归根结底，德来源于刑。

弱国[1]，国富则淫，淫则有虱，有虱则弱。故贫者益之以刑则富，富者损之以赏则贫[2]。治国之举，贵令贫者富、富者贫。贫者富[3]，国强；富者贫，三官无虱。国久强而无虱者必王。

【注释】

[1] 弱国：应为"国弱"。   [2] 富者损之以赏则贫：富者用粮食获得政府赏赐的爵位，就变得贫穷。   [3] "贫者富"以下四句：严校本作"贫者富，富者贫，国强，三官无虱"，据他本校改。三官，官、商、农，三种职业。虱，比喻毁坏国家的"害虫"。见《去强》篇注。

刑生力[1]，力生强，强生威，威生德，德生于刑。故刑多[2]，则赏重；赏少，则刑重。民之有欲有恶也，欲有六淫[3]，恶有四难[4]。从六淫[5]，国弱；行四难，兵强。故王者刑于九而赏出一[6]。刑于九，则六淫止；赏出一，则四难行。六淫止，则国无奸；四难行，则兵无敌。民之所欲万，而利之所出一。民非一[7]，则无以致欲，故作一。作一则力抟，力抟则强。强而用，重强。故能生力[8]，能杀力，曰攻敌之国，必强。塞私道以穷其志[9]，启一门以致其欲，使民必先行其所要，然后致其所欲，故力多。力多而不用[10]，则志穷；志穷，则有私；有私，则有弱。故能生力，不能杀力，曰自攻之国，必削。故曰：王者，国不蓄力，家不积粟。国不蓄力[11]，下用也；家不积粟，上藏也。

法家的治国理论较为功利，总是希望在资源运作中达到强国目的。

【注释】

[1]"刑生力"以下五句：刑罚产生力量，力量产生强势，强势产生国威，国威产生德惠，德惠生于刑罚。 [2]"故刑多"以下四句：所以刑罚多，赏赐才显得珍贵；赏赐的次数少，刑罚才显得威严。与上文"罚重，爵尊；赏轻，刑威"相同。这里的"重"，相当于上面的"尊""威"。 [3]六淫：《商君书》中没有解释。按《吕氏春秋》有"六欲"，指耳、目、口、鼻、舌、身六种欲望。六欲过度，就是六淫。 [4]四难：《商君书》中没有解释。据本篇下文，"四难"应是指务农、力战、出钱、告奸。这四者，为人所恶，难以做到之事。 [5]从：纵，纵容。 [6]刑于九：刑罚施于许多方面。赏出一：赏只对农战有功一个方面。 [7]"民非一"以下三句：民若不能把力量集中于一个方面（即"作壹"，指农战），那么就没有办法满足欲望，所以要作壹。 [8]"故能生力"以下四句：所以能培植力量，又能消耗力量，才叫做进攻敌人之国，这样的国家必然强大。 [9]"塞私道以穷其志"以下五句：堵塞个人的思路让民众没有其他想法，打开一扇门以满足其欲望，使民众一定要先行其所恶，然后才能满足所欲，这样力量就多。要，恶，形近而误。 [10]"力多而不用"以下六句：力量多了而不使用，民众的愿望就受到阻碍，受到阻碍，就会产

生私心，有了私心，就会使国家变弱。"有弱"的"有"字因涉上句而衍。 [11]"国不蓄力"以下四句：国家不积蓄力量，是说百姓为国所用；家里不积蓄粟米，是说藏在国家仓廪中。

国治[1]：断家王，断官强，断君弱。重轻[2]，刑去。常官，则治。省刑[3]，要保，赏不可倍也。有奸必告之[4]，则民断于心，上令而民知所以应。器成于家[5]，而行于官，则事断于家。故王者刑赏断于民心，器用断于家。治明则同[6]，治暗则异。同则行，异则止；行则治，止则乱。治则家断，乱则君断。治国者贵下断[7]，故以十里断者弱，以五里断者强。家断则有余[8]，故曰：日治者王。官断则不足[9]，故曰：夜治者强。君断则乱[10]，故曰：宿治者削。故有道之国，治不听君，民不从官。

法家憧憬这样一种境界：法制合理了、明确了，百姓就可自行判断行为是否合法，产品是否达标，这就叫"刑赏断于心""器用断于家"。他们认为，做到了这一点，就可以"治不听君，民不从官"，这样的国家就是"有道之国"。

【注释】

[1]"国治"以下四句：国家的治理百姓在家里就能决断，这样的国家就会成就王业；官府才能决断的，只能是强国；君主才能决断的，那一定是弱国。断，判断、断定、决断。 [2]"重轻"以下四句：用重刑处理轻罪，结果刑罚就不用。官府按常规办事，国家就会治理。 [3]"省刑"以下三句：刑罚少用，人民互相约束，赏赐不可失信。要，约，约束。保，互相保证，指监督。倍，

通"背"，背弃，失信。　　[4]"有奸必告之"以下三句：有人犯法必须告发，这一条，人民在心里就可以自己决断，上级有命令人民自己就知道应该怎样响应。　　[5]"器成于家"以下三句：器物由各家制成，经过官府而通行，那么工作怎么做由家庭就可决定了。　　[6]"治明则同"二句：政治明确的百姓就同样清楚，政治不明确的百姓会产生异议。　　[7]"治国者贵下断"以下三句：治理国家越由下级决断越好，所以，根据十里范围才可决断的就弱，而根据五里范围就可决断的就强。　　[8]"家断则有余"以下三句：由家庭就可决断的，行政工作时间就会绰绰有余，所以说：只靠白天治理的就会成就王业。　　[9]"官断则不足"以下三句：靠官府才能决断的，行政工作时间就会不足，所以说：夜里还要做治理工作的，至多也就是强国。　　[10]"君断则乱"以下三句：靠君主才能决断的，就会混乱，所以说：行政工作积压的就削弱。宿，滞留，积压。

【点评】

篇名"说民"，意即论民。"说"即论说。

本篇第一段一开始就指出民中有巧辩、智慧、行礼、习乐、慈惠、仁爱、任侠、名誉这样八种人，他们不能投身农战事业，却在社会上投放个人影响，对国家造成危害，严重者，"民胜其政"，造成国弱的结局。紧接着，又指出这八种人被称作"善人"，他们固守亲亲的原则，把替亲人隐瞒罪行叫做善行，彰显这样的善，就会藏匿犯罪的人。所以，治理社会，不能任用这样的所谓良民，而应任用所谓的奸民。被传统势力称作奸民的，其实是遵守国家法纪、相互分别、互相监督的人。

接下来，讨论以下若干问题：

一是治理国家的难易问题。认为治理国家的策略，实行法治，提高国力是艰难的；而放任言谈，却是容易的。难做的事做下去，就能使国家富强、兴盛；易做的事做了，只能使国家削弱、衰亡。

二是赏罚的关系问题，重点是重刑和刑名得当的问题。认为，重刑有两个好处：一是使赏变得更加珍贵；二是可以最后达到以刑去刑的目标。

三是赏罚的作用和使贫变富、富变贫的治国策略问题。根据民之所欲给予赏赐，根据民之所怵施以刑罚，这样就可以使民勇敢赴死，达到强国目标。没有刑赏，人民就会贫穷，民贫就会导致国弱；另一方面，没有刑赏，民富也会导致国弱。因为富者容易淫逸，淫逸就会生"虱"，国家得不到粮食，所以还是国弱。因为惧怕刑罚，贫者会变富。因为捐粮获取爵位，富者会变贫。治理国家，要把贫者富、富者贫当做重要任务。贫者富了，国家就会强大；富者贫了，农、商、官这三个行业就不会有"虱"害，国家长久的强大而且无虱害，就会成就王业。

四是积蓄力量和消耗力量的问题。治理国家，一方面，要堵塞私人意志，只留出一道门，那就是农战之门，让人民必须通过这道门实现欲望，这样国家才会积蓄很多力量。另一方面，国家有了力量，又不能不用。不用的话，国家就没有目标，没有目标，私心又会萌生，私心萌生，国家就会变弱。所以，治理国家一定要懂得能生力又能杀力的道理。真正的王者，国家不保存力量，家庭不积储粟米。国家的力量要不断地使用；家庭的粟米要交由国家储藏。

五是怎样提高行政效率的问题。因为法制严明，刑赏靠民心就可决断，器物生产靠家庭就可决断，这时，行政效率是最高的。如果不是这样，而是要官府来决断该做什么，不该做什么，虽然也可以强国，但行政效率显然就要减弱。而一旦要待君主来决断什么该做，什么不该做，那行政效率就是最低的了。治理国家，贵在下断，即让每个家庭都能自觉守法，把外在的强迫变为内在的自觉。所以说："有道之国，治不听君，民不从官！"

怎样理解和评价本篇的思想？

治理国家，要任用奸人，而不能任用良民。本篇的说明很详细，也很清晰。"良民"是奉行传统的亲亲原则，实行私人伦理的人；"奸人"是遵守国家法纪、实行监督、检举罪犯的人。或者说，前者是固守传统血缘家族伦理的人，后者是效忠公共权力、遵行国家伦理的人。主张固守传统伦理的，往往是传统社会中的上层人士，本篇所说的那八种人就是这样的人。而遵守国家法纪的当然只能是下层的广大编户齐民。如果承认秦国制度与所谓的现代性有着某种相似的话，那么，遵守国家法纪的编户齐民就应该是更有现代性的地域居民，而那些固守私人伦理的则是生活在新时代却对抗新时代的血缘居民。所谓"奸人""良民"，用的是传统的说法，其本质的区别就在于新的时代因素和旧的时代因素的矛盾。

关于难易的问题，我们可以看出，法家具有某种执拗的精神，理性的精神，他们认准了农战赏刑可以使国家富强，就不畏艰难，要坚持下去。这种精神有其值得肯定之处。

本篇主张轻罪重刑，而且把轻罪重刑与"重重轻轻"（即重罪重刑、轻罪轻刑）做了比较，指出了两者之异同，启发思考。按常理，轻罪重刑，轻罪都不敢犯了，哪还敢犯重罪啊！即使不能影响到重罪，那至少可以降低轻罪的犯罪率吧？而重重轻轻呢？却是重罪和轻罪都无法减少的。这样看来，当然是重轻或轻罪重刑更有效，或曰效果更好了。这就与我们的习惯有了出入。按照法家的逻辑，轻罪重刑，最后结果是不敢犯罪，以至于达到以刑去刑的目的。法家可能太过自信，太过乐观了。问题一是出在了他们低估了导致犯罪的基本原因的影响，以为仅仅是胆大胆小的问题，没想到超越胆量的更深层原因，这是他们过于简单的地方。《老子》说过："民不畏死，奈何以死惧之？"道家看到了更深层的东西，显然更高一筹。另一方面，他们不懂得一个道理，法律和政治是有所不同的，政治可以把讲求实效做为主要目标，法律当然也讲求实效，但却更看重正义。单纯考虑政治效果，会伤及社会正义，那样会从根本上颠覆政治及其效果。法家理论一味地追求国家富强，忽视政治效果和社会正义之间的合理张力，不能不说是一个重大失误。

治理国家贵在贫变富，富变贫，这个观点有点怪。细读原文，就会明白，这是有思考的。法家认为，民贫，国弱，所以国家必须使贫变富；法家还发现，富了也有问题，富了就会生虱，就会成为与官府分离的势力。这样，就要想办法使富变贫。这个办法就是用爵位来换取富人的粮食。富人取得爵位，却损失了粮食，就会由富变贫，于是又重返贫变富的行列，纳入了政府农战政策管理的范畴，这样就安全了。而爵位，不用担心，由于严刑峻法、刑罚细密，随时可以通过抵罪等方式被褫夺。法家迷信权力的作用，他们以为，这一切都是可以翻手为云覆手为雨，通过权力来摆弄的。

积蓄力量和消耗力量的关系，也是有启发意义的问题。我们一般认为国家管理要开源节流，进项要大，支出要小，这样才会不断积累，不断壮大。本篇不这样认为，作者提出要懂得既要生力，又要杀力的道理。积蓄力量而不使用，国家就没有了事业目标；没有了事业目标，人民的私心又会萌生；私心萌生，国家就会变弱。这个道理有其深刻之处，出乎一般人的意料。国家消耗力量是为了事业，有了事业就有了目标，就会有一些配套政策措施，就会对生产提出新的要求，这一切，都会加强农战政策的实施力度，使国家更加稳固和强大。这是政治家的思想，不是普通百姓所能想到的。

最后，本篇提出行政效率的问题，也有很好的启发意义。特别是提出治理国家，贵在下断，即具体事务由基层人民来决断的观点。甚至提出："有道之国，治不听君，民不从官！"过去，有人据此认为法家有限制君权，甚至有民主的因素。我认为，这还只是行政效率问题，非关民主。纵观历史，社会治理一般都有两个力，一上一下，缺一不可。上面的权力，用政治的办法实施统治；但许多具体的事务，却必须靠下面的另一个力来处理。不管什么政体，表现形式有什么差异，都有这样的两个力存在。中央集权，专制主义，尽管可以想方设法管控地方，一竿子插到底，但事关地方的具体事务，中央、郡县都不可能统统管到，更不可能统统管好。如果地方上能自觉地按照国家法律来实施管理的话，就可以弥补权力过于集中所造成的效率低下的偏蔽，那就是最理想的了。法家在中央集权制度初创不久就注意到了这个问题，是难能可贵的。本篇所说的"治不听君，民不从官"当然无关乎民主，但用这种做法来为中央集权体制在地方上提供贯彻、辅助和补充，毫无疑问是有积极意义的。

总之，本篇内容丰富，思想活跃，值得反复品读和思考。

算地第六

凡世主之患，用兵者不量力，治草莱者不度地[1]。故有地狭而民众者，民胜其地；地广而民少者，地胜其民。民胜其地[2]，务开；地胜其民者，事徕。开则行倍[3]。民过地[4]，则国功寡而兵力少；地过民，则山泽财物不为用。夫弃天物、遂民淫者[5]，世主之务过也，而上下事之，故民众而兵弱，地大而力小。故为国任地者[6]：山林居什一，薮泽居什一[7]，谿谷流水居什一，都邑蹊道居什四[8]，此先王之正律也。故为国分田数[9]：小亩五百，足待一役，此地不任也；方土百里[10]，出战卒万人者，数小也。此其垦田足以食其民^[11]，都邑遂路足以处其民，山林、薮泽、谿谷足以供其利，薮泽堤防足以畜。故兵出粮给而财有余^[12]；兵休民作而畜长足。此所谓任地待役之律也^[13]。

根据土地资源，制定赋税法规，支持兼并战争，这是商鞅派法家关心的大问题，是农战政策的具体措施和技术保障。

【注释】

[1]莱：一种可做野菜的草本植物，也可泛指杂草。度：测量、丈量，考虑。　[2]"民胜其地"以下四句：人民超过土地，那就要努力开疆拓土；土地超过人民，那就要从外地引进人口。民胜其地，按上下文后夺一"者"字。胜，超过。开，开拓疆土。徕，从外地引进人口。　[3]开则行倍：要开拓疆土，那么军队就须成倍增加。行，行伍，指军队。　[4]"民过地"以下四句：人民超过土地，那么国家的成就便不会很多，军队的力量就要单薄；土地超过人民，那么山泽财富就得不到利用。国功，国家的功业。国家的成就。兵力，军队的力量。　[5]"夫弃天物、遂民淫者"以下五句：放弃天生的资源，任由人民游荡，这是国君的政务有了过错呀，上下都这样做，所以人民虽多，武装却弱，土地虽大，国力却小。天物，天生之物，指自然资源。遂，顺从。淫，逸，游荡。务，所做之事，此处指政务。　[6]故为国任地：古代治理国家时根据国土资源和出产状况制定赋税的规划。故，古代。为国，治理国家。任地，根据土地资源及出产状况制定赋税。　[7]薮：大泽。　[8]都邑蹊（xī）道居什四：人类居住的大小群落的街道竟占全部土地的40%，这不合常理；而且，所占之地全部加起来只有70%，还缺30%，可知"都邑蹊道"下当有阙文。据《徕民》应为："都邑蹊道居什一，恶田居什二，良田居什四"。蹊，道。　[9]"故为国分田数"以下四句：所以治国分

田：（每个农夫）五百小亩，足以应付一次战役，这样，土地就没有充分利用。数，衍字。役，战役。任，利用。　　[10]"方土百里"以下三句：方圆百里，出战士一万人，数目不大。　　[11]"此其垦田足以食其民"以下四句：这样，开垦的田地足以养活这里的居民，城乡道路足以保证居民活动，山林、薮泽、溪谷足以供居民获利之用，水泽的堤防足以保存一定水量。遂，道。畜，蓄。依全句之例，"蓄"下当有阙文，疑为"其水"。　　[12]"故兵出粮给而财有余"二句：所以，军队出动，粮食保证供给，而财货还有余；军队不动，人民劳作，而积蓄长期足用。　　[13]此所谓任地待役之律也：这就是根据土地资源和出产来征收赋税以应对战争需要的法规啊。役，军役，此处指军事行动，战争。

今世主有地方数千里[1]，食不足以待役实仓，而兵为邻敌。臣故为世主患之。夫地大而不垦者，与无地同；民众而不用者，与无民同。故为国之数[2]，务在垦草；用兵之道，务在壹赏[3]。私利塞于外[4]，则民务属于农；属于农则朴，朴则畏令。私赏禁于下[5]，则民力抟于敌；抟于敌则胜。奚以知其然也？夫民之情，朴则生劳而易力[6]，穷则生知而权利。易力则轻死而乐用[7]，权利则畏罚而易苦。易苦则地力尽[8]，乐用则兵力尽。

土地和人民的价值是由在农战政策中的作用来决定的。没有农垦，就等于没有土地；没有徭役，就等于没有臣民。

作者的农战主张建立在对民众的"人性"状况的预期之上。

【注释】

[1]"今世主有地方数千里"以下三句：如今的国君有土地方圆数千里，粮食却不足以应付战争，不能填满粮仓，可军队却与邻国相敌。言内无粮草，外须御敌，形势严峻。所以"臣故为世主患之（臣因此替国君担心）"。　[2]数：术，道理，办法。　[3]壹赏：统一实行赏罚。　[4]"私利塞于外"二句：民众的私利无法在对外事务上实现，那么他们所做的事就专门集中于农业。　[5]"私赏禁于下"二句：在普通民众中禁止国家之外的赏赐，那么民众的力量就集中到对敌上。私赏，私人的赏赐，指国家之外其他人的赏赐。抟，集中。　[6]"朴则生劳而易力"二句：朴实就勤劳而不惜力，穷困就生出机巧而权衡利益。易力，即看轻力气，不惜力。易，轻，动词，看轻。知，通"智"。权，衡量，计算。　[7]"易力则轻死而乐用"二句：不惜力那么就把死亡看得轻，乐意为（国家）所用；权衡利益那么就惧怕惩罚而不怕劳苦。　[8]"易苦则地力尽"二句：不怕劳苦，那么土地的潜能就可充分发掘；乐为国用，那么军队的力量就可充分发挥。

具有一定理论水平的政治思想都会关注人性状况。本篇阐述政策主张就是根据对人性的基本估计。

夫治国者[1]，能尽地力而致民死者，名与利交至。民之性：饥而求食，劳而求佚，苦则索乐，辱则求荣，此民之情也。民之求利[2]，失礼之法；求名，失性之常。奚以论其然也？今夫盗贼上犯君上之所禁，而下失臣子之礼，故名辱而身危，犹不止者，利也。其上世之士，衣不暖肤，食不满肠，苦其志意，劳其四肢，伤其五脏，而益裕广耳[3]，非生之常也，而为之者，名也。故曰：名利之所凑[4]，则民道之。主操名利之柄而能致功名者[5]，数也。圣人审权以操柄[6]，审数以使民。数者，臣主之术，而国之要也。故万乘失数而不危、臣主失术而不乱者，未之有也。今世主欲辟地治民而不审数[7]，臣欲尽其事而不立术，故国有不服之民，主有不令之臣。故圣人之为国也[8]，入令民以属农，出令民以计战。夫农，民之所苦；而战，民之所危也。犯其所苦、行其所危者，计也[9]。故民生则计利，死则虑名。名利之所出，不可不审也。利出于地，则民尽力；名出于战，则民致死。入使民尽力，则草不荒；出使民致死，则胜敌。胜敌而草不荒，富强之功可坐而致也。

作者把利用名利引导民众当作为政必须考虑的前提条件。

数就是君主做好君主、臣下做好臣下的术，它是"国之要"。可见，治理国家，君臣都必须履行各自的职责！

【注释】

[1]"夫治国者"以下三句：治理国家，如果能够发挥地力，让人民拼死的，就会名利双收。致，导致，使。　[2]"民之求利"以下四句：人民求利，不顾礼的法度；人民求名，不顾性之常态。　[3]而益裕广耳："而"下似脱一"心"字。而心益裕广耳，意即"而心态更加宽阔啊"。益，愈，越。裕广，宽阔。耳，语气词。　[4]"名利之所凑"二句：名利聚合之处，就是人民追

求的目标。凑，聚合。道，此处的道有遵从之意。王弼《老子》注：
"道者，物之所由也。" [5]"主操名利之柄而能致功名者"二句：
君主把握住名利这两个抓手就能得到成功和名誉，这是必然的。
柄，把手，抓手。致，得到。数，必然之势。 [6]"圣人审权以
操柄"二句：圣人了解权衡才能把握抓手，了解必然趋势才能使
用民众。 [7]"今世主欲辟地治民而不审数"以下四句：国君想
要开辟国土治理人民却不了解必然趋势，臣子想要把事做好而不
确立方法，所以国家有不服从的人民，君主有不听从命令的臣子。
主有不令之臣，"主"字严校本误作"生"，据他本校改。 [8]"故
圣人之为国也"以下三句：圣人治理国家，对内命令人民投身农
业，对外命令人民追求战功。 [9]计：计算。

今则不然。世主之所以加务者[1]，皆非国之
急也。身有尧、舜之行[2]，而功不及汤、武之略
者，此执柄之罪也。臣请语其过。夫治国舍势而
任说说[3]，则身修而功寡。故事《诗》《书》谈
说之士[4]，则民游而轻其君；事处士，则民远而
非其上；事勇士，则民竞而轻其禁；技艺之士用，
则民剽而易徙；商贾之士佚且利，则民缘而议其
上。故五民加于国用，则田荒而兵弱。谈说之士
资在于口，处士资在于意，勇士资在于气，技艺
之士资在于手，商贾之士资在于身[5]。故天下一
宅[6]，而圜身资。民资重于身[7]，而偏托势于外。

挟重资[8]，归偏家，尧、舜之所难也。故汤、武禁之，则功立而名成。圣人非能以世之所易胜其所难也[9]，必以其所难胜其所易。故民愚，则知可以胜之；世知，则力可以胜之。臣愚[10]，则易力而难巧；世巧，则易知而难力。故神农教耕而王天下[11]，师其知也；汤、武致强而征诸侯，服其力也。今世巧而民淫[12]，方效汤、武之时，而行神农之事，以随世禁。故千乘惑乱，此其所加务者过也。

作者把自己所主张的法治和农战事业说成是难做的事，把所要反对的藐视君主的谈说等事说成是易做的事，然后提出要通过做难做的事来战胜易做的事。里面多少表现出了一股愚戆和顽强的精神。

作者喜欢用历史阶段论来说明问题，这是有政治目的的。作者认为，民愚、世巧，这是不同时代的两个主题。民愚的时代，可以用智慧来统治；世巧的时代则须用力量来压服。

【注释】

[1]"世主之所以加务者"二句：国君所努力要做的事，都不是国家的急需。加务，努力要做。　[2]"身有尧、舜之行"以下三句：身有尧、舜的德行，可功业却不及汤、武的策略，这正是掌握政权者的过错呀。略，策略，政策。　[3]"夫治国舍势而任说说"二句：治理国家舍弃实力而用游谈说辞，那么，虽然个人贤能可功业却少。说说，据下文，应为"谈说"。修，贤能。　[4]"故事《诗》《书》谈说之士"以下十句：重用那些用《诗》《书》来谈说的士，那么百姓就游荡而轻视国君；重视隐居之士，那么百姓就身处远方而批评君上；重用勇士，那么百姓就争斗而轻视法律；技艺之士受到任用，那么百姓就轻浮而轻易迁徙；若使商贾之士轻松得利，那么百姓就会攀附他们而非议统治者。这里所说的谈说之士、处士、勇士、技艺之士、商贾之士就是下文的"五民"。事，用。剽，轻。缘，攀援，攀附。　[5]资：资本，本钱，

凭借。 [6]"故天下一宅"二句：他们把天下看作一家，浑身都是本钱。宅，家。圜，环。 [7]"民资重于身"二句：人民的本钱重于身体，都想借助外国势力。偏，通"遍"，全部。托势于外，借重外部势力。 [8]"挟重资"以下三句：带着厚重的资本，归属于私家大族，就是尧舜统治，也会感到难办的。偏家，私家。偏，不正，邪。 [9]"圣人非能以世之所易胜其所难也"二句：圣人不是可以用世人感到容易做的事来战胜他认为难做的事，一定是用他认为难做的事战胜他感到容易做的事。 [10]"臣愚"以下四句：人民愚昧，那就容易有力量却难以有机巧；世道机巧，那就容易有智慧却难以有力量。 [11]"故神农教耕而王天下"以下四句：所以神农教授耕种而成为天下的王，是因为天下向他学习智慧；汤、武实力强大而征伐诸侯，诸侯是顺服于他们的力量。 [12]"今世巧而民淫"以下六句：如今世道机巧，百姓淫逸，正当效法汤、武之时，可却用神农之教，来破坏法令。所以千乘之国都惶惑混乱，这就是君主做事不合时宜的过错呀。效，效法，学习。随，通"堕"，毁坏。

治国必须观察人性的表现。立法、察奸概莫能外。

民之生[1]：度而取长，称而取重，权而索利。明君慎观三者[2]，则国治可立，而民能可得。国之所以求民者少[3]，而民之所以避求者多，入使民属于农，出使民壹于战，故圣人之治也，多禁以止能，任力以穷诈。两者偏用[4]，则境内之民壹；民壹，则农；农，则朴；朴，则安居而恶出。故圣人之为国也[5]，民资藏于地，而偏托危于外。

资于地则朴，托危于外则惑。民入则朴，出则惑，故其农勉而战戥也[6]。民之农勉则资重[7]，战戥则邻危。资重则不可负而逃，邻危则不归于。无资、归危外托[8]，狂夫之所不为也。故圣人之为国也[9]，观俗立法则治，察国事本则宜。不观时俗，不察国本，则其法立而民乱，事剧而功寡[10]。此臣之所谓过也。

政治要合乎时宜，统治者要观察风俗，了解国情，然后才可立法施治，否则必然失败。

【注释】

[1]"民之生"以下四句：民的本性，能用尺量的便取长的，能用秤称的就取重的，能权衡利弊的就追求有利的。生，通"性"。　[2]"明君慎观三者"以下三句：明君慎重地观察三者，那么国法可立，而百姓中的奸巧就可发现。能，通"态"，奸巧。　[3]"国之所以求民者少"以下七句：国家用来约束百姓的不多，可百姓用来躲避国家约束的办法却很多。对内要百姓从事农耕，对外要百姓用心战争。所以圣人的治理，重视法禁以制止奸巧，任用力气以杜绝诈伪。求，责，要求。禁，法禁，法律。穷，使……走投无路。　[4]"两者偏用"以下八句：两者都用的话，境内民众的目标就一致了；民众的目标一致，就会投身农耕；投身农耕，就会朴实；朴实，就会安于所居，而厌恶外出游荡。偏，通"遍"，全，都。　[5]"故圣人之为国也"以下三句：所以圣人治理国家，要使人民把钱财安稳地投放在田地里，而不要置于外面的危险之地。偏，少。托危，寄身于危险之地。托，寄，依。危，危险。　[6]戥：捷。　[7]"民之农勉则资重"以下四

句：人民因为农耕勤勉就会财富增多，打仗胜利邻国就处于危险境地。财富多了就不可能背在身上逃走；邻国危险，就不到外邦去。资重，资财多。"邻危则不归于"后脱一"危"字。 [8]"无资、归危外托"二句：像没有资财，不顾一切奔向危险、置身外邦，疯子也不会做的。 [9]"故圣人之为国也"以下三句：所以圣人治理国家，了解风俗建立法制，这样就会治理；考察国情培植根本，就合乎时宜。 [10]剧：繁忙，繁杂。

商鞅之法保护私有制度，所以认为富者保有财产、贫者发财致富是合法的、正常的社会状况。

由此可见，当时秦国有贫富并存现象。

本文重在分析奸人为害之甚，笔锋犀利，说理透彻，令人警醒！

夫刑者，所以禁邪也[1]；而赏者，所以助禁也。羞辱劳苦者，民之所恶也；显荣佚乐者，民之所务也。故其国刑不可恶而爵禄不足务也，此亡国之兆也。刑人复漏[2]，则小人辟淫而不苦刑，则徼倖于民上徼于民上以利。求显荣之门不一[3]，则君子事势以成名。小人不避其禁[4]，故刑烦[5]。君子不设其令[6]，则罚行。刑烦而罚行者，国多奸，则富者不能守其财，而贫者不能事其业，田荒而国贫。田荒，则民诈生；国贫，则上匮赏[7]。故圣人之为治也[8]，刑人无国位，戮人无官任。刑人有列[9]，则君子下其位；衣锦食肉，则小人冀其利。君子下其位[10]，则羞功；小人冀其利，则伐奸。故刑戮者，所以止奸也；而官爵者，所以劝功也。今国立爵而民羞之，设刑而民乐之，此盖法术之患也。故君子操权一正以立术[11]，立官贵爵以称之，论荣举功以任之，则是上下之称平。上下之称平，则臣得尽其力，而主得专其柄[12]。

【注释】

[1]禁邪：严校本前有一"夺"字，据他本校改。　[2]"刑人复漏"以下三句：该判刑的人却隐藏起来而漏网，那么，小人就会邪辟淫逸而不以刑罚为苦，甚至对普通民众和当政者都抱着犯罪而不被告发不被处罚的侥幸心理，对普通民众和当政者抱着这样的侥幸心理还能得利。复，通"覆"，掩藏。漏，遗漏，漏网。辟，邪辟。淫，逸乐，游荡。以，通"能"。　[3]"求显荣之门不一"二句：寻求显赫荣耀的门路不一，即使是君子也会事奉权势之家以成名的。　[4]禁：法。　[5]烦：通"繁"。　[6]"君子不设其令"二句：君子不设置法令，那么刑罚就不得不施行了。按法家理想，法令设置明确，可以刑错不用的。设，设置。　[7]匮：缺乏。　[8]"故圣人之为治也"以下三句：所以圣人要想治理好，受过刑的人在国内就不会有地位，判过罪的人在官府就不得任用。　[9]"刑人有列"以下四句：受过刑的人如果有地位，那么君子就会瞧不起自己的地位；判过罪的人还能穿着锦衣，而且有肉吃，那么小人就会肆无忌惮地图谋私利。列，地位。冀，希望，图谋。　[10]"君子下其位"以下四句：君子瞧不起自己的地位，就羞于立功；小人可以肆无忌惮地图谋私利，就会夸耀自己的奸巧。伐，夸耀。　[11]"故君子操权一正以立术"以下四句：所以，君主掌握大权，统一政令，而又建立术治：

作者主张按功劳授予官爵，激励人民投身农战事业，这体现了平等和公平的时代精神；但对担任官职要具备哪些能力却未及思考。于是就出现了凭勇力担任需要智能才可胜任的官职这种不协调的情况。后来韩非在论述术治理论的时候对此做了深刻的批评。

商鞅派法家已经看到法律执行不严带来的严重问题，所以主张用术加以弥补。

设立官职、授予爵位要与人相称，以功劳为标准，这样，衡量上下级的标准就平衡了。君子，应为"君"。正，通"政"。荣，劳，疑形近而误。　[12]柄：指权力。

【点评】

篇名"算地"，与开篇内容有关，但无法概括全篇思路。

这是一篇上书。作者根据法家原理，分析当时施政的若干问题，提出政策建议，很有针对性，信息量较大，是一篇有质量的好文章。

标题像是文献整理者所加，是根据第一段与土地计算有关的内容拟出的，显然不是全文内容和思想的概括。好多古籍都是这样，整理者替文章拟出标题，能起到标识的作用，就算完成了任务，至于文章内容及主题思想如何概括，那应该是读者的事。我们读古书，须了解这一点。

文章首先提出治理国家，不懂得利用土地的祸患。作者指出，人民超过土地，那么国家的业绩就少，军队的力量就弱；土地超过人民，那么山泽的财物就不能为国所用。放弃大自然提供的资源，任由人民游荡，这是国君的过错啊。结果是人民虽多但是军队却弱，土地虽大但是国力却小。所以国家要对土地实行规划管理，山林、薮泽、溪谷流水、都邑蹊道各占十分之一，差田占十分之二，良田占十分之四。这样，军队出征，粮食供应就可以保障，而国家财物还有富余；按兵不动，人民劳作而使积蓄长久充足。这就叫做使用土地以待兵事的规律呀。此节标题"算地"应该据此而来。

文章接着指出，国土方圆数千里，粮食不能装满仓廪，不足以应付战事，而军队正在与邻国为敌。这是臣子替君主考虑的问题之一。怎么解决呢？作者提出，治理国家的根本办法，在于垦草，用兵的根本办法，就在于统一赏赐。君主要根据人民喜赏畏罚的本性实施赏罚，从而达到富国强兵的目的。

接下来论证了追求名利是人的本性，统治者应该据此推行农战政策。但现实情况却不是这样，君主舍势而任谈说，结果就有谈说之士、处士、勇士、技艺之士、商贾之士，作者称为"五民"，他们到处活动，投靠私家势力，造成不利国家的局面。法家喜欢讨论两个问题：一个是难易的问题。一个是历史阶段的问题。本段则指出这两者的相互作用。民愚的时代，民众以出力为易，以有智为难；世巧的时代，民众以有智为易，以出力为难。神农教天下人如何耕田，是以智慧战胜民愚。汤、武征伐诸侯，则是以力量战胜世巧。如今正当世巧时代，可是国君不用汤、武的办法，却用神农的办法，重言谈而轻农战，这是错误的政策。

按理说，人性自利，统治者应该利用这一点，实施法治，杜绝奸巧诈伪，使民众专一于农战。可实际上，国家法治不严格、不彻底，该受刑罚的人却可藏匿漏网，赏赐之路不一，结果，打开了侥幸之门：有罪的可以逃避刑罚，无功的却可得到赏赐，结果就会产生"刑不可恶而爵禄不足务"的现象，这是"亡国之兆"！为什么呢？作者逐条分析下去：有了上述的侥幸，上上下下就不怕法律，结果法律就更加繁复错乱，奸人就越来越多。奸人多了，富者无法保守财富，贫者无法发财致富，结果就是土地荒芜，国家贫穷。由此，人民更加奸诈，法治更加混乱。本来，刑戮之人应受到唾弃，可是，受过刑的人还有地位，结果，君子就瞧不起自己的地位；判过罪的人还能穿着锦衣，而且有肉吃，那么小人就会肆无忌惮地图谋私利。结果，国家设立爵位，人民就感到羞耻，国家设立刑法，人民却感到高兴。这都是国家政治混乱造成的。所以，作者提出，国君要掌握权力，统一政治，运用术，设立官爵，按功劳授予，这样上下的标准才能公平，臣民才能尽力，国家才能走上正轨。

作为一篇上书，本文是就具体问题展开论述。文章立论的原则很清楚，那就是严格实行法治，坚持农战政策，实现富国强兵。文章的内容主要是批评现实存在的问题。最有价值的是关于这些问题会导致严重后果的分析，一环紧扣一环，层层深入，务在引起进说对象的警醒。最后一段关于法治废弛、赏罚混乱、无功得赏、有罪可逃这些"亡国之兆"的分析，读后的确令人震动。

在本篇的论述中，多次看到作者根据人性趋利避害、喜赏畏罚来强调法治的必要性。还可以看到作者根据历史发展阶段论——例如神农时代用智慧战胜"民愚"，汤武时代用强力战胜"世巧"的时代主题——来说明当时实施法治的必要性。人性论和历史观是法家立论的两大理论基石。由此可见，即使是一篇上书，作者也不满足于就事论事，而一定要使自己的论述符合他们认为的人性和历史的基本规律。

开塞第七

天地设而民生之[1]。当此之时也，民知其母而不知其父，其道亲亲而爱私。亲亲则别[2]，爱私则险。民众，而以别险为务[3]，则民乱。当此时也[4]，民务胜而力征。务胜则争，力征则讼，讼而无正，则莫得其性也。故贤者立中正，设无私，而民说仁。当此时也，亲亲废，上贤立矣[5]。凡仁者以爱为务[6]，而贤者以相出为道。民众而无制[7]，久而相出为道，则有乱。故圣人承之[8]，作为土地、货财、男女之分。分定而无制[9]，不可，故立禁；禁立而莫之司，不可，故立官；官设而莫之一，不可，故立君。既立君，则上贤废而贵贵立矣。然则上世亲亲而爱私，中世上贤而说仁，下世贵贵而尊官。上贤者以道相出也，而立君者使贤无用也。亲亲者以私为道也，而中正者使私无行也。此三者非事相反也^[10]，民道弊而所重易也，世事变而行道异也。

【注释】

[1]设：安置，立。　[2]"亲亲则别"二句：儒家的仁爱讲亲亲，墨子批评儒家的仁爱是"别爱"，有差别的爱，他则主张兼爱，即无差别的爱。别，分别，指区分亲疏。险，恶，奸恶。　[3]务：从事、做事的目标。　[4]"当此时也"以下九句：在这个时候，民都想方设法战胜他人，都全力追求私利。民都想战胜他人，就必然争斗；民都追求私利，就一定争吵。争斗和争吵而没有正确的标准，那么就得不到事情的实然的本质。因此之故，有贤者建立不偏不倚的标准，主张无私，这样，人民才喜欢仁爱。胜，战胜。征，取、夺，可指征利。讼，争吵。讼而无正，前当有一"争"字。正，公正，标准。性，本性，本质。中正，不偏不倚的标准。　[5]上贤：即尚贤。上，通"尚"。　[6]"凡仁者以爱为务"二句：仁者都以爱人做为自己的努力方向，而贤者又以超出他人做为自己的行事原则。出，超出。一说"出"即"屈"，使人屈服，亦通。　[7]"民众而无制"以下三句：人民众多，而没有制度，长久地以相互比较高下为原则，就又生乱。制，制度。有，通"又"。　[8]"故圣人承之"二句：所以圣人继承前人，为土地、钱财和男女制定了权限。　[9]"分定而无制"以下九句：权限划定了可是没有制度，这不行，所以设立法律；法律设立了可是没有人主持，也不行，所以设立官吏；官吏设立了却不统一，也不行，所以设立君主。禁，法，法禁。司，主，主持、负责。　[10]"此

三者非事相反也"以下三句：这三个时代的事情并非相反，而是人民走的道路有了障碍而所重视的东西发生了变化，世事变化了，人们做事的方式也就不同了。

故曰：王道有绳[1]。夫王道一端[2]，而臣道亦一端，所道则异，而所绳则一也。故曰[3]：民愚，则知可以王；世知，则力可以王。民愚，则力有余而知不足；世知，则巧有余而力不足。民之生[4]，不知则学，力尽而服。故神农教耕而王天下[5]，师其知也；汤、武致强而征诸侯，服其力也。夫民愚[6]，不怀知而问；世知，无余力而服。故以王天下者并刑[7]，力征诸侯者退德。

不同时代，治道不同，但都合乎规律（"绳"）：本段根据民众愚智的状况来说明不同时代治道不同的原因，合乎论证规则，有理有力。

【注释】

[1]绳：法，法则。　[2]"夫王道一端"以下四句：王道有自己的出发点，臣道也有自己的出发点，他们所走的道路是不同的，但所遵循的标准则是一样的。　[3]"故曰"以下九句：例如，人民愚昧，那么用智慧就可以成就王业；人人智巧，那么用力量才可以成就王业。人民愚昧，就是力量有余而智慧不足；人人智巧就是机巧有余而力量不足。故曰，承上句而来，引出具体的说明，相当于举例。　[4]"民之生"以下三句：民的实际情况是，不知道的就要学习，力用尽了才会屈服。生，通"性"，即本然状态。　[5]"故神农教耕而王天下"以下四句：例如，神农教天下人耕种而成就了王业，（是因为民）学习他的智慧；汤、武以其强

大征讨诸侯，（是因为诸侯）屈服于他们的力量。 [6]"夫民愚"以下四句：人民愚昧没有知识便要问人；人人智巧而无余力便要屈服。 [7]"故以王天下者并刑"二句：按文例，"王"字前当有"知"字；"力"字前当有"以"字。全句应为"故以知王天下者并刑，以力征诸侯者退德"。所以，用知识当上王的就要屏除刑罚，用力量征服诸侯的就要抛弃德教。并，通"屏"，即屏除，排除。"屏刑"与"退德"并列。

圣人不法古，不修今 [1]。法古则后于时，修今则塞于势。周不法商，夏不法虞，三代异势，而皆可以王。故兴王有道 [2]，而持之异理。武王逆取而贵顺 [3]，争天下而上让。其取之以力，持之以义。今世强国事兼并，弱国务力守，上不及虞、夏之时，而下不修汤、武。汤、武塞 [4]，故万乘莫不战，千乘莫不守。此道之塞久矣 [5]，而世主莫之能废也，故三代不四。非明主莫有能听也。

反对效法古代，主张与时俱进，这是法家一贯的观点。

【注释】

[1]修：循。 [2]"故兴王有道"二句：兴起并成就王业有它的道，保持王业则各有各的理。 [3]"武王逆取而贵顺"以下四句：武王叛逆而夺得王权，（得到王权后）却重视上下顺服；靠争抢夺来天下，却崇尚礼让；他用力量夺取，却用礼义维持。 [4]汤、武塞：他本有作"汤武之道塞"者，义即"汤武之道阻塞难通"，可从。 [5]"此道之塞久矣"以下三句：汤武之道阻塞很久了，

而当今的诸侯们却没有能开辟新的道路的，所以至今没有第四朝代的出现。废，通"发"，开辟。

今日愿启之以效 [1]。古之民朴以厚 [2]，今之民巧以伪。故效于古者 [3]，先德而治；效于今者，前刑而法。此俗之所惑也。今世之所谓义者 [4]，将立民之所好，而废其所恶；此其所谓不义者，将立民之所恶，而废其所乐也。二者名贸实易，不可不察也。立民之所乐 [5]，则民伤其所恶；立民之所恶，则民安其所乐。何以知其然也？夫民忧则思，思则出度 [6]；乐则淫，淫则生佚 [7]。故以刑治则民威 [8]，民威则无奸，无奸则民安其所乐。以义教则民纵 [9]，民纵则乱，乱则民伤其所恶。吾所谓利者 [10]，义之本也；而世所谓义者，暴之道也。夫正民者，以其所恶，必终其所好；以其所好，必败其所恶。

治理国家，从百姓厌恶的事做起，结果可以达到百姓安乐的目的；从百姓安乐的事做起，则必然导致百姓厌恶的结果。此处的解说有一定启发意义。不过，不问情由，就作必然性的判断，则偏于绝对，是危险的。

【注释】

[1]今日愿启之以效：现在（我）愿用实际效果来做说明。[2]以：与。 [3]"故效于古者"以下五句：所以，在古代有效的办法，是把德摆在前面来治理；当代有效的办法，是把刑罚放在前面来治理。这是世俗所感到困惑的。效于，有效于。 [4]"今

世之所谓义者"以下八句：当今之世所说的"义"，是把民所喜好的确立起来，把民所厌恶的废弃掉；所说的"不义"，是把民所厌恶的确立起来，把民所乐意的废弃掉。两者名义变化了，内容也改换了，不能不明察。　[5]"立民之所乐"以下四句：政策建立在民所乐意的基础上，那么人民就要受到其所厌恶东西的伤害；建立在民之所厌恶的基础上，那么人民就会安享其所乐意的东西。　[6]出度：超出法度。　[7]生佚：滋生逸乐。　[8]威：畏。　[9]纵：放纵。　[10]利："刑"字之误。

作者认为，刑罚用于即将犯罪之时，赏赐作为奖励告奸之用，这样就能去奸止过，"法治"就能取得比"德治"还要仁慈的效果。可是，"即将犯罪"就一定犯罪吗？被告奸的就一定是奸吗？如果不能肯定，那么，后果将不堪设想。

法施已然，目的是伸张正义；防患未然，不是法律的职责。法家抑制传统道德，主张一断于法，必然会有泛法治化甚至滥法的倾向。

治国刑多而赏少，故王者刑九而赏一，削国赏九而刑一。夫过有厚薄，则刑有轻重；善有大小，则赏有多少。此二者，世之常用也。刑加于罪所终[1]，则奸不去；赏施于民所义，则过不止。刑不能去奸而赏不能止过者，必乱。故王者刑用于将过，则大邪不生；赏施于告奸，则细过不失。治民能使大邪不生、细过不失，则国治。国治必强。一国行之，境内独治。二国行之[2]，兵则少寝。天下行之[3]，至德复立。此吾以杀刑之反于德而义合于暴也[4]。

【注释】

[1]"刑加于罪所终"以下四句：刑罚施加于犯罪终结之后，那么奸邪就不能消除；赏赐给予人民认为应该给予的人，那么

罪过就不能止息。义，宜也，意即应该，"所义"即应该的人或事。　[2]"二国行之"二句：两国实行这个政策，那么战争就会停息一段时间。战国时期有"禁攻寝兵"一说，由墨家和黄老倡导，这两家都与法家有亲缘关系。少，稍稍。寝，息。　[3]"天下行之"二句：天下都能实行，至德之世就会重现。道家认为，远古时代曾有"至德之世"（《庄子》），商鞅认为天下都实行他的法治主张，至德之世就可重现。复立，重新确立。　[4]此吾以杀刑之反于德而义合于暴也：这就是为什么我认为刑杀可以复归于德，而所谓的"义"却合乎残暴的呀！反，通"返"，复归。

古者[1]，民丛生而群处，乱，故求有上也。然则天下之乐有上也，将以为治也。今有主而无法，其害与无主同；有法不胜其乱[2]，与不法同[3]。天下不安无君[4]，而乐胜其法，则举世以为惑也。夫利天下之民者莫大于治，而治莫康于立君[5]。立君之道莫广于胜法[6]。胜法之务莫急于去奸，去奸之本莫深于严刑。故王者以赏禁[7]，以刑劝；求过不求善，藉刑以去刑。

【注释】

[1]"古者"以下四句：古时候，人民以聚落的形式生活，以群为单位相处，社会纷乱，所以要求有统治者。丛，聚。群，相聚在一起。上，统治者。　[2]胜：克胜。　[3]不法：严校本"不法"，他本有作"无法"者，似更合适。　[4]"天下不安无君"

商鞅派法家利用上古社会混乱，人民要求设立统治者加以治理，来论证君主制度、严刑峻法、借刑以去刑的合理性，与自然状态理论有形似之处。

以下三句：天下人担心没有君主，可却乐于不守法度，那么所有的人都会感到疑惑。胜，战胜，胜过。 [5]康：安。 [6]广：大也。胜法：任法，用法。以下一处"胜法"义同。胜，任。 [7]"故王者以赏禁"以下四句：所以王者用赏赐禁止（犯罪），用刑罚鼓励（做好事）；寻求过错而不寻求善行，凭借刑罚去掉刑罚。藉，借，凭。

【点评】

这是《商君书》中的名篇。《史记·商君列传》指明系商鞅所作。关于篇名"开塞"，系动宾形式，义即打开堵塞。商鞅认为，古代圣人的治理之道被儒家之徒的各种说法堵塞了，所以，现在要打开它，疏通它，使它成为法治主张的理论前提。

第一段，商鞅喜欢用自然状态来阐述法治思想的前提，这是他的思想具有理论性的表现。但他更敏锐地发现，单纯使用自然状态，不足以抵制和消除儒家思想的影响。自然状态中，社会混乱，人民要求秩序，可是人民求得的秩序不一定就是法治啊！古代中国的典籍记载着许许多多远古圣人的故事，这些圣人大都是仁慈、礼让的化身。要想使自然状态理论能够为法治思想服务，那就还需做进一步的理论思考，用历史发展阶段论破除建立在人性论上的儒家伦理和政治观点。于是，既要利用自然状态论的思想资源，又要做阶段论的历史叙事，只有这样，才能真正把自然状态的思想资源变成法家的理论前提。这就是本篇第一段的用意所在。

第二段讨论了这样一个道理：愚昧的必然求知，所以要用知识才能统治；有知的必然乏力，所以要用力量才能统治。古人有力但愚昧，所以古代圣人用智慧统治就行了；今人有知却乏力，所以当今就必须用力量来统治。

这样的说法显然是不严谨的。

愚昧的就一定要学习吗？经验上看的确有这种情况。在人群中，知识少的往往自惭形秽，急需提高知识水平以与人抗衡。但愚昧有多种表现形式。有一种无知是不知道自己无知，这种无知就不会自觉地向人学习。作为社会群体，这种无知是比较常见的。更有甚者，另一种无知是自以为有知，那就更不会主动向他人学习了。本篇作者的意思是明白的，这里的无知说的是原始人的知识水平低，遇见文化程度高的人群，必然要努力学习，赶超上来，否则无法生存。但是由于没有定义就做全称判断，今人读了，自然感觉不妥。同理，有知识的，就一定要用力量压服吗？有知识应该更懂道理，为什么不能通过说理解决问题而非要用强力压服呢？把无知和有知、知识和强力的反对关系误当成矛盾关系，然后就下非此即彼的判断，这也是古代文章的通病。

第三段系本篇核心部分，讨论开塞的问题。

圣人不法古，不修今。为什么？因为古今不同，学习古代于当今无益；因为时势不同，即使是今，也不是任何情势下都可学习效法的。这个道理古已有之。周朝不效法商朝，夏朝不效法唐、虞。夏、商、周三代情势不同，但却都可以王。所以，王者兴起时有兴起的道，取得政权后保持政权，方法就不同了，保持的方法叫做理。治国的理与兴起的道是不同的。例如，武王兴起的道是逆取，是争天下，是取之以力；可保持的理却是贵顺，是上让，是持之以义。商鞅过于强调异，不重视同，论证上出了问题。他一方面表扬某位古人能做到不法古、不修今，可另一方面又要求后人向他学习，这究竟是法古、修今呢，还是不法古、不修今呢？可见，商鞅已经深陷于悖论的泥淖之中。

我在这里揭露文章中的矛盾，绝不是藐视经典，也不是贬低商鞅，厚诬古人，而是要通过阅读和思考，锻炼理论思维能力、提高写作水平。这才是我们阅读经典的意义所在。

第四段提出一个观点：政策建立在人们所喜好的基础上，结果一定得到人们所厌恶的东西；政策建立在人们所厌恶的基础上，结果一定得到人们所喜好的东西。而且对这个观点做了具体详细的论述，有论证意识，难能可贵。但民之所好就一定得到民之所恶的结果么？反之，民之所恶就一定得到民之所好的结果么？这是需要设定具体的条件的。不设条件地泛泛而论则显得神秘，是危险的，因为它们不具有必然性。

第五段提出，罪过有薄厚，刑罚有轻重；嘉善有大小，赏赐有多少。这是世上常用的做法和普遍的见解。这样的赏刑，看似公平、正义，但不是没有问题的。商鞅揭露道：刑罚要等到犯罪有了恶果之后才可使用，那样，奸邪就不能消除；赏赐给予人民认为应该给的人，那么过错就不能止息。赏刑不能杜绝犯罪，得不到稳定社会的效果，要它何用！由此可见，关于赏刑如何使用的问题，职业法律家和职业政治家看法是不同的。商鞅认为，刑罚用在犯罪将要发生还未发生之时，那么巨奸大恶就不会出现；赏赐给予告奸之人，那么细小的罪过也不会遗漏。这样的国家，就是成就王业的国家。由此可见，商鞅并非法律家，而是政治家。

最后一段，以自然状态的国家发生说开头，指出，有了统治者而没有法制，则不能为治，因而转入法治话题。"刑九赏一"看来应该是商鞅本人的主张，这个思想显然来自政治生活中统治者的真实感受。自然状态为什么必然要由历史观接续？因为，如果仅仅以自然状态作为理论前提，那么，政治发展还可走向贵族制、温和君主制，要到法治，到以君主集权为核心的法治，则必须经过几个历史阶段，所以，商鞅一定要在自然状态后接续历史发展阶段论，这样，才可以把自然状态学说与法治学说联系起来，使它成为法治学说的理论前提中的一部分。

壹言第八

法治的一个重要原则是让普通人靠个人努力，不用走权势者的门路，就可获得立功的机会。这一点无论怎么看，都包含着人的觉醒、人的解放的伟大意义。商鞅派法家有此观点，是非常宝贵的。

凡将立国，制度不可不察也，治法不可不慎也，国务不可不谨也，事本不可不抟也 [1]。制度时 [2]，则国俗可化，而民从制；治法明，则官无邪；国务壹 [3]，则民应用；事本抟，则民喜农而乐战。夫圣人之立法、化俗，而使民朝夕从事于农也，不可不知也 [4]。夫民之从事死制也 [5]，以上之设荣名、置赏罚之明也，不用辩说私门而功立矣。故民之喜农而乐战也，见上之尊农战之士，而下辩说技艺之民 [6]，而贱游学之人也。故民壹务 [7]，其家必富，而身显于国。上开公利而塞私门，以致民力 [8]；私劳不显于国 [9]，私门不请于君。若此而功臣劝，则上令行而荒草辟，淫民止而奸无萌[10]。治国能抟民力而壹民务者[11]，强；能事本而禁末者，富。

【注释】

[1]事本：事情的根本，指农、战。抟：专，专一。　[2]"制度时"以下三句：制度合乎时宜，那么国家的风俗就可转化，人民就可以服从。　[3]"国务壹"二句：国家做事专一，那么人民就会响应而为国所用。　[4]知：严校本注曰"一切旧本'知'作'变'，此依秦本"。可见，"变"乃古本，义通"辨"，分辨、辨别。　[5]"夫民之从事死制也"以下三句：人民之所以愿做国家的事务，为制度而死，是因为上面把荣誉名分和赏罚设置得明确，不用靠耍嘴皮子走权势者的门路就可立功啊！[6]下：与下文"贱"都有贬低之义。　[7]壹务：做事专一。　[8]致：获取。[9]"私劳不显于国"二句：替私人效劳的人在国家不得显赫，权势者不得请托于君上。　[10]萌：生。　[11]"治国能抟民力而壹民务者"以下四句：治理国家能够集中民力、让人民做事专一的，就强；能够从事本业（农业）而禁止末业（工商）的，就富。

夫圣人之治国也[1]，能抟力，能杀力。制度察则民力抟[2]，抟而不化则不行，行而无富则生乱。故治国者[3]，其抟力也，以富国强兵也；其杀力也，以事敌劝民也。夫开而不塞[4]，则短长；长而不攻，则有奸。塞而不开[5]，则民浑；浑而

两千多年前的战国时代，商鞅派法家就大力伸张以国家为代表的社会公义。他们主张法治明确，立功受奖，鼓励人民专心一意从事农战事业，以此压制贵族、商人资本的私人势力。普通民众或许会得到一定的发展空间，虽然有限，那也是难能可贵的。

治理国家要懂得积蓄实力和消耗实力的道理。积蓄实力就要富国强兵，消耗实力就要攻击敌国。能积蓄而不知消耗就会引起动乱，能消耗而不知积蓄则必然灭亡。英明君主必须懂得调剂两者的关系。这种见识，非有实际经验者不能说出。

不用，则力多；力多而不攻，则有奸虱。故抟力以壹务也，杀力以攻敌也。治国者贵民壹，民壹则朴，朴则农，农则易勤，勤则富。富者废之以爵[6]，不淫；淫者废之以刑，而务农。故能抟力而不能用者必乱，能杀力而不能抟者必亡。故明君知齐二者[7]，其国强；不知齐二者，其国削。

【注释】

[1]"夫圣人之治国也"以下三句：圣人治理国家，要能积聚力量，也要能消耗力量。抟，集中，积聚。杀，消耗。　[2]"制度察则民力抟"以下三句：制度清晰，那么民力就能积聚。民力积聚了，如果不加以教化，就不能使用。使用民力而不能得到富裕，就会发生动乱。察，明确，清晰，准确。化，教化。行，使用。富，富裕，一说富乃"当（當）"字形近而误。　[3]"故治国者"以下五句：所以治理国家，积聚力量是为了富国强兵，消耗力量是为了鼓励民众打击敌人。事敌，与敌人进行斗争。　[4]"夫开而不塞"以下四句：启发而不阻塞，（人民的）智慧就增长；智慧增长，而不攻打敌国，就会产生奸邪。开，启发。塞，堵塞。短，"知"字形近所误，"知"通"智"。　[5]"塞而不开"以下六句：堵塞而不启发，人民就浑浑噩噩；浑浑噩噩而不能用，力量就增多；力量增多而不攻击敌人，就会产生虱害。浑，不清貌，喻无知。奸，前句结尾有"奸"字，此处有"虱"，正好相对，似不应再有"奸"字。　[6]"富者废之以爵"以下四句：对于富人，要用爵位来削减他们的财富，这样他们就不会游乐；对于游乐之人，要用刑罚加以制裁，这样他们就会务农。废，禁止，消除。淫，

游乐，游荡。　[7]齐：通"剂"，调剂。

　　夫民之不治者[1]，君道卑也；法之不明者，君长乱也。故明君不道卑、不长乱也；秉权而立[2]，垂法而法治[3]，以得奸于上，而官无不[4]；赏罚断[5]，而器用有度[6]。若此[7]，则国制明而民力竭，上爵尊而伦徒举。今世主皆欲治民，而助之以乱；非乐以为乱也，安其故而不窥于时也[8]。是上法古而得其塞[9]，下修令而不时移。而不明世俗之变[10]，不察治民之情，故多赏以致刑，轻刑以去赏。夫上设刑而民不服[11]，赏匮而奸益多。故民之于上也[12]，先刑而后赏。故圣人之为国也，不法古，不修今，因世而为之治[13]，度俗而为之法[14]。故法不察民之情而立之[15]，则不成；治宜于时而行之，则不干。故圣王之治也[16]，慎为察务，归心于壹而已矣。

商鞅派法家认为立法要体察民情，行政要与时俱进，这就把政治与人性和历史联系起来，形成一个思想的系统。

【注释】

[1]"夫民之不治者"以下四句：人民不能治理，是因为君主行事水平低；法律不能明晰，是因为君主助长了动乱。道，由。卑，低。长，助长。　[2]秉：执。立：莅，统治。　[3]垂法：颁布法律。法治：严校本"法"字据他本删。　[4]不：通"否（pǐ）"，

恶。　　[5]断：果断。　　[6]度：规格，制度。　　[7]"若此"以下三句：这样，国家制度明确而民尽其力，君主的爵位尊贵而各类人等都振作起来。伦，辈，类。徒，众。举，振作。　　[8]窥：观察。　　[9]"是上法古而得其塞"二句：这正是上效法古代而变得蔽塞，下因循当今而不与时俱进。塞，不通，愚昧。修令，即"修今"，遵循当今。不时移，不随时代而转移。　　[10]"而不明世俗之变"以下四句：不懂得世俗的变化，不了解治民的实际，所以多用赏赐，却引出了刑罚；实行轻刑，却排斥了赏赐。　　[11]"夫上设刑而民不服"二句：统治者设立刑罚，可人民却不服；赏赐用尽，而奸人越多。匮，缺乏，用尽。　　[12]"故民之于上也"二句：所以民众对于官府，往往是先受刑而后领赏。　　[13]因：循。　　[14]度：考量。　　[15]"故法不察民之情而立之"以下四句：所以法不观察人民的实际情况而设立，那就不会有成就；治理与时相宜而实行，就不会扞格。情，实际情况。干，通"扞"，扞格，抵触。　　[16]"故圣王之治也"以下三句：所以圣王的治理，做事要谨慎，方向要看清，全心全意做到"壹"而已！

【点评】

篇名"壹言"，"壹"是本篇的论述主题。

第一段论述为什么国家事务要专一，专一的效果如何。第一条理由就是，人民之所以愿意为国家做事，愿意为制度而死，是因为国家荣誉和法治都设置得明确无误，人民不用巧言善辩、走权势者的门路，就可以立功。国家法治统一、明确，意义重大。普通人民靠什么在社会上生存？是靠走权势者的门路？还是靠为国立功？这是两千多年一直存在的大问题。商鞅主张人民靠立功获得进身之阶，具有划时代的意义。从身份到契约的历史进步潮流的典型，是人类精神觉醒的重要表现。历史总是矛盾的，曲折的，复杂的。从战国时代商鞅派法家确立这项原则起，权势者多少次反攻倒算，夺回特权。时至今日，商鞅派法家的这一条，仍然能够引起后人的共鸣。这说明，西方语言中的所谓"现代性"，在中国并不是近代才有的东西，甚至也不是明末资本主义萌芽时期才有的现象。早在两千多年前的战国时代，以国家为代表的公共机构就表现了一定的公共性，就受到了重视，贵族、商人资本这些私有性质的势力，就受到了压制。至少在国家公义的意义上，今天的人们似乎与当时的人仿佛是生活在同一个时代中。

第二段专门论述积聚民力与使用民力及其关系。有深入思考，有重要发现，应是经验之谈，十分难得。积聚民力，靠制度明晰；民力积聚了，还要教化；不教化就不能行事，因为行事不当就会生乱。积聚民力和消耗民力要有出口，积聚民力是为了富国强兵，消耗民力是为了攻击敌国激励民众。为了能够很好地积聚和消耗民力，就要做好教化工作，教化工作的基本原则是一开一塞。开就是启发智慧，塞就是禁止邪念。光启发智慧，而不堵塞邪念，结果就会产生奸邪；光堵塞邪念不启发智慧，就会产生虱害。积聚民力是为了让他们专心做事，消耗民力是为了让他们进攻敌人。积聚民力和消耗民力两者缺一不可，不能偏废。能积聚民力不能消耗民力，那必然导致动乱；能消耗民力而不能积聚民力，则必然导致灭亡。英明的君主要知道怎样调剂二者的关系。这是一种运筹学的思想，是一种经济学的思维。传统史书一般讲富国强兵，但不见怎样使富强通过运筹和运行来实现良性循环。商鞅派法家注意到了这个问题，的确是难能可贵的。

第三段指出君主对于政治好坏的决定意义，治理不好，就是君主不能与时俱进，不能了解实际情况，不能搞好法治，不懂得先刑后赏。提出君主不法古、不修今，要与时俱进，观察风俗变化，而实施治理，治理的要务，就是做到"壹"，即集中到法治这个方向上去。

错法第九

臣闻：古之明君错法而民无邪[1]，举事而材自练[2]，赏行而兵强[3]。此三者，治之本也。夫错法而民无邪者，法明而民利之也。举事而材自练者，功分明；功分明，则民尽力；民尽力，则材自练。行赏而兵强者，爵禄之谓也。爵禄者，兵之实也[4]。是故人君之出爵禄也[5]，道明。道明，则国日强；道幽[6]，则国日削。故爵禄之所道，存亡之机也。夫削国亡主非无爵禄也，其所道过也。三王五霸，其所道不过爵禄，而功相万者[7]，其所道明也。是以明君之使其臣也，用必出于其劳，赏必加于其功。功赏明，则民竞于功。

法要公开，不能隐藏。这是法治的根本属性。

为国而能使其民尽力以竞于功，则兵必强矣。

【注释】

[1]错：通"措"，施行。　[2]举事：应指发动军事行动。材：才能，能力。练：熟练。　[3]赏行：依下文应为"行赏"。　[4]实：有实惠之义。　[5]"是故人君之出爵禄也"二句：因此君主授予爵禄要通过光明的渠道。道，由，下文其他"道"字意思皆同。　[6]幽：暗。　[7]相万：与……比较是万倍。相，与……相对、比较。

商鞅派法家也讲德教，但含义与儒家不同，指的是能行赏刑的德行。有了这样的德教，不是自己的东西，也会为我所有；不是自己的人民，也会任我驱使。

人性有好恶，好恶者，赏罚之本。这是法家对人性的基本估计，也就是法家法治政策的人性论基础。

同列而相臣妾者[1]，贫富之谓也；同实而相并兼者[2]，强弱之谓也；有地而君，或强或弱者，乱治之谓也。苟有道[3]，里地足容身，士民可致也；苟容市井[4]，财货可众也。有土者不可以言贫，有民者不可以言弱。地诚任[5]，不患无财；民诚用，不畏强暴。德明教行[6]，则能以民之有为己用矣。故明主者用非其有，使非其民。明王之所贵[7]，惟爵其实而荣显之。不荣，则民不急列位；不显，则民不事爵；爵易得也，则民不贵上爵；列爵禄赏不道其门[8]，则民不以死争位矣。人君而有好恶[9]，故民可治也。人君不可以不审好恶。好恶者，赏罚之本也。夫人情好爵禄而恶刑罚[10]，人君设二者以御民之志，而立所欲焉。夫民力尽而爵随之，功立而赏随之，人君能使其民信于此如明日月，则兵无敌矣。

【注释】

[1]"同列而相臣妾者"二句：地位相同的人却成了人家的奴婢，这说的是贫富问题。同列，地位相等。相，被。臣妾，男奴、女婢。　[2]"同实而相并兼者"二句：实力相当却被兼并，这说的是强弱问题。　[3]"苟有道"以下三句：一旦有好办法，一里方圆，虽仅可容身，但却可以获得人民。里地，一里（方圆的）土地。足容身，够容身，意思是刚刚够容身。士民，各类民众。致，获得。　[4]"苟容市井"二句：虽然苟且容身于市井，却可以聚集钱财。众，严校本"众（眾）"，他本或作"聚"，形近而误，学者认为义长，可据以校改。　[5]"地诚任"以下四句：土地真的发挥作用，就不担心没有财物；人民真的用起来，就不怕强暴。诚，实，真。任，承担，依靠。　[6]"德明教行"以下四句：德行明亮，教化施行，就能把人民所有的东西为我所用。所以，明王者可以使用非其所有的东西，可以驱使原不属于自己的人民。明主，按下文应为"明王"。　[7]"明王之所贵"二句：英明的君王所看重的，就是爵位要按实际功劳授予，而且还要给予荣誉，使其显赫。严校本原作"明王之所贵，惟爵其实，爵其实而荣显之"，他本或无"爵其实而荣显之"七字。有学者认为"爵其实"三字不当重，但七字还在。　[8]列爵禄赏不道其门：排列爵位，赏赐俸禄，如果没有正当的途径。按下文"人情好爵禄"，此处的"列爵禄赏"应为"列爵赏禄"，"列爵""赏禄"皆为动宾结构，都是君主的行为。《赏刑》篇有"当此时也，赏禄不行"，可证。道，

由。门，门路，此处指正路。　[9]人君：按文义，此处应为"人生"。生，性。　[10]"夫人情好爵禄而恶刑罚"以下三句：人的实际情况是喜好爵禄而厌恶刑罚，国君正好利用这两者来控制民众的意志，从而使自己所希望达到的目标得以确立。御，通"驭"，驾驭，控制。志，志向，意志，目的。

国君要依法施赏，不能把赏赐当成个人恩惠。可见，在赏赐这项工作上，国君也要遵守法律。

人君有爵行而兵弱者，有禄行而国贫者，有法立而乱者[1]。此三者，国之患也。故人君者先便请谒而后功力[2]，则爵行而兵弱矣。民不死犯难而利禄可致也[3]，则禄行而国贫矣。法无度数[4]，而事日烦[5]，则法立而治乱矣。是以明君之使其民也，使必尽力以规其功[6]，功立而富贵随之，无私德也，故教流成[7]。如此，则臣忠君明，治著而兵强矣[8]。

臣忠君明，有相互对待之意，这与古代中国的主流传统是一致的。

【注释】

[1]有法立而乱者：据下文"则法立而治乱矣"一句，此句应为"有法立而治乱者"。　[2]故人君者先便请谒而后功力：所以国君把便辟、请谒之人放在前面，而把有功劳、出力气的人放在后面。便，下当有"僻"，"僻"通"嬖"，便嬖，国君宠爱的人。请谒，即请托，替私人请求官爵的。功力，有功劳和出力气的。　[3]民不死犯难而利禄可致也：人民不看轻死亡、不去冒险就可以获得利禄的。死，前应有"轻"字，轻死，轻易去死，看轻死亡。犯难，踏入艰难境地，指冒险。致，获得。　[4]度数：

尺度，数量。　[5]烦：繁杂。　[6]规：图，谋求。　[7]流：他本或作"法"。教法，教化，法度。　[8]著：明。

故凡明君之治也，任其力不任其德，是以不忧不劳，而功可立也。度数已立，而法可修[1]。故人君者不可不慎己也。夫离朱见秋豪百步之外[2]，而不能以明目易人；乌获举千钧之重[3]，而不能以多力易人。夫圣人之存体性[4]，不可以易人，然而功可得者，法之谓也。

"任力不任德"这是法家的一项基本原则。这与前文提到的法家主张"德明教行"并不矛盾，因为此处所说的"德"是与法治相对立的传统取义。

【注释】

[1]修：行也。　[2]"夫离朱见秋豪百步之外"二句：离娄在百步之外就可看见野兽秋天的毫毛，但却不能把自己的明亮的眼睛换给别人。离朱，即离娄，传说中古代视力最强的人。秋豪，秋天里野兽新换的毫毛，比喻极为细微。豪，通"毫"。易，换；又通"赐"，给予。　[3]"乌获举千钧之重"二句：乌获能举起千钧重量，却不能把自己的力气给予他人。　[4]"夫圣人之存体性"以下四句：圣人保有自己的本性，也不可给予他人，但却可以获得功效，这是因为有法度的原因啊！

【点评】

本篇系一次上书。文章的问题意识比较强烈。篇名"错法"，即"实施法治"的意思，讨论的是设置法治以后不断发现有新的问题出现。文章设计了三个回合，一次高过一次，把问题引向深入。

第一段，正面立论：国君有法及行赏罚的重要。

此段阐明法治的积极功效：君主实施法治，民众就不会邪恶；国家举行大事，才干自然就会熟练；实施赏赐，军队就会强大。实施法治而民众不会邪恶，是因为法治明确，人民才可以获利。举大事而才干得以熟练，是因为功劳分明，这样人民就会尽力，才干自然得到锻炼。实施赏赐而军队强大，是因为获取爵禄就是人民参加军队所要得到的实惠呀。法家把法治与人民的切身利益联系起来，固然有吹嘘和夸大的成分，但相对于传统贵族政治而言，法治的公平性的确有所提高，对普通人民来说，立功受奖，获得利益的机会也的确比从前有所增加，这是不争的事实。只是春秋战国时代从身份社会向契约社会转型的过程中，起到直接的推动作用的，不是普通人民自己，而是集权君主制的国家！为此，本篇提出，国家的赏赐要公开，不能暗中操作，这样，人民才能争着立功，国家才会强大无比。这种以幅员辽阔的君主制国家为本位，动员普通居民投入国家战略的主张，在西方，曾经被认为是现代性的一个重要标志。殊不知，早在两千年前的秦国，就已经是现实了。

第二段，提出问题，出现与第一段的观点展开讨论的第一个回合：各国都实行法治，可是结果却有强弱的不同、贫富的差异，这是为什么？那就要看是否有道。有道与否，就看是否赏刑，能否把握好利恶害的人性。法家也讲求政治要有道。有道，土地虽小，民众也会聚拢，钱财也会增值。不但要有道，还要有德有教。德明教行，百姓就可为国所用。这些话，听起来就像是德政和民本主义似的，与儒家几乎无别。其实，法家本来就是从儒家中分出来的，他们的基本结构是一致的。不过，从内容来看，法家与儒家应该是各居一头，形成拉力。儒家的德是仁义，教是礼乐；法家的德却是赏刑，教是对赏刑的宣扬。儒法两家政策主张不同，但都把自己的政策建立在对人性的基本估计上面。儒家宣扬人性本善，或者靠人自己的努力，人性终归会善；法家其实也相信人性最终可以为善，但却认为，人性好利恶害，喜爵禄恶刑罚，统治者可通过赏刑加以利用，把民众吸引到国家的目标上来。也就是说，靠国家力量，强迫民众最终为善。掌握了这样的人性，国家就掌握了富国强兵的根本。

　　第三段在前面论述的基础上，再递进一步，把问题的讨论更加引向具体和深入。实行赏罚了，但结果还是有贫富、强弱之别，这究竟是为什么呢？这就要看君主本人的法治意识和政治品德修养了。有了制度，可还是把个人喜好放在制度的前面，到了赏赐的时候，把自己宠爱的人放在前面，把有功劳的人放在后面，这样，制度就形同虚设，谁还会为国家拼死冒险呢？有法制而无度数，虽然有法，但还不免于乱。这就回归到了君主品德问题。提出了君主不要以个人恩惠来实施治理，那样做的结果就是，虽有爵禄而国家贫弱、虽有法制而政治混乱。

　　文章结尾，作者认为，英明的君主治理国家，只看百姓能不能贡献力量，不看他们是不是爱你。这样，既可节省精力，又可获得功效。法家认为，性情、品德，是属内的东西，是不可交换的，不要指望别人可以跟你交心，要想获得功效，只要有法度就够了。

战法第十

凡战法必本于政胜[1]，则其民不争，不争则无以私意，以上为意。故王者之政[2]，使民怯于邑斗，而勇于寇战。民习以力攻难[3]，难故轻死。

怯于邑斗，勇于寇战，这是商鞅变法所要追求的治理效果和臣民品德。

【注释】

[1]"凡战法必本于政胜"以下四句：大凡战争的策略，必须建立在国家政治制服民的基础之上。国政制服了民，民就不会与君相争。民不相争，也就不会逞个人意志，而以君上的意志为意志。则其民不争，前当重"政胜"二字。 [2]"故王者之政"以下三句：所以，王者的政治，要让人民不敢在乡邑中与人斗殴，却勇于与敌寇作战。 [3]"民习以力攻难"二句：人民习惯于用力攻打难打之敌，所以不怕死。第二个"难"字应为衍文。

见敌如溃[1]，溃而不止，则免。故兵法[2]："大战胜，逐北无过十里。小战胜，逐北无过五里。"

看到敌人溃败，要有节制地追击，不主张穷追不舍，务必歼灭。这与流俗所谓秦军专以猎取敌人首级（馘）为务不完全一致。

【注释】

[1]"见敌如溃"以下三句：发现敌兵失败，像堤坝决口，不可阻止，就不要追击了。溃，堤坝坍塌决口。免，停止。　[2]"故兵法"以下五句：所以兵法说：大战胜利了，追逐败敌不要超过十里；小战胜利了，追逐败敌不要超过五里。逐，追击。北，失败，此处指失败的敌军。

兵起而程敌[1]，政不若者勿与战；食不若者勿与久；敌众勿为客；敌尽不如，击之勿疑。故曰：兵大律在谨[2]，论敌察众，则胜负可先知也。

权衡敌我双方的形势，表现了具体地分析具体的情况的辩证精神。公开声称：用兵的最大规律在于谨慎。商鞅被视为兵家，良有以也。

【注释】

[1]"兵起而程敌"以下六句：军队动员起来了，但这时要考量一下敌我的情况：内政不如敌人的不要与敌人战斗；粮食不如敌人多的，不要与敌相持过久；敌人数量多，就不要进攻；敌人各方面都不行，那就发起攻击，不要迟疑。程，衡量，估量，评判。　[2]"兵大律在谨"以下三句：军事的最大规律在于谨慎，分析敌情，考察敌我数量多少，那么胜负就可以预先知道。大律，重要的法则、规律。论，分析。察，考察。

王者之兵，胜而不骄，败而不怨。胜而不骄者，术明也 [1]；败而不怨者，知所失也。

这是一种理性的精神。真正的军事思想一定是理性的思想。

【注释】

[1] 术：技术，战术。

若兵敌强弱 [1]，将贤则胜，将不如则败。若其政出庙算者 [2]，将贤亦胜，将不如亦胜。持胜术者 [3]，必强至王。若民服而听上 [4]，则国富而兵胜，行是必久王。

作者认识到朝堂谋划、胜民之术和民众的服从比将领的才能更重要。这是理性精神的觉醒。

【注释】

[1]"若兵敌强弱"以下三句：如果士兵的强弱相匹敌，那么将领更有才能的就会胜利，将领不如敌方将领的则必败。兵敌强弱，或可作"兵强弱敌"。敌，匹敌，相当。贤，（才能）超过。　[2]"若其政出庙算者"以下三句：如果军事决策出于朝堂谋划的，将领才能胜过敌人的能胜利，将领不如敌人的也能胜利。庙算，朝堂上谋划。　[3]"持胜术者"二句：拥有胜民之术的，一定强大以至于成就王业。持胜术者，他本前或有"政久"二字，可从。　[4]"若民服而听上"以下三句：如果人民服从并听信君上，那么，国家就会富裕，军队就会胜利。长期这样做必会成就王业。行是必久王，当作"行是久必王"。

其过失 [1]，无敌深入，偕险绝塞，民倦且饥渴，而复遇疾，此其道也。故将使民者乘良马者[2]，不可不齐也。

【注释】

[1]"其过失"以下六句：军事上的失误是：轻敌深入，沿着险峻的地势而穿越关塞，士兵疲倦而且饥渴，再加上疾病，这就是走上失败的道路了。无敌，轻视敌人。无，通"侮"，轻慢。偕，通"阶"，沿着。绝，穿越。塞，关塞。 [2]"故将使民者乘良马者"二句：所以将领使用士兵，就像骑乘良马，不可不调整它的步伐。前一"者"字当为"若"字。齐，调整步伐。

【点评】

本篇以"战法"命名，与内容比较吻合，讲的是与行军作战有关的一些问题。篇幅虽短，内容也较有限，但从现有文字，还是可以看出一些有价值的思想。

首先，作者指出，战争要以政治上的优势为基础，这是中国古代军事思想的基本观点。这里把道理做了很好的说明。在《商君书》中，所谓政治优势主要指的是制服民，要使民不与国家相争，这样，民就不会有个人意志，一切以君主的意志为准。正因为如此，所以，他们才不敢为了个人利益而参加乡里的斗殴，却可以勇敢地参加军队的战斗。由此可见，所谓政胜，其实就是国家胜，国家的意志成了人民的意志。

古代兵法有所谓"穷寇勿追""穷寇勿迫"之说，大概意思相当。上古时代，战争有时只为实现某种政治目标而发动，不以歼灭敌人有生力量为务。或者说，只以取胜为目标，不以杀伤为目的。不管如何，穷寇勿追，至少可以避免更多伤亡。况且，这里所说的"溃"，像堤坝坍塌决口，是阻挡不住的，与其追逃逐北，不若保存实力。

兵学一般是讲究谨慎的，一旦决定打仗，那就必须对敌我双方有准确的估量：政治状况、粮草准备、人员数量，以此决定是否开战，要打多久，是否进攻。结论：军事规律最大的一条是谨慎，要在战前做好敌我情势分析，这样，事先就可知道胜负。由此可见，这里所说的是打有准备之仗，不打无准备之仗，而且尽量不打遭遇战。这是政治家打仗。战争指挥者是明智的，时刻处于清醒的状态，这样的人指挥战争，战争是可控的，理性的。这样的战争才真正是政治的继续。

作者还提出"胜而不骄，败而不怨"，并把秉持这种原则的军队叫做"王者之兵"。理性、节制、优雅，这种高品位的军事思想，在今天也有重要的启发意义。

作者还分析了制胜的各种因素，认为人民服从并信任君上就会国富兵胜，成就王业。这是战略上的大局问题。战术上，做好朝堂谋划，将领个人的因素就不会起那么大作用。但如果是士兵力量相当，那么，将领才干优胜，就是决定性的因素了。

此外，还讲到具体的战术问题：不要轻敌冒进，避免凭险强攻，这与前面讲的相一致，即尽量不打遭遇战。尤其是要爱惜士兵，保持他们的健康和体力，这些才是避免失败的办法。

根据本篇内容，大概可以理解为什么商鞅会被认为是与孙武、孙膑和吴起齐名的军事家了。

立本第十一

凡用兵[1]，胜有三等：若兵未起则错法，错法而俗成，而用具。此三者必行于境内，而后兵可出也。

法度、习俗、用具，这三条是出动军队前准备工作的三个步骤。

【注释】

[1]"凡用兵"以下五句：大凡用兵，要取得胜利须有三个步骤：其一，如果军队还没有行动，那就先建立法度；其二，建立法度以便形成习俗；其三，形成习俗，战守的各种器物才会具备。错，设置，建立，也可作实施。而用具，前当有"俗成"二字。

行三者有二势[1]：一曰辅法而法行，二曰举必得而法立。故恃其众者谓之葺[2]，恃其备饰者谓之巧，恃誉目者谓之诈。此三者[3]，恃一，因其兵可禽也。故曰[4]：强者必刚斗其意，斗则力尽，力尽则备，是故无敌于海内。

凡依仗人多势众、依仗装备整齐、依仗谋臣策划的都不能取胜。只有使人民刚强而有斗志才是胜利之本。

【注释】

[1]"行三者有二势"以下三句：实行此三者须有两个条件：一个是国君辅助法度，这样法度才能贯彻；一个是国君举措得当，然后法度才能确立。势，凭借，条件。法行，严校本无"行"字，各本皆有，据补。　[2]"故恃其众者谓之葺（qì）"以下三句：所以，依仗人数众多的，那叫做盖茅屋；依仗工具整齐的，那叫做工巧；依仗有谋臣的，那叫做诈伪。葺，以茅草盖屋。备，设备，装备。饰，整齐，装饰。誉目，即"暮臣"，字形相近而误。暮，同"谟"，谋也。目，即臣。　[3]"此三者"以下三句：这三者，依赖其中的一条，士兵就会被擒获。因，因而。禽，通"擒"。　[4]"故曰"以下五句：所以说：强国必使人民刚强而有斗志，刚强而有斗志就会尽力作战，有了尽力作战的精神再装备起来，就会无敌于天下。则，而。备，装备，此处用作动词，意即装备起来。

治行则货积[1]，货积则赏能重矣。赏壹则爵尊[2]，爵尊则赏能利矣。故曰[3]：兵生于治而异，俗生于法而万转，过势本于心而饰于备势。三者有论[4]，故强可立也。是以强者必治，治者必强；富者必治，治者必富；强者必富，富者必强。故曰：治强之道三[5]，论其本也。

治、法和人心是安定强大的根本！

【注释】

[1]"治行则货积"二句：治理畅行，才能积累财富；积累了财富，才可实行重赏。　[2]"赏壹则爵尊"二句：赏赐来自于一个渠道（即利出一孔），爵位才显得可贵；爵位尊贵，人们才相信赏赐可以带来利益。　[3]"故曰"以下四句：所以说，军队生于治而有强弱差异，习俗成于法而有万般变化，胜敌之势以心中的斗志为本再辅以装备和谋略。万转，万般变化。过势，胜敌之势。过，胜也。备，装备。势，谋略。　[4]"三者有论"二句：三者（法度、习俗、用具）的道理弄清楚，那么强大的军事力量就可建立起来了。论，说明。　[5]"治强之道三"二句：强和治的道理有三个方面，要弄清楚它们的本原。三，严校本无，据他本校补。

【点评】

本篇标题"立本"，与内容吻合，指军事行动乃至安定强大的根本。作者认为，用兵之前须有三个阶段或步骤的工作要做，一是建立法度；二是养成习俗；三是备齐用具。有了这三者，军队才可行动。

做到这三点，还需两个条件：一是君主辅助法度而使法度得以贯彻，二是举措必有所得，这样法度才能确立。法是根本。依仗人多势众的，就像茅草，只能盖茅屋；依仗设备优良，只能叫做机巧；依仗有谋臣运筹帷幄的，只能叫做诈伪。这三者，用一个，军队就会吃败仗。真正的强大，一定是使人民刚强而有斗志的，有了斗志，再加上优良装备，才会无敌于天下。

斗志从哪里来？法治是根本，有了法治才会有财富，有了财富才会实行重赏。赏赐只需出自一条通道，爵位才显得可贵。爵位尊贵，赏赐才能被认为可以带来利益，才能发挥激励作用。军队因为法治的不同而有差异，习俗因为法治的不同而有变化，刚强而有斗志，再加上优良装备，才可具备胜敌的优势。这样的三条才是安国强军的根本。本篇名曰"立本"，说的恰恰是这三条。

本篇主题鲜明，论述环环相扣，是一篇短小精干的好文章。

兵守第十二

四战之国贵守战 [1]，负海之国贵攻战 [2]。四战之国，好举兴兵以距四邻者 [3]，国危。四邻之国一兴事 [4]，而已四兴军，故曰国危。四战之国 [5]，不能以万室之邑舍钜万之军者，其国危。故曰：四战之国务在守战。

提出论点，必交代充足理由，是法家论著之所长。

【注释】

[1]四战之国：四面受敌的邦国，魏国、韩国较为典型。 [2]负海之国：背靠大海的邦国，如齐国。 [3]举：衍文。距：至也，到达、进入，意即进攻。 [4]"四邻之国一兴事"以下三句：四邻每国兴兵一次，本国就需兴兵四次，所以国家就危险了。兴事，兴兵。事，"国之大事，在祀与戎"（《左传》），此处指军事行动（戎）。 [5]"四战之国"以下三句：四面受敌的邦国不

能拥有万户的城邑以驻扎上万人的军队，国家就危险了。舍，居住，驻扎。钜万，上万。

守有城之邑[1]，不如以死人之力与客生力战。其城拔者[2]，死人之力也，客不尽夷城[3]，客无从入，此谓以死人之力与客生力战。城尽夷[4]，客若有从入，则客必罢，中人必佚矣。以佚力与罢力战[5]，此谓以生人力与客死力战。皆曰[6]："围城之患，患无不尽死而邑。"此三者[7]，非患不足，将之过也。

【注释】

[1]"守有城之邑"二句：防守有城墙的都邑，没有比靠战士拼死力与敌人的生力军作战更有效的了。有城之邑，有城墙的都邑。死人之力，应为"人之死力"，与"客生力"相对为文（下文有"生人力"即"人生力"）。死力，拼死的力量。客，来犯之敌。生力，未经战斗消耗的力量。　[2]"其城拔者"二句：城墙不守，但是战士仍在拼死力抵抗。其，即指邑，邑的城，自然是指城墙。城，应指城墙。前文"有城之邑"的"城"就是指的城墙；下文还有"中人"，指住在城内的守军，则此处的"城"自然应指城墙。　[3]"客不尽夷城"以下三句：敌人不能全部杀掉守卫城墙的战士，就不能进入城邑，这就叫做用战士的死力与敌人的生力作战。夷，杀。　[4]"城尽夷"以下四句：守卫城墙的战士全部战死，敌人纵然可以进城，那他们也一定疲惫不堪，而城内的守

"生力"如何转变成"死力"？"死力"如何转变成"生力"？"主"（防守一方）为什么能变成"客"（进攻一方）？"客"为什么能变成"主"？善于捕捉和利用矛盾转化之机，是军事斗争的活的灵魂！

军则是以逸待劳。若，虽，纵然。罢，疲惫。佚，有力量。　　[5]"以佚力与罢力战"二句：用安逸之力与疲惫之力作战，这就叫用战士的生力与敌人的死力作战。佚力，因安逸而积蓄的力量。罢力，疲惫所剩余的力量。生人力，即人（城内战士）的生力。　　[6]"皆曰"以下三句：大家都说："围城之战所担心的，就怕遇见没有不拼死力以守护其城的。"患，以……为患，担心。尽死，一说当为"尽死力"，可从。而，其。　　[7]"此三者"以下三句：三者当为"二者"，一是指以"人之死力"与"客之生力"战；二是指以"人之生力"与"客之死力"战。这两者的转换，他们没有考虑到，这是攻城将领的过错呀。非，彼，指攻城一方。

　　　　守城之道[1]，盛力也。故曰客[2]，治簿檄，三军之多，分以客之候车之数。三军：壮男为一军，壮女为一军，男女之老弱者为一军，此之谓三军也。壮男之军[3]，使盛食、厉兵，陈而待敌。壮女之军[4]，使盛食、负垒，陈而待令；客至而作土以为险阻及耕格阱[5]；发梁撤屋[6]，给从从之，不洽而燠之，使客无得以助攻备。老弱之军[7]，使牧牛马羊彘，草水之可食者，收而食之，以获其壮男女之食。而慎使三军无相过[8]。壮男过壮女之军[9]，则男贵女，而奸民有从谋，而国亡；喜与，其恐有蓄闻，勇民不战。壮男壮女过老弱之军[10]，则老使壮悲，弱使强怜；悲怜在心，

大战前夕，守城的壮男之军盛食厉兵、陈而待敌，壮女之军撤梁拆屋、挖土设障、抢运焚烧，紧张至极！老弱之军放牧家畜、采集果实，为的是把更多食物留给战斗在前沿的壮男壮女。读这样的文字，可以感受到战争的恐怖和守城者同仇敌忾的悲壮！

则使勇民更虑，而怯民不战。故曰：慎使三军无相过。此盛力之道。

【注释】

[1]"守城之道"二句：守城的做法在于壮大自己的力量。盛，大，使……壮大。　[2]"故曰客"以下四句：所以有敌人来，立即办理军籍文书，三军人数众多，按敌军侦查车辆的数量来划分军队。曰，学者认为是"有"字之误。客，敌人。治，办理。簿，政府的登记册。檄，政府的文书。候车，侦查的车辆。　[3]"壮男之军"以下三句：壮男之军，装好干粮，磨好武器，列队迎敌。盛，装满。食，当指干粮。厉兵，磨砺兵器。陈，列队，列阵。　[4]"壮女之军"以下三句：壮女之军，装好干粮，背好土筐，列队待命。负，背在背上。垒，通"蔂"，土筐，盛土工具，可备垒土筑城之用。　[5]客至而作土以为险阻及耕格阱：敌人来时堆土形成障碍，改变田埂方向阻拦敌人战车，设置防守栅栏，挖好陷阱。耕，或指把田地犁成横向的田埂，给敌人战车行进制造困难。格，或指防守用的栅栏。阱，陷阱。　[6]"发梁撤屋"以下四句：摘下房梁，拆走房屋，能运走的运走，不能运走的烧毁，不让敌人得到用作攻城器物。发，取下。撤，拆走。给，及，及时之意。从（從），徙，运走，形近而误。洽，给，及也。燌，焚烧。备，设备，器物。　[7]"老弱之军"以下五句：老弱之军，命他们放牧牛、马、羊、猪，水草之间可以食用的，统统采集起来充作食物，以便节省更多粮食给壮男壮女之军。　[8]慎使三军无相过：严格规定三军不许相互往来。慎，严。相过，互相往来。　[9]"壮男过壮女之军"以下七句：壮男到了壮女之军，一般情况男的珍惜女子，若有奸民从中施展阴谋，就会危及国家；

大敌当前，严格规定三军不得相见，为的是稳定军心，保持战斗力！设想一下，壮男见到壮女，怎能不心生珍爱之情？壮男壮女见到老弱，怎能不引起怜惜之意？可是为了保卫城池不破，需要一心一意履行各自的职责。无奈！

本段的描写洞察人性。

男女喜欢处在一起，害怕早日发生战斗，再勇猛的人也不愿意参战了。贵，珍惜。从，通"纵"，乱。与，相处。蚤，同"早"。闻，疑当作"閗"，即"战斗"的"斗"，形近而误。　[10]"壮男壮女过老弱之军"以下六句：壮男壮女来到老弱之军，老者会引起强壮者的悲伤，弱者会引起强壮者的怜悯；悲怜在心，就会让勇敢者削弱斗志，胆怯者不肯作战啦。更虑，改变考虑，意即削弱斗志。

【点评】

篇名"兵守"，专论军事防守，全文内容吻合。

首先分析四面受敌之国的攻守战略。与负海之国相比较，提出"四面临敌之国须重视防守战略"的观点。然后交代理由：周围四国，每国发动一次军事行动，本国就需要发动四次战争，这还不是危险吗？每个万户居民的城邑如果不能驻扎上万人的军队，那么，就无法应对外敌入侵。这不也是危险的吗？像这样的消耗国力，不能四面出击，是显而易见的。所以，防守战略才是唯一的、不得已的选择。本篇但凡提出一个观点，必交代确实可靠的理由，论证的意识十分的强烈。

接下来阐述了守城战斗的指导思想：守城的关键在人不在墙。首先，守卫城墙的战士要用拼死之力，与攻城之敌的生力军作战。只要守卫城墙的战士没有全部失去战斗力，敌人就不敢进城。待守卫城墙战士全部丧失战斗力，敌人可以进城了，却已经疲惫不堪。这时，城内的另一部分守城战士相对来说却是以逸待劳。也就是说，这时的守城者变成了生力军，攻城者反倒变成了"死力军"。这段文字，一波三折，惊心动魄。它改变了非专业人士的常识。在我的印象中，城市攻防战往往是攻者强守者弱、攻者主动守者被动、攻者必胜守者必败，这似乎成了某种思维定式。也许多数情况下确乎如此，但不排除还有少数其他情况。历史上据城防守成功的案例也是所在多有，像南宋的钓鱼城防卫战，就是十分成功的战例。这里的关键是作者分析问题时考虑的因素十分值得重视。

再下来，作者提出了这样的问题：守城需要做什么？和平居民很少认真地想过这样的问题。敌人来了，立即办理军籍文书，组建三军。壮男之军列阵迎敌，壮女之军负责工程，老弱之军供应食物。壮男之军如何迎敌？因为只写到战前的临战状态，所以没有交代。壮女之军身背土篓，她们垒土堆、改田垄、设栅栏、挖陷阱；她们撤大梁、拆房屋，能运进城里的就马上运走，来不及的就放火焚烧，不给敌人留下用作攻城器具。老弱之军放牧牛马羊猪，在草丛中树林里寻找食物充饥，把节省下来的食物留给前线的壮男壮女。更揪心的是，三军之间不能往来，怕的是动摇军心，丧失战斗力。作者告诉我们，壮男不能到壮女那里去，否则，会被奸邪之人乘隙策动叛变；再说，壮男珍爱女子，相处久了，就无心战斗了。壮男壮女都不许到老弱军中去，因为老弱会引起他们的悲伤和怜悯，这样会减损他们的战斗意志。

本篇前面两段都有战略思考，有哲学意味，唯独最后这一段关于三军分工和不相往来的文字，非常特别，像是一曲悲歌，战争的悲歌！

有学者认为，这不是秦国作品，大概是因为在其他作品中，我们读到的秦国军队，都是闻战而喜，急于立功的虎狼形象，很少有这种缠绵悲情的色调。我不好说它是不是秦国作品，也许是商鞅入秦之前在魏国时的作品，也未可知。但我可以说，这是一篇洞察人性的好作品。

靳令第十三

靳令^[1]，则治不留；法平，则吏无奸。法
已定矣，不以善言害法。任功则民少言^[2]，任
善则民多言。行治曲断^[3]，以五里断者王^[4]，
以十里断者强，宿治者削。以刑治^[5]，以赏战，
求过不求善。故法立而不革则显^[6]，民变诛，
计变诛止。责商殊使^[7]，百都之尊爵厚禄以自
伐。国无奸民，则都无奸示。物多末众^[8]，农
弛奸胜，则国必削。民有余粮^[9]，使民以粟出
官爵，官爵必以其力，则农不怠。四寸之管无
当^[10]，必不满也。授官、予爵、出禄不以功，
是无当也。

用法整顿吏治，这是《商君书》的基本主张。它与申不害、韩非所阐述的君主使用包括权术在内的办法来整治官吏的主张有重要区别。

根据小范围的情况来决定如何执行法律，比根据大范围的情况来决定如何执行法律效果会更好。

赏：任功不任善；刑：求过不求善。这体现了以公共权力为核心的陌生人社会的时代精神。

竹节虽薄，没有它，竹筒就不能盛水；任用官员、授予爵位、支付俸禄不凭功劳，政治就无法正常运转，这就像竹筒没有竹节就无法盛水一样。比喻精妙！

【注释】

[1]"靳令"二句：严格执行法令，政事就不会拖延。靳，谨，严。留，稽留，拖延。　[2]"任功则民少言"二句：任用有功劳的，人民就不用多言；任用有德行的，人民就要多言。任，任用。功，功劳。善，德行。　[3]行治曲断：推行政治要在小范围内做决断。行治，推行政治。曲断，即小范围内进行决断，下文"十里断"不如"五里断"，就是主张"曲断"。曲，细，《礼记》有"曲礼"，即细小的礼节。　[4]"以五里断者王"以下三句：根据五里范围来决断的，就会成就王业；根据十里范围来决断的，只会成为强国；政令滞留在朝廷的，则必然会削弱。《去强》《说民》作"十里断者弱（或"国弱"）"，不误，因为所对应的是"五里断者强"（"九里断者国强"）。本篇"以十里断者强"，所对应的是"以五里断者王"，"强"对"王"，已然是弱，不必改为"弱"。宿治，政令滞留朝廷。　[5]"以刑治"以下三句：刑用于治民，赏用于征战，寻求人民的罪过，不寻求人民的善行。　[6]"故法立而不革则显"以下三句：法律设立且不随便更改就会显明可知，民众因此可以弄清楚处罚的条文，通过内心考量，弄懂了法律条文，就不会犯法而受到处罚了。变，通"辨"，辨别，分析。计，盘算，计算，考量。诛，处罚。　[7]"贵商殊使"二句：（治理国家）贵在统一人民的言行，（役使人民则要）考虑各自的差异，各地的尊贵爵位和丰厚俸禄都要按不同的功劳来授予。贵商，他本或作"贵齐（齐）"，盖形近而误，据改。贵齐，贵在整齐。殊使，要根据不同的材质来役使。以自伐，凭各自的功劳。伐，夸耀，指功劳。示，据他本应为"市"。　[8]物：华美之物，商品。末：商人。　[9]"民有余粮"以下四句：人民有余粮，让他们拿出粮食捐官爵，（这样）得官爵必须凭劳力，那么农民就不会懒惰了。出，拿出……捐。　[10]当：底，此处指竹节。

国贫而务战[1]，毒生于敌，无六虱，必强。国富而不战[2]，偷生于内，有六虱，必弱。国以功授官予爵，此谓以盛知谋，以盛勇战[3]。以盛知谋，以盛勇战，其国必无敌。国以功授官予爵，则治省言寡，此谓以法去法、以言去言。国以六虱授官予爵，则治烦言生，此谓以治致治、以言致言[4]。则君务于说言[5]，官乱于治邪，邪臣有得志，有功者日退，此谓失。守十者乱[6]，守壹者治[7]。法已定矣，而好用六虱者亡。民泽毕农则国富[8]。六虱不用[9]，则兵民毕竞劝，而乐为主用，其竟内之民争以为荣，莫以为辱。其次[10]，为赏劝罚沮。其下，民恶之，忧之，羞之。修容而以言耻食[11]，以上交以避农战，外交以备，国之危也。有饥寒死亡[12]，不为利禄之故战，此亡国之俗也。

国家贫穷但发动战争，会引起敌国内部产生不利因素，从而使本国强大起来；国家富裕却不能战斗，国内苟且度日，产生六虱，必然会导致国家衰弱。这是战国时代的思想，至今仍值得反思。

凭战斗立功授予官爵，这是商鞅的赏刑政策中赏的基本精神，表现了浓厚的军政特色，与讲求管理能力的民政官僚制度不太协调，受到韩非的批评，以为把战斗勇力等同于管理才能，减损了行政效率。

【注释】

[1]"国贫而务战"以下四句：国家贫困，可只要发动战争，妨害国家发展的毒素就会在敌国产生，而国内没有六虱，所以国家必然强大。　[2]"国富而不战"以下四句：国家富裕，却不参与战争，这样，苟且之行就滋生于国内，国家必然衰弱。偷，苟

且。　[3]盛：大、多，用作动词，有使……大、使……多的意思；一说通"成"。　[4]致：获得。"以治致治、以言致言"与前文"以法去法，以言去言"正相反对。　[5]"则君务于说言"以下五句：那么，君为言说所迷惑，官吏因政治上的邪道而混乱，奸臣得志，功臣日渐疏远，这就叫做失误。务，通"瞀"，目眩，眼花。　[6]十：多。　[7]壹：专一的政策。　[8]民泽毕农则国富：人民都选择务农，那么国家就富裕。泽，通"择"，选择；毕，都，全部。　[9]"六虱不用"以下五句：六虱不得重用，那么士兵和农民都争着努力，愿意为君主所用，境内人民争相引以为荣，没有感到耻辱的。毕竞劝，全部争着努力。　[10]"其次"二句：其次，通过赏赐而努力，因为刑罚而止步。沮，停止。　[11]"修容而以言耻食"以下四句：修饰仪容，靠言谈来吃饭，与上层勾结以逃避农战，与外国交通以损害本国，这样国家就危险了。修容，修饰仪容。耻，取，形近而误。备，惫，病。下应缺"国"字。　[12]"有饥寒死亡"以下三句：有人（宁可）因饥寒而死去或逃亡，也不为了利禄去战斗，这是亡国之俗啊！

本篇所说的六虱是指：礼乐、诗书、修善孝悌、诚信贞廉、仁义、非兵羞战，基本可划入儒墨两家。这与《去强》《弱民》篇所说的"六虱"是不同的。

君胜臣、官胜民、政胜六虱，这是商鞅的一贯主张。

六虱[1]：曰礼、乐；曰《诗》《书》；曰修善，曰孝弟；曰诚信，曰贞廉；曰仁、义；曰非兵，曰羞战。国有十二者，上无使农战，必贫至削。十二者成群，此谓君之治不胜其臣，官之治不胜其民，此谓六虱胜其政也。十二者成朴[2]，必削。是故兴国不用十二者，故其国多力，而天下莫能犯也。兵出必取，取必能有之；按兵而不攻必富。

朝廷之吏[3]，少者不毁也，多者不损也。效功而取官爵[4]，虽有辩言，不能以相先也，此谓以数治。以力攻者，出一取十；以言攻者，出十亡百。国好力[5]，此谓以难攻；国好言，此谓以易攻。

《商君书》的数治不是术治，是法治。数，在古代中国有某种必然趋势的意义，例如定数，是不变的；而术却有多变的属性，有时甚至是神出鬼没的。

【注释】

[1]"六虱"以下十句：所谓六虱，包括礼、乐、《诗》《书》、修善、孝弟、诚信、贞廉、仁、义、非兵、羞战，共十二项。按属性相近原则，可分为：礼、乐，《诗》《书》，修善、孝弟，诚信、贞廉，仁、义，非兵、羞战。修，贤。孝，奉亲。弟，敬长。贞，正。廉，直。非兵，反对战争。羞战，以个人参战为羞耻。　[2]朴：根。　[3]"朝廷之吏"以下三句：朝廷的官吏，数量少的不增加，数量多的不减少。毁，学者疑为"戬"字，形近而误。戬，通"埤"，有"增多"之义。　[4]"效功而取官爵"以下四句：拿出成绩取得官爵，虽然有巧辩的言辞，但不能靠它来让自己排在前列，这就叫做"作为定数的法治"。效，贡献。数，定数，定律。　[5]"国好力"以下四句：国家喜欢实力，这叫做以难得的东西向他国进攻；国家喜好言谈，这叫做以易得的东西向他国进攻。

这里的"数"治，与"术"治有所不同，它的最大特点是"因功授官"，而"术"的特点是"因能授官"。

重刑少赏[1]，上爱民，民死赏。重赏轻刑，上不爱民，民不死赏。利出一空者[2]，其国无敌；利出二空者，国半利；利出十空者，其国不守。重刑[3]，明大制；不明者，六虱也。六虱成群，则民不用。是故兴国罚行则民亲，赏行则民利。

利出一孔，这是商鞅派法家奉行的政治原则，在地区大国治理和统一天下的政治斗争中发挥了重要作用，是不可否认的。

行罚[4]，重其轻者，轻其重者，轻者不至，重者不来，此谓以刑去刑，刑去事成；罪重刑轻，刑至事生，此谓以刑致刑，其国必削。

轻罪重刑，就会以刑去刑，刑去事成。

【注释】

[1]"重刑少赏"以下六句：加重刑罚减少赏赐的次数，这就是国君的爱民，人民因而为赏赐而死；赏赐频繁刑罚轻微，这就是国君不爱民，人民为赏赐而死的就少。 [2]空：孔。 [3]"重刑"以下六句：刑罚要重，以此彰明重大的法制，重大的法制不彰明，那是六虱造成的。六虱多到成群，那么民众就不会为国家所用。 [4]"行罚"以下五句：实施刑罚，要重惩犯轻罪的人，这样，轻罪都不犯，重罪就更不会犯了。轻其重者，《韩非子·饬令》无，或认为是衍文；或认为可移到下句"罪重刑轻"前面。应作："行罚，重其轻者，轻者不至，重者不来，此谓以刑去刑，刑去事成；轻其重者，罪重刑轻，刑至事生，此谓以刑致刑，其国必削。"

法家也讲得人心。但他们讲的人心，是人的利己之心，是趋利避害之心。法家也讲仁义。但他们讲的仁义，不是血缘亲族间的相互关爱，而是国家天下利益的实现。法家的理想是让天下成为普惠天下人的仁义的世界！

圣君知物之要[1]，故其治民有至要，故执赏罚以壹辅仁者，心之续也。圣君之治人也，必得其心，故能用力。力生强，强生威，威生德，德生于力。圣君独有之，故能述仁义于天下[2]。

【注释】

[1]"圣君知物之要"以下四句：圣明的君主知道事物的最

关键的东西在哪里，所以，他们统治人民有最关键的东西，那最关键的东西就是赏罚，赏罚是辅助仁的"壹"，也是心的继续。　[2]述：遂，成。

【点评】

篇名"靳令"，靳有谨严之义。本篇内容围绕行治曲断、重刑少赏展开，又集中批判六虱，显然是商鞅派法家言论。

严格依法行事，政令就不会稽留在中央；法令公平，就可以杜绝官吏中的奸蠹。赏刑是法的基本构成，"任功不任善"是赏的基本精神，"求过不求善"是刑的基本精神。不论赏刑，都不以所谓的善为目标，这是商鞅法治的根本原则。难得的是，商鞅派法家还认识到，行政效率的高低，要看基层群众对法律有怎样的态度，层级越低的群众能够根据自己熟悉的小范围情况来决断如何遵守法令，那是最好的；层级稍高一点，熟悉情况的范围稍大一点，就要差一些；政令稽留在中央的，国家就会削弱。任何国家，法令如果得不到基层人民群众的理解和遵守，就会是一纸空文，无效率可言。这个说法，表达了一种特殊的社会动员意识，是非常宝贵的思想。

国家贫穷但发动战争，会引起敌国内部产生不利因素，从而使本国强大起来；国家富裕如果不能战斗，国内苟且度日，产生六虱，必然会导致国家衰弱。这样的思想，大概只能产生在战国时代。那个时代，国与国随时会进入战争状态。在长期的邦国斗争中，思想家看到了一国的战略对他国会产生影响；同理，一国政治也会受到他国战略的影响。各个邦国处于互相联系、此消彼长的动态关联中。更为难能可贵的是，作者发现，一国贫穷，未必就没有优势可言。贫穷国家发动战争，会对富国产生意想不到的影响！笼统地说，穷国的国力当然不如富国，可是，在具体的问题上，情况会有变化。比如战争造成的损失，特别是在心理上的损失，富国可能要远远大于穷国。同样一场战争，不一定是国力强大就能拖得起的，有时恰恰相反，穷国更能撑下去，因为穷国往往没有更多的东西可以损失呀。这是本篇的一个重大发现，值得反思。此外，本段基本观点仍然是告诫统治者，要坚守法治这个唯一可行的政策，以功授予官爵，避免政策枝蔓，防止六虱横行，尽最大可能把更多的人民投进农战事业中去。

六虱是《商君书》中常见的语词，具体所指在这篇里面得到说明：其中前五项，礼、乐，《诗》《书》，修善、孝弟，诚信、贞廉，仁、义，显然是儒家倡导的。第六项则不同，其中的非兵，应该就是墨子的"非攻"，反对邦国间发动战争；而"羞战"，在《庄子》中似乎更多见，指各类隐者躲避战争的行径。本段在批评六虱的过程中，再一次确立了国家崇尚实力，反对言谈的政策倾向。与崇尚实力、反对言谈相一致的是，官府中官吏的岗位和员额是一定的，少的不增，多的不减，保持相对稳定。这是商鞅主张精简机构的政策主张。

商鞅主张重刑少赏，而且说这是爱民。赏赐的机会少，物以稀为贵，的确会激励民众为得到赏赐而拼尽全力，甚至生命。赏赐多了，得到也相对容易，有可能会让人感到没有那么珍贵了，为它拼尽全力甚至付出生命的情况至少在心理上要减弱得多了。但赏赐少是不是爱民？赏赐少对民有什么好处？还是没有说到位。重刑是不是爱民呢？对轻罪施以重刑，这样，轻罪都不敢犯，更别说重罪了。轻罪重罪都不敢犯了，自然就达到了以刑去刑的目的。刑罚都消灭了，不是爱民是什么？这是法家的理想，不能说不善，也不能说没有一点可能性，但是，我总感觉有哪里不圆满。思前想后，发现还是对犯罪的动机或动因说得不充分。社会在某种特殊状态下，比如到了"民不畏死，奈何以死惧之"（《老子》）的地步时，还怕什么轻刑重刑呢？可见，"轻罪重刑"的观点并没有回答这个问题。对于普通犯罪来说，轻罪重刑大概可以起到一定的震慑和威吓作用，但对于"民不畏死"的情况，就不会起什么大作用了。

商鞅主张圣君要知道治国措施中什么是最关键的，赏罚就是最关键的。但赏罚本身不是目的，赏罚是用来辅助仁的。法家也讲求得人心才能用其力，有了力，就能生强，有了强就能生威，有了威就能生德，这样就可在天下实现仁义的理想。

修权第十四

立法明分。本篇所说的法，目的是对权利边界作出划分，所以又叫做"分"。分即权利，又叫做"名分"。

国之所以治者三[1]：一曰法，二曰信，三曰权。法者，君臣之所共操也[2]；信者，君臣之所共立也；权者，君之所独制也[3]。人主失守则危[4]。君臣释法任私必乱。故立法明分，而不以私害法，则治。权制独断于君则威。民信其赏，则事功成；信其刑，则奸无端[5]。惟明主爱权重信，而不以私害法。故上多惠言而不克其赏[6]，则下不用；数加严令而不致其刑[7]，则民傲死。凡赏者，文也；刑者，武也。文武者，法之约也[8]。故明主任法。明主不蔽之谓明[9]，不欺之谓察。故赏厚而信[10]，刑重而必；不失疏远，不违亲近，故臣不蔽主，而下不欺上。

【注释】

[1]"国之所以治者三"以下四句：国家用来治理的工具有三个：一叫做法，二叫做信，三叫做权。信，指严格执行法律不走样，相当于讲信用。权，原指秤砣，政治上指掌握权衡——标准。 [2]操：拿着，秉持。与下文"人主失守则危"中的"守"同义。 [3]制：控制。 [4]"人主失守则危"二句：君臣放弃法度，凭借个人意志，政治就必然混乱。释，放弃。任，凭，凭借。 [5]无端：意即无由产生。端，开头。 [6]"故上多惠言而不克其赏"二句：君上多有口头的恩惠却不能兑现赏赐，臣下就不会为上所用。上多惠言而不克其赏，严校本无"上"字、"不"字，据《群书治要》卷三十六校改。惠言，恩惠的话，口头上的恩惠。克，能。 [7]"数加严令而不致其刑"二句：多次发布严厉的法令却不施以刑罚，那么人民就可傲慢地对待死刑。数加，严校本作"数如"，据他本校改。 [8]约：要，纲要，纲领。 [9]"明主不蔽之谓明"二句：明主不被遮蔽叫做明，不被欺瞒叫做察。蔽，遮蔽，指君主与臣下之间被个别权臣阻隔。察，仔细看，看得清晰。 [10]"故赏厚而信"以下四句：所以，赏赐要丰厚，刑罚要重而且坚决，赏赐不漏掉关系疏远的人，刑罚不回避亲近之人。故赏厚而信，严校本作"故赏厚而利"，据《群书治要》校改。刑重而必，严校本作"刑重而威必"，据他本删"威"字。必，坚决。失，遗失，遗漏。违，避，回避。

世之为治者，多释法而任私议，此国之所以乱也。先王县权衡[1]，立尺寸，而至今法之，其用权衡比喻国法，这是一个重要贡献，其中包含丰富的思想内涵和理论价值，值得深入挖掘。

作者承认尧是圣人，圣人是无需使用法的，圣人本人就是法。这个观点为法家和儒家所共享。

分明也。夫释权衡而断轻重[2]，废尺寸而意长短，虽察，商贾不用，为其不必也。故法者[3]，国之权衡也。夫倍法度而任私议[4]，皆不知类者也。不以法论知、能、贤、不肖者[5]，惟尧；而世不尽为尧。是故先王知自议誉私之不可任也[6]，故立法明分，中程者赏之，毁公者诛之。赏诛之法[7]，不失其议，故民不争。不以爵禄便近亲[8]，则劳臣不怨；不以刑罚隐疏远，则下亲上。故授官予爵不以其劳[9]，则忠臣不进；行赏赋禄不称其功，则战士不用。

【注释】

[1]"先王县权衡"以下四句：先王悬着权衡，设立尺寸，到如今还在遵守，名分是明确的。县，同"悬"。权衡，秤砣和秤杆，指称量轻重的标准。　[2]"夫释权衡而断轻重"以下五句：放弃权衡然后判断轻重，废除尺寸然后猜测长短，虽然清楚，但商贾不会使用，因为它们没有客观性。释，放弃。断，判断。意，猜测。察，清楚。必，客观性，必然性，权威性。　[3]"故法者"二句：严校本缺，据《群书治要》补。　[4]"夫倍法度而任私议"二句：背离法度而仅凭个人看法，这都是不懂事物的规律呀。倍，违背，背离。任，凭，由。私议，个人主张。知，严校本无"知"字，据《群书治要》补。类，事物的共性，即规律。　[5]"不以法论知、能、贤、不肖者"以下三句：不用法度来分辨智慧、能力、

贤能和不肖，只有尧才能做到，可是世上却不都是尧那样的圣人啊。论，分辨。　[6]"是故先王知自议誉私之不可任也"以下四句：因此先王知道个人的观点、私人的赞美是不可信任的，所以建立法度明确分界，合乎标准的赏，破坏公利的罚。自议，个人的观点，个人的标准。誉私，似应为"私誉"，私人的赞美。任，信任。中程，合乎程式，合乎标准。毁公，破坏公共利益。　[7]"赏诛之法"以下三句：赏罚的法律，不违背标准，所以人民不争。议，仪，标准，形近而误。　[8]"不以爵禄便近亲"以下四句：只要不用爵禄方便自己的亲近，有功劳的臣子就不会怨恨；只要不用刑罚困厄疏远之人，臣下就会亲近君上。此四句及下文"故"字严校本无，据《群书治要》卷三十六补足。便，便利，指赏赐。隐，困厄，阻遏。　[9]"故授官予爵不以其劳"以下四句：授予官爵不因劳苦，那么忠诚的臣子就不能进身；颁行赏禄不合其功，真正的战士就不能为用。以，因，根据。称，对等，相等，相称。

凡人臣之事君也，多以主所好事君。君好法，则臣以法事君；君好言，则臣以言事君。君好法[1]，则端直之士在前；君好言，则毁誉之臣在侧。公私之分明[2]，则小人不疾贤，而不肖者不妒功。故尧、舜之位天下也[3]，非私天下之利也，为天下位天下也；论贤举能而传焉，非疏父子亲越人也，明于治乱之道也。故三王以义亲[4]，五霸以法正诸侯，皆非私天下之利也，为天下治天下。是故擅其名而有其功[5]，天下乐其政，而

表扬尧舜为天下而治理天下，选贤与能而传天下。

莫之能伤也。今乱世之君臣^[6]，区区然皆擅一国之利而管一官之重，以便其私，此国之所以危也。故公私之交^[7]，存亡之本也。

【注释】

[1]"君好法"以下四句：君主喜好法治，那么正直之士就会在跟前；君主喜好言谈，那么专门品评人物的臣子就会在旁。端，正。毁誉，说人坏话为毁，阿谀吹捧为誉。　[2]"公私之分明"以下三句：公私如果分明，那么小人就不会嫉妒贤者，不肖的人就不会妒忌有功的人。疾，通"嫉"。妒，嫉妒。　[3]"故尧、舜之位天下也"以下六句：尧、舜统治天下，不是把天下的利益据为私有，而是为了天下而统治天下。辨识并选举贤能而传位，并未疏远父子而亲爱远人，是明白治乱之道啊。位，莅，统治。论，分辨。越，古时南方边地族群的一种称呼，中原一带的人常用来指居住遥远或与自己关系疏远的人。　[4]"故三王以义亲"以下四句：所以三王用义来爱天下，五霸用法来征诸侯，都不是把天下当做私利呀，而是为了天下而治理天下。三王，夏、商、周三朝的开国君主禹、汤、武王。以义亲，下应有"天下"二字。五霸，一般指齐桓公、晋文公、楚庄王、吴王阖闾、越王勾践。　[5]"是故擅其名而有其功"以下三句：因此得到名誉而建立功业，天下人都喜欢他们的政治，没有人能伤害他们。擅，得到，据有。　[6]"今乱世之君臣"以下四句：如今乱世的君主和臣子，都很狭隘地独占一国的利益，把持一官的权力，目的是为了自己的私欲，这就是国家之所以危险的原因啦。区区然，狭隘地，渺小地。擅，独占。　[7]"故公私之交"二句：所以公私的关系真乃是存亡的根本啊！交，联系，关系。

夫废法度而好私议[1]，则奸臣鬻权以约禄，秩官之吏隐下而渔民。谚曰："蠹众而木折[2]，隙大而墙坏。"故大臣争于私而不顾其民，则下离上。下离上者，国之"隙"也。秩官之吏隐下以渔百姓，此民之"蠹"也。故有"隙""蠹"而不亡者，天下鲜矣[3]。是故明王任法去私，而国无"隙""蠹"矣。

蠹虫多了树木断，缝隙大了墙壁毁。不顾民众利益而争夺私利的大臣，隐瞒下情鱼肉百姓的普通官吏，就是这样的隙蠹！隙蠹之喻，贴切而生动。

【注释】

[1] "夫废法度而好私议"以下三句：君主若不用法度却喜欢私人主张，那么奸臣就会卖权而求禄位，常设之官就会隐瞒下情而侵夺人民的利益。鬻，卖。约，要，求。秩官，常设之官。秩，常。隐下，隐瞒下情。渔民，鱼肉人民，从人民中渔利。　[2] "蠹众而木折"二句：蠹虫多了树木断，空隙大了墙壁塌。蠹，树木中的虫子。隙，墙缝，墙洞。　[3] 鲜：稀少。

【点评】

篇名"修权"中的权，系开篇第一句中法、信、权三者之一。

本篇通篇高扬公义，反对私议。"君臣释法任私必乱"。君主之私：以个人爱好，违背法治；奸臣之私：为个人利益而破坏国法。公而去私的典范：尧舜。他们不用法律，他们自己就是法律，他们是为天下而治理天下，所以能选贤与能而传。三王之义、五霸之法，都是为天下而治理天下。本篇表扬这些，表现了法家一贯的以天下之利为仁义的大仁大义的义利观。

此篇在谈到具体问题时涉及法术势，但总体上论点集中在公私问题上，是通过公私之辨来讨论治理国家的政治专论。

第一段基本论点：立法明分，不以私害法。说的是要让君主成为明君。比如，治理国家，要有法、信、权。法是君臣共同秉持的，信是君臣共立的，权则是君主独制的。掌握这三者，才能治理好国家。这里最重要的是信赏必罚，不能以个人私心来干扰法治的运行。比如，赏厚而信，刑重而必，赏罚不能光是口头说说而已，一定要兑现；刑罚也不能只是颁布法令而已，一定要执行，而且是坚决的。不能因为是亲近之人，刑罚就回避；不能因为是疏远之人，赏赐就遗漏。只有这样，才能解决吏治问题，保证上下畅通，避免奸臣阻隔。

第二段运用权衡做比喻，说明法是国家的权衡。文章指出，权衡之所以重要，是因为它们已经成为国家的公共标准，由圣人设立，历史悠久，在人们心目中已经产生了权威性和客观性，已经有了信誉，它与私议正相反对。个人的看法再有道理，私人的赞誉再怎么好听，在没有得到社会认可成为公共标准的时候，还是不能被人所用。法家有信誉思想，有公共意识。他们认为，法就是国家的权衡，是有信誉的，是有客观性和权威性的。无须法度来判断好坏、鉴定人品的，大概只有像尧舜那样的圣人，普通人则必须遵守法度。君主废法度而任私议，没有不导致政治混乱的。

　　第三段，作者想说明的道理是"公私之交，存亡之本"。先说基本道理：公私分明的话，小人不嫉妒贤者，不肖不嫉妒功臣。然后举例说明。正面的，尧舜是这方面的典范，他们选贤与能，传以天下，他们是为天下而治理天下，而不是为了个人私利，三王五霸都是如此。这是以天下之利为目标的大仁义！反面的，当时的乱世之君臣，很狭隘地独占一国之利，掌管一官之权，目的是为了私利。这就是为什么国家处于危急中的缘故了。

　　最后一段，作者提出明王要任法去私。为什么呢？因为国君若不用法度，专好个人议论，那就给奸臣留下了可乘之机。大臣可以卖权要禄，普通官员隐瞒下情，鱼肉百姓。对此，作者无比愤慨。为了形象地说明道理，作者引用了一句谚语："蠹众而木折，隙大而墙坏。"把不顾民众、争夺私利的大臣和隐瞒下情、鱼肉百姓的普通官员比作国家的蠹虫和缝隙，希望国君任法去私，彻底清除滋生隙蠹的土壤。这个比喻，法家常用，在中国历史上已经成为一份沉甸甸的文化遗产！

　　此篇有厚重的理论价值：用权衡（秤砣和秤杆）比喻国法，对主观性与客观性、私人性与公共性、偶然性与必然性、个人观点与社会共识（信誉）等问题做了深入思考。所用的隙蠹之喻，更说明，上至大臣，下到普通官员，只要不顾人民利益，图谋私利，坑害国家，就会成为国家的"隙蠹"，必欲去之而后快。这两个比喻也是本篇的精彩之笔。

徕民第十五

地方百里者^[1]，山陵处什一，薮泽处什一，谿谷流水处什一，都邑蹊道处什一，恶田处什二，良田处什四。以此食作夫五万^[2]，其山陵、薮泽、谿谷可以给其材，都邑蹊道足以处其民，先王制土分民之律也。

古代的统治者知道把土地资源与人口数量的关系作为制定政策的基本依据。

【注释】

[1]"地方百里者"以下七句：土地方圆百里，山陵占十分之一，湖泽占十分之一，山谷流水占十分之一，城邑道路占十分之一，差田占十分之二，良田占十分之四。地方，土地见方。方，见方，方圆。陵，土山。什一，十分之一。薮，大泽，湖泊。蹊，道路。什二，十分之二。什四，十分之四。 [2]"以此食作夫五万"以下四句：用这些养活服役者五万人，山陵、湖泊、山谷

溪水可以供给生活所需的资源，城邑道路足以保证人口的居住和活动，这是先王处置土地、划分人民的规则呀。食，养活。作夫，服役的农夫。材，生活所需的材料，例如山货、水产、林木等。律，规则，原则。

今秦之地[1]，方千里者五，而谷土不能处二，田数不满百万[2]，其薮泽、谿谷、名山、大川之材物货宝[3]，又不尽为用，此人不称土也。秦之所与邻者[4]，三晋也；所欲用兵者，韩、魏也。彼土狭而民众，其宅参居而并处；其寡萌贾息民[5]，上无通名，下无田宅，而恃奸务末作以处；人之复阴阳泽水者过半。此其土之不足以生其民也[6]，似有过秦民之不足以实其土也。意民之情[7]，其所欲者田宅也，而晋之无有也信，秦之有余也必。如此而民不西者[8]，秦士戚而民苦也。臣窃以王吏之明为过见[9]。此其所以弱不夺三晋之民者[10]，爱爵而重复也。其说曰[11]："三晋之所以弱者，其民务乐而复爵轻也。秦之所以强者，其民务苦而复爵重也。今多爵而久复，是释秦之所以强，而为三晋之所以弱也。"此王吏重爵爱复之说也[12]。而臣窃以为不然。夫所以

为了说明三晋之民何以不肯西行来秦，无意中暴露了秦国战士忧戚而农人劳苦的真实状况。

为苦民而强兵者^[13]，将以攻敌而成所欲也。兵法曰^[14]："敌弱而兵强。"此言不失吾所以攻，而敌失其所守也。今三晋不胜秦^[15]，四世矣。自魏襄以来^[16]，野战不胜，守城必拔，小大之战，三晋之所亡于秦者，不可胜数也。若此而不服^[17]，秦能取其地，而不能夺其民也。

作者力图做到知己知彼，体察民情，以此说明招徕三晋之民的可行性。作者发现，吝惜爵位，看重免役，此乃不能招徕三晋之民的原因。由此提出问题，展开论证。

【注释】

[1]"今秦之地"以下三句：如今秦国土地，方圆千里那么大的有五块，可是能种粮食的土地不足十分之二。谷（穀）土，种粮食的土地。   [2]田数不满百万：至多占到全部五块千里方圆土地的十分之二（方圆一千里得等于一百万田，五块，就是五百万田。现有耕地不足一百万田，至多占五分之一，即十分之二），剩下的大量土地是非耕地。田，指耕地计算单位，方圆一里为一田。   [3]"其薮泽、谿谷、名山、大川之材物货宝"以下三句：它的湖泊、溪水、名山、大川中的天然物产又不能全部得到利用，这就是人口太少，与土地之广大不相称，不能充分使用土地的情况。不称，不匹配，不对等。   [4]"秦之所与邻者"以下六句：秦与之相邻的是三晋，秦国想用兵的对方是三晋中的韩国和魏国。那里土地狭小，人民众多，住宅之密集，仿佛鳞次栉比。三晋，指韩、赵、魏，因为它们是春秋时期三家大夫分裂晋国后得到周天子的册封而成为诸侯的，所以称"三晋"。参，杂。并，合。   [5]"其寡萌贾息民"以下五句：在那里，客居且靠租赁住房生存的人，上没有政府的户口登记，下没有田地住宅，只能以不正当的营生或做买卖和耍手艺谋生，人在山南山北和水泽

两岸打洞穴居的超过一半。寡萌，即宾萌、宾氓，客居之民，寡、宾形近而误。贾息民，学者认为系租赁住房者。贾，买。息，止息，休息，居处。上无通名，官府中没有户籍登记。奸务，不正当的营生。末作，工商业。处，居住，生活。复，通"窟"，横掏洞穴居住。　　[6]"此其土之不足以生其民也"二句：这里土地不足以养活当地人民的程度，似乎超过秦国人民不足以充实土地的程度。　　[7]"意民之情"以下四句：料想那里人民的心情，他们想要的是田宅，但三晋却没有，这种情况是真实的，秦国土地有余，则是肯定的。信，真实的。必，肯定的，笃定的。　　[8]"如此而民不西者"二句：形势如此严峻，那里的人民居然还不向西迁徙，这是因为秦国战士忧愁而农人劳苦啊。士，战士。民，农人。　　[9]臣窃以王吏之明为过见：臣私下里认为大王您的官吏虽然聪明，可见解却有过错。过见，错误的见解。　　[10]"此其所以弱不夺三晋民者"二句：为什么无力争取三晋人民呢，原因就是舍不得爵位，而过于看重免除劳役啊！此其所以……者，之所以……的原因。爱，爱惜，吝惜，舍不得予人。重，看重。复，免除劳役。　　[11]"其说曰"以下八句：他们说："三晋之所以弱，原因是那里的人民追求快乐，而赋税徭役很容易就可免除，爵位很容易就可得到。秦国之所以强大，原因是秦国人民劳苦，而且赋税徭役很难免除，爵位很难得到。现在增加爵位，延长赋税免除时间，这是放弃秦国强大的原因，而做三晋之所以削弱的事情啊！"务乐，追求快乐。复爵，免除赋税徭役，授予爵位。轻，与下文"重"相对，意思是看轻。　　[12]此王吏重爵爱复之说也：这就是大王您的官吏吝惜爵位而看重赋税徭役免征权的说法啊。重爵爱复，据上下文应改为"爱爵重复"。　　[13]"夫所以为苦民而强兵者"二句：我们之所以让本国民众吃苦而加强军队建设，就是将要通过攻击敌人而实现我们的愿望。 [14]"兵法曰"以下四句：兵法记载："敌国弱了，我兵就强。"这是说不要失去我方进攻的条件，而敌人却失去防守的条件。 [15]"今三晋不胜秦"二句：至今，三晋不能取胜秦国已经四代人了。可见，此篇大概作于秦昭襄王时期。四世，荀子访问秦国后曾写下《强国篇》，称秦国"四世有胜，非幸也，数也"。就是从孝公算起，历经惠文王、武王、昭襄王。 [16]"自魏襄以来"以下六句：自从魏襄王以来，在野外作战不能取胜，防守城池肯定被攻破，不论大战小战，三晋因败于秦国而损失的东西数不胜数。魏襄，魏襄王，生于周慎靓王三年，这在商鞅去世后二十余年了。所亡于，损失给。 [17]"若此而不服"以下三句：像这样还不屈服，那就是因为秦国只知攻取它的土地，而不能夺取它的人民啊！

今王发明惠[1]：诸侯之士来归义者，今使复之三世，无知军事；秦四竟之内[2]，陵阪丘隰，不起十年征，者于律也，足以造作夫百万。曩者臣言曰[3]："意民之情，其所欲者田宅也，晋之无有也信，秦之有余也必。若此而民不西者，秦士戚而民苦也。"今利其田宅[4]，而复之三世，此必与其所欲，而不使行其所恶也，然则山东之民无不西者矣。且非直虚言之谓也[5]？不然。夫实旷土[6]，出天宝，而百万事本，其所益多也，岂徒不失其所以攻乎？

建议招徕之民免除三代劳役，以此作为彻底打败三晋的根本办法。

【注释】

[1] "今王发明惠"以下四句：如果大王能够发布明确的惠民政策：各国士民前来归顺秦国的，三代人免除赋税徭役，而且不与闻军事。发明惠，发布明确的恩惠，即发布惠民政策。归义，归顺本国。　[2] "秦四竟之内"以下五句：秦国境内，山陵、坡地、丘陵、低洼的湿地，十年不征税，这条写在法律上，这就足以制造百万劳动大军。者，著，书写。律，成文法典。作夫，劳作之夫。　[3] 曩者：刚才。　[4] "今利其田宅"以下五句：现在，给他们田宅之利，免除三代人的赋税徭役，这一定能满足他们的愿望，而且不会让他们去做不愿意做的事情，这样，山东之民就没有不西来的了。利其田宅，让他们得到田宅之利。复之三世，三代人免除赋税徭役。与，赞同，顺应。山东，崤山以东，或曰华山以东。　[5] "且非直虚言之谓也"二句：而且这不只是说说而已吗？不是啊。直，但，只，只不过。　[6] "夫实旷土"以下五句：充实空旷的原野，产出天赐的宝物，百万人从事农业，好处太多了，岂止是不会失去进攻的条件呢？旷土，与"天宝"相对，即空旷的原野（陕西关中一带自古就在称为"原"的大块台地上耕种）。出天宝，生产出天赐宝物，指土地出产的东西。事本，从事农业。

夫秦之所患者，兴兵而伐，则国家贫；安居而农，则敌得休息。此王所不能两成也，故三世战胜[1]，而天下不服。今以故秦事敌[2]，而使新民作本，兵虽百宿于外，竟内不失须臾之时，此富强两成之效也。臣之所谓兵者[3]，非谓悉兴尽起也，论竟内所能给军卒车骑，令故秦民事兵，新民给刍食。天下有不服之国，则王以此春围其农[4]，夏食其食，秋取其刈，冬陈其宝。以大武摇其本[5]，以广文安其嗣。王行此[6]，十年之内，诸侯将无异民，而王何为爱爵而重复乎？

令秦国原有居民从军打仗，招徕三晋之民，三代免除兵役，只从事农业生产，如此，可收"富强两成之效"。真可谓奇思妙想！

【注释】

[1]三：严校本"三"，他本有作"四"者，按作四与上文相合，古文四经常写作"三"，形近而误。　[2]"今以故秦事敌"以下五句：现在可以用秦国原有居民开展对敌军事行动，让新来的居民从事农业生产，军队虽然总在外面，境内也不会违背农时，这真是富、强两者都有成就的效果啊！故秦，秦国的故旧，即原来的秦国人。事敌，对敌军事斗争。事，此处指戎事、军事。新民，新来之民。作本，从事农业生产。宿，住宿，过夜。　[3]"臣之所谓兵者"以下五句：我所说的当兵打仗，并不是说全体人民尽行动员，而是根据境内能够供应的车骑，让原来的秦民从事军务，新来的居民供给草料粮食。悉兴，与"尽起"同义，都是指全体动员，是为了行文连贯，并且起到增强节奏感的作用，这样读起来铿锵有力。令故秦民事兵，严注本做"令故秦兵"，语意不足，据他本补足。刍，草料。食，粮食。　[4]"则王以此春围其农"以下四句，使敌国四季不得安宁。围，违。违其农，令敌国不得耕种而违背农时。刈，收割，这里指收获物。冬陈其宝，学者认为"陈"应为"掠"，形近而误；宝，通"保"，即"堡"，即"冬掠其堡"。　[5]"以大武摇其本"二句：用伟大的武力动摇它的农事，用宽广的文德安抚它的子孙。其，均指敌国。　[6]"王行此"

以下四句：大王按此而行，十年之内，诸侯将没有不是我国的顺民，大王何必还爱惜爵位、舍不得免除赋税徭役呢？异民，异己之民，指不顺从本国的人民。

周军之胜[1]，华军之胜[2]，秦斩首而东之[3]。东之无益亦明矣。而吏犹以为大功，为其损敌也。今以草茅之地，徕三晋之民，而使之事本，此其损敌也，与战胜同实。而秦得之以为粟[4]，此反行两登之计也。且周军之胜、华军之胜、长平之胜[5]，秦所亡民者几何[6]？民客之兵，不得事本者几何？臣窃以为不可数矣。假使王之群臣[7]，有能用之、费此之半、弱晋强秦、若三战之胜者，王必加大赏焉。今臣之所言[8]，民无一日之繇，官无数钱之费，其弱晋强秦，有过三战之胜。而王犹以为不可[9]，则臣愚不能知已。

【注释】

[1]周军之胜：指周赧王五十九年（前256）秦灭周的战争。　[2]华军之胜：指周赧王四十二年（前273）秦国在华山之下打败魏军的战争，在商鞅之后60—80年左右。　[3]之：往。　[4]"而秦得之以为粟"二句：秦国得到这些人让他们生产粮食，这是新来的居民和出征的军队行动方向相反，但两者都有成就的大计呀。为，做，生产。反行，指新来的居民西行来秦，

草茅之地，招徕三晋之民，让他们从事农业生产，这个做法收益极大，损失极小，它对敌国的损害，对本国的壮大，甚至超过军事上三大战役的胜利（周军之胜、华军之胜、长平之胜）！本文的建议出人意料，又在情理之中，政治智慧之高超令人叹服！

秦军却东向出征，两者行动方向相反。一说"反"即"居"，形近而误，指定居之民，即新招徕的三晋之民；行，指行军战斗之民，即秦原来居民。登，成。　[5]长平之胜：秦赵之间的一场大战，周赧王五十五年（前260），秦破赵军与赵地长平（今山西晋城高平西北），坑杀赵军四十余万。　[6]"秦所亡民者几何"以下四句：秦所损失的民众有多少？秦民与客民当兵则不能从事农业生产的有多少？我私下认为是不可数的。亡，损失，有死亡、有失踪，总之是损失了。民客之兵，本地居民和西来居民当兵的人。不得事本者，不能从事农业生产的。　[7]"假使王之群臣"以下三句：假如大王的群臣有能使用这些军队，而消耗只有一半，就能削弱三晋，增强秦国，与上述三场战争取得同样的胜利的，王必定会大加赏赐的。　[8]"今臣之所言"以下五句：现在臣所说的办法，人民没有增加一天的徭役，官府没有耗费多少钱财，而削弱三晋，增强秦国，却超过了上述三场战争的胜利。繇，徭役。数钱，不多的钱。　[9]"而王犹以为不可"二句：可大王仍然认为不行，请恕臣下愚钝，实在不能理解啊。已，相当于"矣"。

用"爱非其有，以失其有"批评秦国决策失当，比喻精妙、运用恰当！

齐人有东郭敞者[1]，犹多愿，愿有万金。其徒请赒焉[2]，不与，曰："吾将以求封也[3]。"其徒怒而去之宋。曰："此爱于无也[4]，故不如以先与之有也。"今晋有民[5]，而秦爱其复，此爱非其有，以失其有也。岂异东郭敞之爱非其有，以亡其徒乎？且古有尧、舜，当时而见称。中世有汤、武，在位而民服。此三王者[6]，万世之所称也，以为圣王也。然其道犹不能取用于后。今复之三世[7]，而三晋之民可尽也。是非王贤立今时[8]，而使后世为王用乎？然则非圣别说[9]，而听圣人难也。

古、中世、今。商鞅派法家信奉历史阶段论，善于运用历史论证方法。

【注释】

[1] "齐人有东郭敞者" 以下三句：齐国有个叫东郭敞的人很特别，他总有很多愿望，其中一个是希望拥有万金。犹，尤。金，黄金或铜的计量单位，秦以一镒（二十两）为一金。　[2] 赒（zhōu）：以财济人。　[3] 封：授予官爵。　[4] "此爱于无也" 二句：此人爱惜不在之物（指 "万金"），还不如用来先许诺给他已经有的徒弟呢！故，固。以，用……，指用不存在的万金。与，许，许诺。之有，其有，指东郭敞所有，即其徒弟。之，通 "其"。　[5] "今晋有民" 以下四句：现在晋国拥有民众，可秦国却舍不得给予免除赋税徭役的待遇，这就叫 "爱非其有，以失其有"。爱，吝惜，舍不得。复，免除赋税徭役。　[6] 三王：应该是 "四王"，古文 "四" 或写作 "三"，形近而误。　[7] "今复之三世" 二句：秦国只要免除三晋移民三代人的赋税徭役，就可让三晋的民众走光。　[8] "是非王贤立今时" 二句：这不是大王的贤明立在当今，又让三晋之民即使到了后世也为秦国所用吗？言外之意，这比前面四王要强多了，四王在世时受人尊崇，他们的政策后世却未必沿用。　[9] "然则非圣别说" 二句：不是圣人论说的有多难，而是听从圣人很难啊！别，分别，分辨，辨析，意思接近论说之论。

【点评】

篇名"徕民",集中讨论招徕三晋之民以补秦国农业生产者不足的可行性和意义问题,文题吻合。

文章首先交代先王处置土地、划分人民的基本规则:单位土地范围内的基本构成,以及所供生存的人民数量。古人对人地须有一定比例关系才能保持生态平衡和生活富足是有一定认识的。这个认识成了人口政策、社会发展政策的基本前提。难能可贵。

现实情况是,秦国幅员辽阔,土地过多,但可耕地却不足五分之一,耕地之外的天然物产有很多也没有利用,也就是说人口太少,无法利用广大的土地。可三晋的情况恰好相反。那里土地少人口多,居住拥挤,没有身份的流动人口过多。其土地不足以养活人民的情况,比秦国人民不足以利用土地的情况还要严重。

差别如此明显,形势如此严峻,三晋的人民为什么不向西来到秦国谋求更好的生活呢?这是因为秦国人民生活愁苦,而且,官员爱爵重赋,即吝惜爵位、舍不得免除赋税徭役,这样,对三晋之民来说,到秦国生活就没有什么吸引力了。

如今,攻城野战,秦国优胜,三晋屡败,四代人了,可三晋仍然不服秦国,这又是为什么呢?这是因为秦国只知战争手段,不知与三晋争夺人口。

本篇的思路极为清晰,逻辑极为严密。秦国土地广大,人口不足;三晋土地狭小,人口拥挤;为什么不能吸引三晋之民?因为秦国民众生活愁苦,三晋之民不愿意来受苦。怎样解决这个问题呢?第一个障碍就是官员固守秦国制度，吝惜爵位、不能降低免除赋税徭役的门槛，所以，虽然在军事上秦国屡胜，三晋屡败，可是三晋仍然不服秦国。最根本的原因是秦国没有真正掌握最核心的竞争力，那就是人口实力。至此，下文的政策建议已经呼之欲出了！

正因为前面问题抓得准，才指出了秦国官员不愿意授予爵位和免役权益给人是无法吸引山东之民的原因。有鉴于此，作者提出政策建议：让三晋之民三代人免除赋税徭役，而且无须参军参战，从理论上说，既解决了三晋游民没有身份、居无定所、没有正当职业的生活困难，又免除了到秦国后会像秦民那样生活愁苦的担忧，这的确是明智、合理的政策建议。读到这里，我不能不为上书者的这个建议拍案叫绝。他的洞察力、对国情的了解以及超群的想象力和魄力，都是令人钦佩的。

接下来作者继续批评秦国官员的观点（其实是君主的观点，不便直言，只能委婉地说），分析道：秦国担心的是什么？如果兴兵打仗，那国家就会贫穷；如果安居务农，那敌人就会得到喘息。你要富，就会给敌人喘息机会；你要强，可生产又不济。所以四代人了，敌人还是不服。怎么办？现在有办法了。让秦国旧有居民从事军事工作，因为他们是秦国基本居民，有认同，有传统，政治可靠，而且专业化成都高。新居民则让他们供应粮草。这样，打仗也不会妨碍农耕，农耕也不会妨碍打仗，富和强两者都有成绩，这个效果，就是吸引三晋之民而必将得到的。有了这个条件，秦国军队就可一年四季骚扰敌国，不出十年，敌国就没有不服的了。说实话，这个政策建议当然不符合人道精神，特别是不符合永恒的人道精神；但是历史地看，虽然会付出很大代价，可一旦平定了天下，就会让天下百姓安居乐业，从某种意义上说，这又是符合人道的了。不过，这种历史的道德是很可怕的，因为历史的确定性是有限的，很难说某国某政策就一定会带来最终的天下一统、安居乐业。在最终结局没有出现之前，把自己的政策说成是符合历史道德的，如果没有实现，那将置后来的人民于何地？所以，用历史的道德做政策合理性的解释，一定要慎之又慎啊！

官员都认为军事胜利才是真胜利，周军之胜、华军之胜、长平之胜，秦国斩首而向东进展。但是没有看到，秦国用草茅之地招徕三晋之民，让他们从事农业生产，这对敌人的损害，与战斗胜利是同样的。秦国除了得到三晋的人口，还得到了一份丰厚的粮食收入，相对于军事胜利，这是又一重收成啊！再说，三大战役，损失多少战士？有多少农人无法从事农业生产？是数不过来的。比较起来，招徕三晋之民，却没有任何损失，只有增加秦国实力，削弱三晋实力，这样的成功，效果比三大战役还要好，大王还以为不可，臣真不知如何是好啊！这个观点，具有十分宝贵的创造性和开拓性，它能在人们意想不到的领域开拓出一片新的天地，让我们看到了创造性思维的律动，的确有重要的启发意义。

最后，作者讲述了一则寓言故事，说齐国人东郭敞幻想自己拥有万金，徒弟请求周济，他不给，说："我还要用这些钱捐个官爵呢！"结果，徒弟愤而离去。作者把这种情况叫做"爱非其有，以失其有"（吝惜本不存在的东西，却因此而失去已经拥有的东西）。作者用这个道理，讽喻秦国君臣不能接受吸纳三晋移民的政策建议。说他们不肯蠲免原本不存在的移民三代人的赋税徭役，结果就失去了三晋移民的西来。严格说来，东郭敞吝惜不存在的钱财，结果失去了本来存在的徒弟，说这叫"爱非其有，以失其有"，大概没错。作者批评秦国吝惜赋税徭役，却失去了三晋移民的西来。这个比喻似乎出了点问题：赋税徭役原本是没有的，三晋移民也是原本没有的。怎么能说是"爱非其有，以失其有"呢？不过，从修辞上说，作者的意图很明确，只要政策好，三晋移民笃定要西来秦国，他们早已是秦国的囊中之物了，作者把他们当做秦国已经拥有的财富，所以要用"爱非其有，以失其有"来加强修辞力度，我觉得，在阅读时是会有这样的收效的。

作者还指出，尧、舜、汤、武，这四王是那样的伟大，但他们当时受人尊崇，后世却未必采用他们的政策。可是，秦国吸纳三晋移民，既可以在当时就让这些居民在三晋消失，更会让秦国后世永远享受其利，这不是功在当下、利在千秋的超越四王的伟业吗？这样的建议都不采纳，看来真个不是圣人论说有多难，而是听从圣人之说很难啊！

此篇说理透彻，比喻切当，是古文精品的典范。

刑约第十六（亡佚）

赏刑第十七

圣人之为国也，壹赏 [1]，壹刑，壹教。壹赏则兵无敌，壹刑则令行，壹教则下听上。夫明赏不费 [2]，明刑不戮，明教不变，而民知于民务，国无异俗。明赏之犹至于无赏也 [3]，明刑之犹至于无刑也，明教之犹至于无教也。

作者在小序中提出论点，交代思路，设计结构，以统领全篇。

【注释】

[1]"壹赏"以下三句：按照统一的一种政策实施赏赐、刑罚和教育。壹，专一，统一。 [2]"夫明赏不费"以下五句：赏赐分明，并无耗费；刑罚严明，不必杀戮；教育英明，无须改变，人民知道自己该干什么，国内没有异样的风俗。费，支付费用，耗费。戮，杀。变，指习尚的变更。民务，人民应该做的事务。 [3]"明赏之犹至于无赏也"以下三句：修明赏赐的极致可

以达到无赏，修明刑罚的极致可以达到无刑，修明教化的极致可以达到无教。犹，通"尤"，特出，极致。

所谓壹赏者[1]，利禄官爵抟出于兵，无有异施也。夫固知愚、贵贱、勇怯、贤不肖[2]，皆尽其胸臆之知，竭其股肱之力，出死而为上用也。天下豪杰贤良从之如流水；是故兵无敌而令行于天下。万乘之国不敢苏其兵中原[3]；千乘之国不敢捍城。万乘之国，若有苏其兵中原者，战将覆其军[4]；千乘之国，若有捍城者，攻将凌其城[5]。战必覆人之军[6]，攻必凌人之城，尽城而有之，尽宾而致之，虽厚庆赏，何费匮之有矣？昔汤封于赞茅[7]，文王封于岐周，方百里。汤与桀战于鸣条之野[8]，武王与纣战于牧野之中，大破九军，卒裂土封诸侯，士卒坐陈者，里有书社。车休息不乘[9]，从马华山之阳，从牛于农泽，从之老而不收。此汤、武之赏也。故曰[10]：赞茅、岐周之粟，以赏天下之人，不人得一升；以其钱赏天下之人，不人得一钱。故曰[11]：百里之君而封侯其臣，大其旧，自士卒坐陈者，里有书社；赏

本段文字，前面说理，后面举例，是理证和例证结合的典范，也是逻辑思维与历史思维结合的典范。下一段关于"壹刑"的论述方法相同。

之所加，宽于牛马者，何也？善因天下之货，以赏天下之人。故曰：明赏不费。汤、武既破桀、纣，海内无害，天下大定，筑五库[12]，藏五兵[13]，偃武事[14]，行文教，倒载干戈[15]，搢笏[16]，作为乐[17]，以申其德[18]。当此时也，赏禄不行，而民整齐。故曰：明赏之犹至于无赏也。

【注释】

[1]"所谓壹赏者"以下三句：所谓统一赏赐，就是利禄官爵专门根据军功授予，没有其他理由。抟，通"专"。　[2]"夫固知愚、贵贱、勇怯、贤不肖"以下四句：所以不论智慧的、愚蠢的，高贵的、低贱的，勇敢的、胆怯的，贤能的、不肖的，都要竭尽智慧和力量，付出死力，为君上所用。固，故。知，智。臆，胸，古人以为思虑智慧来自于心，心在胸中，所以认为智慧也来自胸臆。股肱，大腿骨和上臂骨，古人认为大腿和上臂最有力量。　[3]"万乘之国不敢苏其兵中原"二句：大国不敢在原野上抵抗，中等国家不敢捍卫城池。万乘之国，大国。苏，通"傃"，向，向着，引申为对抗。千乘之国，中等国家。捍，捍卫。　[4]覆：倾覆，打败。　[5]凌：乘，登上。　[6]"战必覆人之军"以下六句：只要战斗就一定打败敌人军队，只要进攻就一定登上敌人的城头，所有城市都为所有，所有敌人都被征服，虽然加重赏赐，所需费用又有何匮乏呢？尽宾而致之，严校本无"之"字，学者据他本补足。宾，服，征服。匮，乏。　[7]"昔汤封于赞茅"以下三句：当年商汤受封于赞茅，文王受封于岐周，只有方圆百里大小。商汤，商朝的建立者，名汤。赞茅，地名，在今河南修武县。文王，

周朝受命称王的君主，武王之父，名昌。岐周，今陕西岐山县周原，周朝建都于此，故称"岐周"。方百里，方圆百里。　[8]"汤与桀战于鸣条之野"以下六句：汤与桀在鸣条城外展开战斗，武王与纣在牧野展开战斗，打败桀和纣的军队，最终赢得了分封诸侯的权威（即当上了天子，因为按礼法只有天子才能分封诸侯），坚守阵地的士卒在乡里都得到了按社登记注册的人口和土地作为封赏。桀，传说夏代的末代君主。鸣条，地名，在今山西运城安邑镇北。武王，周代君主，名发，文王昌之子。纣，商朝的末代君主。牧野，地名，今河南淇县以南，卫辉以北。九军，指作为天子的桀纣的军队。卒，终，最后。裂土封诸侯，分割土地分封诸侯。坐陈者，披甲不卧、坐而待敌者，指坚守阵地者。里，乡里。书社，二十五家为一社，社在官府有户籍，称书社。　[9]"车休息不乘"以下四句：战车因休息而不乘坐，马匹散放到华山南面，牛散放到农泽，放到老了也不收回。从，通"纵"，散放。华山，在今陕西华阴南。农泽，大概与弘农有关，地处今陕西潼关县以东与河南灵宝以西一带。　[10]"故曰"以下六句：所以说：赞茅、岐周的粮食用来赏赐天下之人，不能每人一升；赞茅、岐周的钱拿来赏赐天下之人，不能每人得一钱。　[11]"故曰"以下十二句：所以说：汤武作为百里之君，却能把臣子们分封为诸侯，诸侯的封地都超过汤武旧有的领地，从土卒起凡坚守阵地参加战斗者在乡里都有登记为书社的人口土地封赏。赏赐的范围，甚至扩大到了牛马身上，这究竟是为什么呢？原来是善于利用天下的钱财赏赐天下之人啊！所以说：实行明赏并不耗费什么。旧，指汤武旧有的领地。宽于，放宽到。因，因袭，顺势。　[12]五库：指藏车、兵、祭器、乐器、宴器之库。　[13]五兵：指矛、戟、钺、盾、弓矢。　[14]偃：息。　[15]倒载干戈：即倒置干戈，表示不再使用。　[16]搢笏：把笏板插在衣带右侧，文官样貌。　[17]作为乐: 创作音乐。　[18] 以申其德: 用来表现他们的德行。

所谓壹刑者, 刑无等级, 自卿相、将军以至大夫、庶人, 有不从王令、犯国禁、乱上制者, 罪死不赦。有功于前[1], 有败于后, 不为损刑。有善于前, 有过于后, 不为亏法。忠臣孝子有过[2], 必以其数断。守法守职之吏有不行王法者[3], 罪死不赦, 刑及三族。周官之人[4], 知而讦之上者, 自免于罪, 无贵贱, 尸袭其官长之官爵田禄。故曰[5]: 重刑, 连其罪, 则民不敢试。民不敢试, 故无刑也。夫先王之禁[6], 刺杀, 断人之足, 黥人之面, 非求伤民也, 以禁奸止过也。故禁奸止过, 莫若重刑。刑重而必得, 则民不敢试, 故国无刑民。国无刑民, 故曰: 明刑不戮。晋文公将欲明刑以亲百姓[7], 于是合诸卿大夫于侍千宫, 颠颉后至, 吏请其罪, 君曰: "用事焉。"吏遂断颠颉之脊以殉[8]。晋国之士[9], 稽焉皆惧, 曰: "颠颉之有宠也, 断以殉, 而况于我乎!"举兵伐曹五鹿[10], 及反郑之埤, 东徵之亩, 胜荆人于城濮。三军之士, 止之如斩足, 行之如流

壹刑: 刑无等级, 上至卿相, 下到庶人, 犯法乱制者, 一律处罚。这当然是一种法治。作为立法者的君主如果犯法违制要不要受到处罚呢? 文中没有提到。在西方政治思想史和法治思想史上, 主张立法者不受法律制裁的思想家, 其思想体系仍然被认为属于法治思想的范畴。

水。三军之士，无敢犯禁者。故一假道重轻于颠颉之脊[11]，而晋国治。昔者周公旦杀管叔、流霍叔[12]，曰："犯禁者也。"天下众皆曰[13]："亲昆弟有过，不违，而况疏远乎！"故天下知用刀锯于周庭[14]，而海内治。故曰：明刑之犹至于无刑也。

【注释】

[1]"有功于前"以下六句：前期有功，后来做败坏之事，不能减刑。前期做了好事，后来犯了过错，不能因此而减损法律处罚。损，减，亏，毁，坏。　[2]"忠臣孝子有过"二句：即使是忠臣孝子有了过错，同样必须根据相应的法律予以判决。数，法。断，裁断，判决。　[3]"守法守职之吏有不行王法者"以下三句：守法守职的官员如果有不行王法的，判处死刑不予赦免，而且要处理三族。　[4]"周官之人"以下五句：共同为官的人，知情而举报的，自己免于犯罪，不分贵贱，都可接替并承袭官长的官爵和田地、俸禄。周，当为"同"，形近而误。同官之人，共同为官的人，一说官吏周围之人，亦可通。讦，告发，举报。尸，替。袭，继承。　[5]"故曰"以下六句：所以说，加重刑罚，而且连坐，那么民就不敢以身试法。人民不敢，所以就会无刑。　[6]"夫先王之禁"以下六句：先王的刑法，斩首、刖刑、黥刑，并非是为了伤害人民，而是为了禁止奸邪和过错呀。禁，刑法。刺杀，斩首，死刑。断人之足，刖刑。黥人之面，黥刑。　[7]"晋文公将欲明刑以亲百姓"以下六句：晋文公想要严明刑法，用来亲附百姓，便要诸侯大夫到侍千宫聚合来朝见他，颠颉来迟了，执法之

吏请求定罪，晋文公说："用死刑！"吏，严校本无"吏"字，学者据他本补。事，通"剚"，杀。　　[8]吏遂断颠颉之脊以殉：执法之吏便斩断颠颉的脊梁然后示众。断……脊，腰斩。以殉，示众。　　[9]"晋国之士"以下六句：晋国的士人相与议论，都感到恐惧，说："颠颉是有宠于君的人，尚且腰斩示众，何况我等呢？"稽，同，合，此处指相聚议论。　　[10]"举兵伐曹五鹿"以下九句：文公起兵攻伐曹国和五鹿（卫国之地），又打塌了郑国的城墙，把卫国的田亩改为东西垄，在城濮战胜了楚国人。三军将士，命令停下来，就像斩去了脚一样不能动；命令他们行动，就像流水一般迅疾。三军之士没有违反禁令的。曹，曹国。五鹿，卫地，今河南清丰县西北。及，学者疑为"又"字。反，覆，推倒。埤，即陴，城上女墙，俗称城垛。徵，学者认为当为卫（衞）之误。东卫之亩，把卫国田亩的垄都改为东西向，以便晋国战车向东行进方便。荆人，楚国人。城濮，属卫国，在今山东鄄城县西南的临濮集。　　[11]"故一假道重轻于颠颉之脊"二句：所以只此一次借腰斩颠颉之事来实施轻罪重刑，晋国就得到治理。假道，借由，即借腰斩颠颉之事来整肃法制。　　[12]昔者周公旦杀管叔、流霍叔：古代的周公旦杀死管叔，流放霍叔。周公旦，辅佐武王攻灭殷纣王、建立西周政权的著名历史人物，武王之弟。武王去世后，辅佐武王之子成王。此时哥哥管叔、弟弟蔡叔、霍叔起来反对。周公杀管叔，流放了蔡叔，把霍叔贬为庶人。此处所说流放霍叔，与正史所记不同。　　[13]"天下众皆曰"以下四句：天下人都说："亲兄弟有了过错，刑罚不避，更何况疏远的人呢！"违，回避，指刑罚不因为关系亲近和身份高贵而有所回避。　　[14]"故天下知用刀锯于周庭"二句：因此天下都知道周朝在朝廷上动用了刀锯，所以海内治理。刀锯，刑具，指刑罚。

所谓壹教者[1]，博闻、辩慧、信廉、礼乐、修行、群党、任誉、清浊，不可以富贵，不可以评刑，不可独立私议以陈其上。坚者被[2]，锐者挫。虽曰圣知、巧佞、厚朴[3]，则不能以非功罔上利，然富贵之门，要存战而已矣。彼能战者践富贵之门[4]。强梗焉，有常刑而不赦。是父兄、昆弟、知识、婚姻、合同者[5]，皆曰："务之所加，存战而已矣。"夫故当壮者务于战[6]，老弱者务于守，死者不悔，生者务劝，此臣之所谓壹教也。民之欲富贵也[7]，共阖棺而后止。而富贵之门必出于兵。是故民闻战而相贺也，起居饮食所歌谣者，战也。此臣之所谓明教之犹至于无教也。

本段文字只有理证，没有例证。这不是作者的疏忽。关于"壹教"，把战争政策当做臣民教育的唯一主题，把富贵当做从军参战的唯一动力，这在历史上是很难找到可以呼应的文化资源的。由此可以看到商鞅派法家的又一个理论"创新"。

【注释】

[1]"所谓壹教者"以下五句：所谓"壹教"，闻见广博、善辩聪慧、诚信廉洁、明礼知乐、贤能德行、乐群结党、任侠求誉、清高厌浊这些所谓的教养德行，不许用来谋求富贵，不许用来评论刑罚，不许他们独立生存、私自议论，以向君上陈说。博闻，闻见广博。辩慧，善辩聪慧。信廉，诚实正直。礼乐，行礼爱乐。修行，德行修洁。群党，拉帮结派。任誉，侠气名高。清浊，学者认为应为"请谒"，形近而误，裙带请托。评刑，评判刑法。

立，创立。　[2]"坚者被"二句：坚者往往破坏，锐者往往挫折。被，破，形近而误。挫，折断。　[3]"虽曰圣知、巧佞、厚朴"以下四句：即使是号称圣明智慧、机巧善辩、敦厚朴实的人，也不能利用于国无益的东西来获取君上的利禄，富贵之门只有战斗这一个。佞，口才好。罔，捞取。　[4]"彼能战者践富贵之门"以下三句：能战斗的人才可踏入富贵之门。一味地坚持强悍顽固立场的人就会受到刑罚，而且绝不赦免。梗，猛，硬。　[5]"是父兄、昆弟、知识、婚姻、合同者"以下四句：这样，父亲叔伯、兄弟、熟人、姻亲、同乡都知道："我们所要做的事，就在战斗而已！"父兄，当为"父子"，因随后有"昆弟"，此处不当再有"兄"字。知识，熟人。合同，同乡之类。务，当做的正事。存，在。　[6]"夫故当壮者务于战"以下五句：因此之故，正值壮年者以战斗为自己的任务，老弱以防守为自己的任务，死去的不后悔，活着的继续努力，这就是臣所说的"壹教"啊！当壮，正值壮年。劝，勉励，努力。　[7]"民之欲富贵也"二句：人民希望富贵，都是合上棺材才罢休啊！

此臣所谓参教也[1]。圣人非能通知万物之要也[2]。故其治国，举要以致万物[3]，故寡教而多功。

优秀的国家治理者一定要有理论修养，只有这样，才能把握管理方方面面事务的关键。

【注释】

[1]此臣所谓参教也：这就是臣所说的壹赏、壹刑和壹教的三教啊！参教，指壹赏、壹刑、壹教，即三种政策教育。参，叁，三。　[2]圣人非能通知万物之要也：按《商君书》一贯思想，只有圣人才能知"万物之要"，据下句"举要以致万物"可

本篇把壹赏、壹刑、壹教称作"三教"，抬升到"治国之要"的高度，的确有一定的理论水平。更难得的，是提出了"易知而难行"的观点，强调了"三教"实践的重要性。

知，本句应该是"圣人非能通知万物也"，"之要"二字显系传写之误。 [3]致：获得，尽，指掌握、把握。

圣人治国也，易知而难行也。是故圣人不必加[1]，凡主不必废[2]，杀人不为暴，赏人不为仁者，国法明也。圣人以功授官予爵，故贤者不忧；圣人不宥过[3]，不赦刑，故奸无起。圣人治国也，审壹而已矣。

【注释】

[1]加：增加，指圣明的君主对壹赏、壹刑和壹教这"三教"不必增加什么。 [2]废：废除，指普通的君主对壹赏、壹刑和壹教这"三教"也不必减少什么。 [3]宥：宽宥，宽赦。

【点评】

篇名"赏刑"，系开篇第一句中拈出的两个字，与内容有关，但并未精准概括出文章全部内容。本篇讨论的是"壹赏""壹刑""壹教"的"三教"问题。

小序提出基本观点并通过以下几点为全篇结构和层次定了基调：

第一层：提出基本论点：圣人治理国家，必须做到壹赏、壹刑和壹教。

第二层：指出原因：为什么呢？做到了壹赏，军队就无敌于天下；做到了壹刑，就会令行禁止；做到了壹教，下级就会听从上级。

第三层：描述初步结果：做到这三个"壹"，先可得到如下结果。赏赐分明了，不用支付任何费用；刑罚严明了，不会再有杀戮；教育英明了，无须再有变化了。

第四层：结果，行赏就变成了无赏，施刑就变成了无刑，明教就变成了无教。

这篇小序条理清晰，行文简洁，观点精当，是全篇的提纲，很好地起到了统领的作用，以下关于三个"壹"的阐述，就是具体展开。

关于第一个论点：明赏不费，作者采用道理论证加历史论证的方法给予说明。

在道理论证上，首先指明"壹赏"的含义：利禄爵位只赏给军事有功人员，而非其他。有点像是概念的定义。这很重要，可以框定论证的范围，分析内部的结构。做到了这样的"壹赏"，不管怎样的人，只要在军队中，就会竭尽全力去争取胜利。于是军队的战斗力就会大大增强，这样的军队就会无敌于天下。不论是大国，还是中等国家，胆敢阻挡，就被击败；胆敢防守，就被攻破。这样的军队，战必胜，攻必取，所有的城市都归你有，所有的敌人都被征服。拥有了这一切，再怎么加重赏赐，也不会有所匮乏呀！这不是"明赏不费"么？

可贵的是，作者不满足于仅仅说理，接下来，又用例证给予加固性的支撑。你看汤、武，开始时只是方圆百里的小国，可是打败了桀、纣之后，就可以分封诸侯，诸侯的领地大大超过了汤、武原来的领地；跟随他们战斗的士兵，也在乡里得到书社人口和土地的封赏。这还不算，他们的封赏甚至还泽及畜类，他们不但把武器收起来，还把牛马散放华山之南和农泽之间，不予收回。想一想，如果他们用粮食赏赐，每人得不到一升，他们用钱财赏赐，每人得不到一钱。而现在这样的赏赐为什么能做到呢？就是因为善于利用天下的财物赏赐天下的人员啊！这就叫"明赏不费"！

到此还不算完，明赏不费还不是最终目的。汤、武消灭桀、纣后，天下安定，刀枪入库、马放南山，武装行动结束了，要制礼作乐，开始搞文化建设活动了。按照本段开头的定义，壹赏是给予军事行动的。此时没有了军事行动，自然也就没有了赏赐的必要性了。于是就实现了"明赏的极致就是无赏"的目标。

关于第二个论点：明刑不戮，以刑去刑，作者同样采用道理论证＋历史论证的方法给予说明。

所谓壹刑，就是刑法的实施没有等级差别，从卿相到普通庶人都一样，必须遵守。不管是从前有功劳、有善行的，还是忠臣孝子，哪怕是守法守职的好官吏，只要犯了王法，就必须接受惩罚，不但本人，还要连坐，三族一同处理。同事下属知情不举，要连坐；检举揭发的，不但本人免除罪过，还可取代官长的官职爵位，承袭其产业。这就叫做重刑且连坐，人民就不敢以身试法，人民不敢以身试法，所以就达到了无刑的目的！古代先王的刑罚，有死刑、刖刑、黥刑，目的不是为了伤害人民，而是为了禁止奸邪，制止过失。要想禁奸止过，没有比重刑更有效的了。实施重刑，人民就不敢以身试法，人民不敢以身试法，所以国内就没有受刑之民，国内没有受刑之民，因此叫做"明刑不戮"。

重刑无刑，明刑不戮，以上做了理证，接下来又用到例证。这回举了两个例子。一个是晋文公杀颠颉。晋文公要会诸侯大夫，颠颉迟到，文公下令腰斩。结果三军震恐，令行禁止，将士用命，取得一系列的胜利。另一个例子是周公诛三叔。这两个例子一个是晋文公杀死自己的亲信（颠颉），另一个是周公杀死亲哥哥管叔、流放亲弟弟霍叔（与正史记载有龃龉），其他人看到受宠的人和亲兄弟都不免刑戮，哪还敢犯法！这就叫"明刑不戮"。

但是，有一点需要提醒：这里所说的"壹刑"，都是从实施后的政治效果来说的，他把我们的注意力吸引到统治者所期盼的结果上去，而让我们忽视法律的过程和公正、正义的问题。这里所说的法律的公平有一个死角：王法，君王制定的法，对于卿相到庶人具有同等的约束效力，对于制定者来说，是否必须遵守呢？在司法执法的意义上，表述是模糊不清的。一方面，君主必须遵守，按照法律用人行政，不能凭个人的一己私意；另一方面，当执行法律与君主的根本利益冲突时，则未必。在刑罚上，绝对不允许针对君主包括储君。这就是王法的实质。今人距离古代法律遥远，很难体会到它的可怕。但愿不要过于美化，这是要引起注意的。

关于"壹教"这一段，也有重要意义。过去人们认为法家不重视教育，可能不全面。看本篇可知，商鞅派法家的确没有讲学校教育，但说他们没有教育思想，似乎也不确。他们讲的是政府的政策宣教，是对广大人民进行的政策宣传和普及。他们把人民定位为国家的工具，农业生产和军事斗争的工具，所以想方设法让人民知道怎样做好农业生产，怎样为战争服务。他们的"壹教"思想就是这么来的。

值得注意的是，关于"壹教"的这一段文字竟然没有历史论证！这恰好说明，这个方面的内容才是真正的反传统的地方，因为传统中确实很难找到有力的例证。关于"壹教"，没有作出概念的定义，上来就是反对八种人，仔细看一下，这八种人是传统文化的受益者，是有文化、有个人思考、有社会影响力的人士。作者认为，国家不能允许这些人拿着于国无利的东西去获得国家的利禄，不能允许他们批评刑罚，不能允许他们随便发表议论或向君上进言。你再聪明，再有能耐，因为你不能参加战争，不能作为战士为国家效力，所以就不能得到重用。如果这些人还依仗自己的影响力抗拒国家的法令，那就只有受到法律的严惩，而且不能赦免。在作者看来，富贵之门只有一个，那就是投身战争。要让人民都知道，只有通过这道门才可得到富贵。不但要知道，还要让他们养成习惯，成为下意识的本能，不论走到哪里，不论在做什么，只要听到有战斗，就会相互庆贺，就连起居饮食，随处哼唱的小曲也只能是战斗的主题！这还不是教育么？

商鞅派法家要让国家每一个居民都成为战争的工具，从体魄，到灵魂，无往而不是为了战斗，而他们用来激励人民的，不是别的，是富贵，个人的富贵。

至此我更明白了，为什么关于"壹教"的文字中找不到历史论证，因为这种思想在历史上真的是找不到例证的。所以，第三段的写作不是因为疏忽，也不是因为技巧上出了差错，而是内容上根本就不存在这种历史文化资源。

结论一：圣人不能通知万物，但却能知道万物之要，三教就是治理国家的要，抓住这个要，才能得到想要的功效。

结论二，治理国家，不要因为圣明而随意造作，不要因为平凡而随意减少，法治是客观的，杀人不算暴虐，赏赐不算仁慈。以功劳授予官爵，就会激励贤者；严格执行法律，奸人就无从产生。这一切，都得益于掌握了壹赏、壹刑和壹教的"三教"啊！

总之，从思想认识上说，明赏不费、明刑不戮、明教不变较好地表现了法家的政治理想，有一定的辩证意义。

从价值观上说，这一切当然都是为了国家驱使民众设计的。

从写作技巧上说，文章结构合理，层次分明，谋篇布局有很强的自觉性。全篇文字简洁精炼，表达清楚明畅。

从论证方法上说，文章主要部分，即关于壹赏、壹刑的部分，都采用了理证加例证的论证方法，标志着理性思维、科学思维在古代中国的新高度。

画策第十八

不猎小兽，不取鸟卵。远古时代就有生态保护意识！

昔者昊英之世[1]，以伐木杀兽，人民少而木兽多。黄帝之世[2]，不麛不卵，官无供备之民，死不得用椁。事不同，皆王者，时异也。神农之世[3]，男耕而食，妇织而衣，刑政不用而治，甲兵不起而王。神农既没[4]，以强胜弱，以众暴寡，故黄帝作为君臣上下之义、父子兄弟之礼、夫妇妃匹之合，内行刀锯，外用甲兵。故时变也。由此观之，神农非高于黄帝也，然其名尊者，以适于时也。故以战去战，虽战可也；以杀去杀，虽杀可也；以刑去刑，虽重刑可也。

【注释】

[1]"昔者昊英之世"以下三句：从前昊英时代，让人民砍伐树木和猎杀野兽为生，人民数量少，树木和野兽多。昊英，或作"皞英"，传说中远古帝王。以，使（人民）。　[2]"黄帝之世"以下四句：黄帝时代，不猎小兽，不取鸟卵，官府没有备办供给的人民，人死后棺外不许用椁。不麑（mí），不猎小兽。麑，鹿子，此处作动词，指猎取幼小的野兽。不卵，不取鸟卵，以便鸟兽繁衍。供备，供应设备。椁，古代木制葬具有多套，最内层的称棺，棺外的各层称椁。　[3]神农：传说中古代帝王，中国农业生产的发明者。一说炎帝即神农氏。　[4]"神农既没"以下六句：神农时代结束后，出现强者欺负弱者，人多势众的压制势单力孤的，因此黄帝创造了君臣上下应该遵循的规矩，父子兄弟之间的礼数，夫妇婚配的结合，国内使用刑罚，对外使用武装。没，死。胜，凌，欺负，压迫。暴，粗暴地对待。妃，配。刀锯，指刑罚。甲兵，盔甲、兵器，此处指武装、武力。

　　昔之能制天下者[1]，必先制其民者也；能胜强敌者[2]，必先胜其民者也。故胜民之本在制民，若冶于金、陶于土也[3]。本不坚，则民如飞鸟禽兽[4]，其孰能制之？民本[5]，法也。故善治者[6]，塞民以法，而名地作矣。

金属无冶炼、陶土无陶艺皆不能成器，治理天下也是一样，人民无法，就不能制之。

用法来控制民众，一句话道出了商鞅派法家思想的秘密。

【注释】

[1]制：控制，限制。制有边界、范围之义，所以把某物保持在一定边界、范围之内曰制。　[2]胜：战胜。　[3]若冶于金：

就像冶炼对于金那样（冶炼中的金属是液体，冷却后是什么形状是由范型决定的）。冶，熔炼金属。陶于土：陶土本无形状，制成陶器后就有形状了，那是制陶工艺和工具决定的。陶，陶器、制作陶器。　[4]禽兽：指兽类。　[5]民本：制民的根本。　[6]"故善治者"以下三句：善于治理的人用法来制民，所以既有名声，又有土地。塞民，即遏民，就是制民。

名尊地广，以至王者，何故[1]？名卑地削，以至于亡者，何故？战罢者也[2]。不胜而王、不败而亡者，自古及今未尝有也。民勇者战胜，民不勇者战败。能壹民于战者，民勇；不能壹民于战者，民不勇。圣王见王之致于兵也[3]，故举国而责之于兵。入其国，观其治，兵用者强[4]。奚以知民之见用者也？民之见战也，如饿狼之见肉，则民用矣。凡战者，民之所恶也。能使民乐战者王。强国之民，父遗其子[5]，兄遗其弟，妻遗其夫，皆曰："不得[6]，无返！"又曰："失法离令[7]，若死，我死。乡治之。行间无所逃，迁徙无所入。"行间之治[8]，连以五，辨之以章，束之以令。拙无所处[9]，罢无所生。是以三军之众，从令如流，死而不旋踵[10]。

统治者要培植崇尚勇敢的习尚，让人民渴望战争、乐意投身战争，遇有战事，就像饿狼见到肉；同时还要设计制度，严惩逃避战争的行为。这就是秦国的文化，战争文化。

【注释】

[1]何故：据下文可知，此下应脱“战胜者也”四字。　[2]罢：败，失败。　[3]“圣王见王之致于兵也”二句：圣王看到实现王业要靠军事，所以动员全国以发展军事。致，有目标或发展方向之义。举国，全国。责，求。　[4]兵：据下句“奚以知民之见用者也”可知，此“兵”字当作“民”。　[5]遗：送。　[6]得：指得敌人首级。　[7]“失法离令”以下六句：违法犯令，你死，我死。乡里制裁，军队里无处逃跑，迁徙也无处可入。若，你。行间，行伍间，军队里。入，严校本后重一“入”字，据他本删。　[8]“行间之治”以下四句：军队里的制度，五人为伍，用徽章相区别，用命令来约束。连以五，应为“连之以五”。章，徽章。束，约束。　[9]“拙无所处”二句：逃跑则无处可藏，失败则无处谋生。拙，出逃。罢，疲敝，失败。　[10]旋踵：转身，指逃跑。

国之乱也，非其法乱也，非法不用也。国皆有法，而无使法必行之法。国皆有禁奸邪、刑盗贼之法，而无使奸邪、盗贼必得之法。为奸邪、盗贼者死刑[1]，而奸邪、盗贼不止者，不必得。必得而尚有奸邪、盗贼者[2]，刑轻也。刑轻者不得诛也[3]；必得者，刑者众也。故善治者，刑不善而不赏善，故不刑而民善。不刑而民善，刑重也。刑重者，民不敢犯，故无刑也，而民莫敢为非，是一国皆善也。故不赏善而民善。赏善之不

商鞅派法家主张重刑的另一个考虑：轻刑处罚人多，又不能处死，结果屡抓屡犯，社会上到处是犯人。要想不用刑罚而人民都是善民，唯一的办法就是重刑，轻罪重刑，就无人敢犯，于是就达到了不刑而民善的境界。

可也^[4]，犹赏不盗。故善治者^[5]，使跖可信，而况伯夷乎？不能治者，使伯夷可疑，而况跖乎？势不能为奸^[6]，虽跖可信也；势得为奸，虽伯夷可疑也。

【注释】

[1]"为奸邪、盗贼者死刑"以下三句：做了奸邪之事，成了盗贼之人，要判处死刑，可是奸邪和盗贼却并未消失，原因就是不一定被抓到。　[2]"必得而尚有奸邪、盗贼者"二句：一定能抓到，可还是有奸邪和盗贼，那原因就是刑罚太轻了。　[3]"刑轻者不得诛也"以下三句：刑罚轻的罪犯不处死的话，把他们都捉住进行处罚，那受刑的人就太多了。　[4]"赏善之不可也"二句：不可以赏善，正如不可以奖赏不做盗贼的人。　[5]"故善治者"以下六句：所以懂得治理的，要让盗跖可以信任，何况伯夷呢？不能治理的，使伯夷变得可疑了，更遑论盗跖呢？[6]"势不能为奸"以下四句：如果形势迫使人们不能做奸邪之事，即使是盗跖，也会可信的；如果形势使人可以为奸邪之事，那即使是伯夷，也会可疑的。

本篇主张任用贤者为官，显然不是任用流氓恶棍来压制善民。

国或重治^[1]，或重乱。明主在上，所举必贤，则法可在贤。法可在贤^[2]，则法在下，不肖不敢为非，是谓重治。不明主在上，所举必不肖，国无明法，不肖者敢为非，是谓重乱。兵或重强，或重弱。民固欲战，又不得不战，是谓重强。民

固不欲战 [3]，又得无战，是谓重弱。

【注释】

[1]"国或重治"二句：国家或者治上加治，或者乱上加乱。重，重叠。　[2]"法可在贤"以下四句：法就可以掌握在贤者手中，所以法就贯彻到下面，不肖者不敢为非，这就叫做重治。可，能够，可以。　[3]"民固不欲战"以下三句：人民本不想参战，又可以不参战，这就叫做弱上加弱。

明主不滥富贵其臣 [1]。所谓富者，非粟米珠玉也？所谓贵者，非爵位官职也？废法作私 [2]，爵禄之，富贵。凡人主德行非出人也 [3]，知非出人也，勇力非过人也。然民虽有圣知 [4]，弗敢我谋；勇力，弗敢我杀；虽众，不敢胜其主；虽民至亿万之数 [5]，县重赏而民不敢争，行罚而民不敢怨者，法也。国乱者，民多私义 [6]；兵弱者，民多私勇 [7]。则削国之所以取爵禄者多涂 [8]。亡国之欲 [9]，贱爵轻禄。不作而食，不战而荣，无爵而尊，无禄而富，无官而长，此之谓奸民。所谓"治主无忠臣，慈父无孝子" [10]，欲无善言，皆以法相司也，命相正也。不能独为非 [11]，而莫与人为非。所谓富者，入多而出寡。衣服有制，

英明的君主是用法来实施赏罚，而不靠个人的好恶。

饮食有节，则出寡矣。女事尽于内，男事尽于外，则入多矣。

【注释】

[1] 明主不滥富贵其臣：英明君主不轻易地就让臣子富贵。滥，泛，水随意流淌。　[2]"废法作私"以下三句：不遵从法律，凭个人意志授予爵禄，这就是滥富贵。富贵，按上句，应为"滥富贵也"。　[3]"凡人主德行非出人也"以下三句：大凡君主，德行并不超过别人，智慧也并不超过别人，勇力也并不超过别人。出，超出。知，智。　[4]"然民虽有圣知"以下六句：然而，人民虽然有聪明智慧，但并不敢谋害君主；人民虽然有勇力，不敢杀害君主；人民虽然人数众多，却不敢欺凌君主。圣知，聪明智慧。胜，凌，欺凌。　[5]"虽民至亿万之数"以下四句：人民尽管人数可达亿万，国君悬出重赏，他们不敢争抢，国君行罚，他们不敢抱怨，这一切都是因为有法啊。　[6] 私义：私人见解。与国家相对的称为"私"，义或通"议"，私议，即他篇所谓的"言谈"。　[7] 私勇：即个人的勇敢，指与"公战"相反的"私斗"，例如"械斗""任侠"等。　[8] 则削国之所以取爵禄者多涂：那么削弱的国家由以取得爵禄的途径多。涂，通"途"，途径。　[9] 欲：俗，形近而误。　[10]"所谓'治主无忠臣，慈父无孝子'"以下四句：所谓"懂得治理的君主没有忠臣；慈爱的父亲没有孝子"，是说他们不想用善言相劝，而让民众用法来相互监督，用命令相互纠正啊。司，伺，监督。正，纠正。　[11]"不能独为非"二句：不能单独做坏事，也不能与他人共同做坏事。

所谓明者[1]，无所不见，则群臣不敢为奸，百姓不敢为非。是以人主处匡床之上^[2]，听丝竹之声，而天下治。所谓明者，使众不得不为。所谓强者，天下胜^[3]。天下胜^[4]，是故合力。是以勇强不敢为暴^[5]，圣知不敢为诈而虚用。兼天下之众^[6]，莫敢不为其所好，而避其所恶。所谓强者，使勇力不得不为己用。其志足^[7]，天下益之；不足，天下说之。恃天下者^[8]，天下去之；自恃者，得天下。得天下者^[9]，先自得者也；能胜强敌者，先自胜者也。

在作者看来，要想做圣明的君主，必须具有极强的意志力。

依赖天下人，天下人会离开你；依靠自己，才能得到天下！要想得天下，首先须自得！要想胜强敌，首先须自胜！此观点与《老子》"知人者智，自知者明，胜人者有力，自胜者强"接近。

【注释】

[1]"所谓明者"以下四句：所谓"明"，就是无所不见的意思，正因为无所不见，群臣就不敢做奸邪之事，百姓不敢做不该做的事情。　[2]匡床：方床，古代的坐具。　[3]天下胜：及紧接下来的重文，学者认为均当做"胜天下"，意思是"战胜天下人"，与上文"胜其民"意义相同。　[4]"天下胜"二句：战胜天下人，就能集中天下人的力量。　[5]"是以勇强不敢为暴"二句：所以勇猛强悍者不敢肆意暴乱，聪明智慧者不敢施展奸诈而以虚言为国所用。虚，虚言，不切实际之言。用，为朝廷所用。　[6]"兼天下之众"以下三句：全天下的人，没有敢不做君主所喜好的，回避他所厌恶的事。兼，合。辟，避。　[7]"其志足"以下四句：君主的意志完全实现，天下人都会辅助他；不能全部实现，天下人也会爱戴他。益，帮助，辅助。说，悦，喜欢，爱戴。　[8]"恃天下者"以下四句：依赖天下人的，天下人会离开你，依靠自己

的，才会得天下。　　[9]"得天下者"以下四句：得天下的人，是先能在修养上自得的人；能战胜强敌的人，是先能战胜自己的人。

圣人知必然之理、必为之时势[1]，故为必治之政，战必勇之民，行必听之令。是以兵出而无敌，令行而天下服从。黄鹄之飞[2]，一举千里，有必飞之备也[3]。丽丽巨巨[4]，日走千里，有必走之势也；虎豹熊罴，鸷而无敌，有必胜之理也。圣人见本然之政[5]，知必然之理，故其制民也，如以高下制水，如以燥湿制火。故曰[6]：仁者能仁于人，而不能使人仁；义者能爱于人，而不能使人爱。是以知仁义之不足以治天下也。圣人有必信之性[7]，又有使天下不得不信之法。所谓义者[8]，为人臣忠，为人子孝，少长有礼，男女有别；非其义也，饿不苟食，死不苟生。此乃有法之常也。圣王者不贵义而贵法[9]，法必明，令必行，则已矣。

圣人要懂得必然之理，商鞅派法家把掌握必然性作为实施政治的前提，这是本书的最高理论成就。

【注释】

[1]"圣人知必然之理、必为之时势"以下六句：只有圣人才能知道必然之理和促使自己必须有所作为的时势，因此，他的政治活动都是一定要取得良好效果的，他所领导的战事一定是由最

勇猛的人民参与的，他所发布的政令一定是全体人民响应的。所以，军队出动就所向无敌，政令发布就天下服从。　[2]黄鹄：鸟名。　[3]备：设备，用具，条件。　[4]"丽丽巨巨"以下六句：丽丽、巨巨，每日可跑千里，因为它们具备奔跑的优势；虎豹熊罴，勇猛无敌，有必胜的道理。丽丽、巨巨，骏马之名。走，跑。罴，熊的一种，黄白色，有花纹。鸷，凶猛。　[5]"圣人见本然之政"以下五句：圣人可以看到政治的本质，可以知道必然的道理，所以，他们控制人民，就像根据地势的高低来控制水，根据物候的干湿来控制火一样。本然之政：政治的根本状态，即政治的本质；必然之理：一定如此的道理。　[6]"故曰"以下六句：所以说：仁者能把仁推及他人，而不能使人家变得仁爱；义者能爱他人，却不能使他人也爱别人。所以才知道，仁义不足以用来治理天下。　[7]"圣人有必信之性"二句：圣人有使人一定信任自己的本性，还有让天下人不得不信任自己的办法。　[8]"所谓义者"以下九句：所谓义就是：做臣子的就要忠，做儿子的要孝，年幼的和年长的要有礼节，男女要有区别；不是应该吃的，再饿，也不能随便就吃；面对死亡也决不苟且偷生。这就是有法的常规呀。义，宜，应该。　[9]"圣王者不贵义而贵法"以下四句：圣王不看重义，但却看重法，法必须严明，令必须执行，这样就可以了。

【点评】

篇名"画策"，涵盖力较强，除了第一段讲传说时代，属于历史范畴，其他内容大概都与替君主分析问题和出谋划策有关。

第一段上来就讲传说时代，但却是两个不同的范畴。一是环境的。昊英时代，人少，树木多，野兽多，这时以砍伐树木和猎杀野兽为生。黄帝时代，不许猎杀小兽，不许取走鸟卵，可见生态环境已经发生了变化。二是社会的。神农时代，男耕女织、内部没有刑罚，对外不用武力。可是神农去世后，原来的状态破坏了，出现了强凌弱、众暴寡的现象。黄帝创造了君臣上下的规矩、父子兄弟的礼数、夫妇结合的婚配，内部用刑罚，对外用武力。时代不同了，办法就得变化，不管什么办法，都要与时代相适应。所以得出结论："以杀去杀，虽杀可也；以刑去刑，虽重刑可也。"本篇避开了自然状态的描述，一上来就说历史，这样，没有给儒家学说留下空间，直接与法家的政策衔接起来。

第二段要说的就是一句话：以法制民为本。喜欢用比喻说事，是古代中国人的习惯。没有冶炼工业，金属就不会成器，没有陶艺工业，陶土也不会成器，没有法治／法制，人民也不会成器。仔细想一想，其实三者没有任何必然联系。古人分不清论说和抒情的区别，写议论文也像写诗歌一样，比、兴成了常用手法。由此可见，古代思想家所说的法治，不是法学意义上的，而是政治学意义上的，不是法治，是用法来实施政治。

第三段讨论胜败。把人民训练成虎狼，让人民喜欢战争，就是真正的强大，就是成功。这里有一个反差，一方面，要让人民乐战，见到战争就像饿狼见到肉那样，父亲送儿子、哥哥送弟弟、妻子送丈夫上前线，叮嘱说"得不到首级不要回来！"另一方面，又说：违法犯令，你死，我死。军队无所逃，迁徙无所入。军队有伍、有徽章、有命令，逃跑无处去，失败没法活。剩下只有一

条路，服从命令，拼命向前！这就是制民之效！从人道
主义的角度看，这当然是虎狼之国，是残酷的、残忍的。
可是从管理者、从统治者的角度看，这实在是管理的极
端境界，既有积极的鼓励，又有消极的处罚，无论怎样，
都让你不得不竭尽全力去战斗，除此之外，别无选择。

　　第四段的思想又是启发智慧的观点。国家乱了，往
往不是法乱了，也不是不用法律。国家有法，可没有让
法律必得推行的办法啊！国家都有禁止奸邪、处罚盗贼
的法律，却没有使奸邪和盗贼一定被抓住的法律。犯了
奸邪和盗贼之罪的要判死刑，可是奸邪和盗贼并未止息，
那是因为不一定抓住奸邪和盗贼。假如奸邪和盗贼肯定
能被抓住，可还是有奸邪和盗贼存在，那就一定是刑罚
太轻了。刑罚轻了，不能杀死他们，而抓得到的人都判
了刑，那受刑者就太多了。所以懂得治理的人，一定是
处罚不善的人，而不赏赐善良的人。而且只有刑重，才
能做到无刑。懂得治理的人，是要使盗跖可信，盗跖都
讲诚信，何况伯夷呢！不懂得治理的人，使伯夷都不可
信，更何况盗跖呢！所以，最好的办法是造成一种不能
为奸之势，有了这个势，盗跖都是可信的。相反，如果
有了一种为奸的势，那就连最讲诚信的伯夷都是不可信
的了。

　　第五段从主观愿望和客观条件两个方面分析什么情
况下可以出现治上加治、乱上加乱，强之又强、弱之又
弱的局面。

　　第六段说的是明主不要随意让臣下富贵，而要遵守
法律，因为法律是维护政治秩序的基本保障。作者似乎

意识到，君主也是人，德行、智慧、勇力并非超过普通人，人民也有圣知和勇力，人数又那么多，他们之所以不敢阴谋篡夺，不敢谋杀和欺凌君主，还要听从君主的命令，君上有悬赏，他们也不敢争抢，受到刑罚也不敢抱怨，那是因为有法。法是公平的。从这些文字里，可以发现，当时的高级政治人物，已经感受到人民的力量，感觉到公共意识的力量，他们讲法治，是因为他们对自己的力量不那么自信，对人民的力量，也有了一定的认识。正因为人民觉醒了，人民显示了自己的力量，君主们才感受到了人民的力量，也发现自己的实力并非那么强大，所以才不得不借用法律这个看似客观的、公平的原则，来平衡自己的王权与民众的实力。由此我们可以这样认为，战国时代，中国正经历着从血缘社会的古代向以地域性、平民性、公共性为特征的某种类似现代的社会转型，这种涌动着的现代性的确是一个不可抗拒的潮流。君主必须以客观的、公正的、优秀的、正派的形象出现，否则，是不会得到公众的认可的。本篇本段实际上透露出秦国统治阶层之所以大讲法治的秘密所在。君主如果不讲法治，如果在做君主和做人上没有高人一筹，就不配当君主。可见战国时代的君主，虽然集权的水平大大提高了，可是，他们当君主的合法性却分明是减弱了，不像春秋时代他们的前辈，更不像西周时期他们前辈的前辈那么地有信心了。

第七段写的是对君主修养的认识，其实在做人做事上，具有普遍意义。文字老辣，干练，入木三分，非深谙君道者不能写出。

作者认为君主要明察秋毫，这样，群臣一方面不敢为非作歹，另一方面又不得不有所作为。能让臣下保持在不敢为非作歹和不得不有所作为之间，这的确是一个高难度的领导艺术，至今仍然是困扰管理者和领导者的难题。这个见解与当时开始流行的老子和黄老思想不同，后两者是主张不动声色的，不要显露出明察秋毫的明智。看来，《商君书》的这个见解或是另有所本，或者干脆就是自成系统。

给我印象最深的是关于君主的意志和毅力的思想。作者要求君主要具备超强的德性修养。具体说，第一条是战胜天下人。只有战胜天下人，才能够集中天下人的力量。这是有困难的。比如，面对勇猛强横的人，怎样让他们不敢肆行强悍？面对聪明机智的人，怎样让他们不敢施展奸诈？不仅仅是不敢的问题，还要让他们必须主动思考怎样为君主所用，让他们不得不投君主所好，避君主所恶，这真是一个天大的难题！

最后两句话更令人震动。依赖天下人的，天下人会背弃你；依靠自己的，才会得到天下。要想得天下，首先自己要有所得；能战胜强敌的，首先要战胜自己。凡做大事者，没有顽强坚韧的意志和毅力，是不可能有所成就的。事业越宏大，越需要坚忍不拔、顽强拼搏、不屈不挠的精神。人生最重要的，恐怕不是学习知识，更不是谋生糊口，而是磨炼意志。这个问题，说起来容易，做起来极难，没有实际生活的磨炼，是不可想象的。

最后一段上升到哲学高度，有重要的理论意义。

搞政治为什么要讲哲学？这是因为政治最讲成败，

政治又最要求成功，避免失败。政治关乎民生，是输不起的。要想成功，就一定要把握规律。最后一段所讲的恰好就是这个道理。圣人知道了必然之理，把握住了促使自己必须要做某事的时势，那就要使自己所从事的政务活动一定要达到治的效果，使自己所进行的战事一定要有真正勇猛的人们参与，使自己所实行的政令一定是人民所接受的。只有这样，才能做到军队一旦出动就所向无敌，号令一旦发出就会天下服从。

圣人知道了必然之理，就知道了政治的本质，也就知道了怎样控制人民。作者还说出了一个重要的观点，那就是，仁义的人可把仁义施加给他人，却不能保障他人也能把仁义施加给另外的人；圣人自己有诚信的本性，同时，又要有使天下人不得不诚信的办法，这个办法不是仁义，而只能是法律。只要法律严明，政令必行，就够了。

这是一篇充满理性精神的政治学论文，体现了古代中国政治文明的理论高度。

境内第十九

四境之内^[1]，丈夫女子皆有名于上，生者著，死者削。

> 不论男女，在官府都有户籍登记，某种意义上具有身份上的平等。

【注释】

[1]"四境之内"以下四句：国境以内，不论男女，都要在官府登记姓名，出生者登记，死去者注销。丈夫，男子。上，君主，国家。生，严校本无"生"字，据他本补。著，登记。削，注销。

其有爵者乞无爵者以为庶子^[1]，级乞一人。其无役事也^[2]，其庶子役其大夫月六日；其役事也^[3]，随而养之军。

> 有爵位者可以役使奴仆。

【注释】

[1]"其有爵者乞无爵者以为庶子"二句：有爵位者可以请求

官府让无爵位的人当"庶子"，每一级可以要求一人。乞，请求，指请求官府。庶子，家内仆役。　[2]"其无役事也"二句：有爵位者若没有兵役要承担，他的庶子每月要为他服役六天。前一"役"字指为国家服兵役；后一"役"字指家内仆从为主人服务。大夫，指有爵者。　[3]"其役事也"二句：如果有爵者有役事要承担，庶子须随从照顾主人的生活。

爵自一级已下至小夫[1]，命曰校徒操。出公[2]。爵自二级已上至不更[3]，命曰卒。其战也[4]，五人来簿为伍，一人羽而轻其四人，能人得一首则复。夫劳爵[5]，其县过三日有不致士大夫劳爵，能。五人一屯长。百人一将。其战[6]，百将、屯长不得，斩首；得三十三首以上[7]，盈论，百将、屯长赐爵一级。

军队中的什伍制度。

军队中实行军功爵制度。

【注释】

[1]"爵自一级已下至小夫"二句：第一级爵位以下到小夫，称作校、徒、操。已，通"以"。小夫，军队中级别最低的人员。校徒操，无爵位的低级军官，类似于士官。　[2]出公：（爵位）以公士为起点。出，开始，起点。公，公士。　[3]"爵自二级已上至不更"二句：爵位从二级到四级的不更，命名叫做"卒"。不更，爵位第四级。　[4]"其战也"以下四句：战斗期间，五个人登记成簿是为一伍，如果其中一人立功而得到头戴鹖冠的嘉奖，其他四人就要受到降低待遇的处分，四人如果能得到敌人首级就

可恢复原有待遇。来簿，学者疑为"束簿"，大概军队的簿书，五人一束，故称"束簿为伍"。羽，古代以鹖冠为武士勇者的标志，以示嘉奖。轻，降低待遇。复，恢复原有身份、待遇。　[5]"夫劳爵"以下三句：据学者校勘，此十七字应移到下文"其县四尉，訾由丞尉"之前。　[6]"其战"以下三句：战斗中，将和屯长所部如不能获得敌人首级，则处以斩刑。学者认为"不得，斩首"应为"不得首，斩"。　[7]"得三十三首以上"以下三句：得到敌人首级三十三颗，就完成了朝廷规定的指标，将和屯长赐爵一级。盈论，满足了朝廷的规定。

　　五百主[1]，短兵五十人；二五百主[2]，将之主，短兵百。千石之令[3]，短兵百人；八百之令，短兵八十人；七百之令，短兵七十人；六百之令，短兵六十人。国封尉[4]，短兵千人。将[5]，短兵四千人。战及死吏[6]，而轻短兵，能一首则优。

军官的卫兵也由制度规定。

【注释】

[1]"五百主"二句：五百人的将领，可以配备卫兵五十人。五百主，五百人的主官。短兵，短兵器，此处应该指带短兵器的卫士。　[2]"二五百主"以下三句：两个五百（即一千人）队伍的主官，有一百名卫兵。　[3]千石：每年一千石黍米的俸禄。石，粮食计量单位，十斗等于一石。令：行政长官之名。　[4]国封尉：国内有封地的将军。　[5]将：按下文，前当有"大"字，唯其为大将，方才会有短兵四千人。　[6]"战及死吏"以下三句：战斗

中如果官吏战死，则降低卫兵的待遇，有人能得到敌人首级一颗，可得到优待。轻，严本无而空一格，据他本补。

能攻城围邑斩首八千已上，则盈论；野战斩首二千，则盈论[1]。吏自操及校以上大将尽赏[2]。行间之吏也[3]，故爵公士也，就为上造也。故爵上造，就为簪袅[4]；就为不更[5]。故爵为大夫[6]。爵吏而为县尉[7]，则赐虏六，加五千六百。爵大夫而为国治[8]，就为大夫。故爵大夫[9]，就为公大夫[10]。就为公乘[11]。就为五大夫[12]，则税邑三百家。故爵五大夫[13]；皆有赐邑三百家[14]，有赐税三百家。爵五大夫[15]，有税邑六百家者，受客[16]。大将、御、参皆赐爵三级[17]。故客卿相[18]，论盈，就正卿。就为大庶长[19]；故大庶长，就为左更；故四更也，就为大良造。

秦制是以功劳为基础的等级制，本段文字是关于秦国军功爵位制度的系统记录。《汉书·百官公卿表》的记载与此大体相符。

【注释】

[1]论：严校本作"谕"，据他本校改。　[2]吏自操及校以上大将尽赏：官吏自操和校以上直到大将尽行赏赐。　[3]"行间之吏也"以下三句：部队里的官吏，原爵位是公士的，升为上造。行，军队。故爵，原爵位。公士，秦爵第一级。就，升迁。上造，秦爵第二级。　[4]簪袅：第三级。　[5]就为不更：学者

认为，前应有"故爵簪袅"。不更，第四级。　[6]故爵为大夫：学者认为，中间夺三字"不更就"，校改后为"故爵不更，就为大夫"。大夫，第五级。　[7]"爵吏而为县尉"以下三句：原爵是小吏升而为县尉，赏赐奴隶六人，及五千六百钱币。县尉，县令佐官，掌管一县的兵政。虏，俘虏，指奴隶。加，学者疑为"化"字，形近而讹，"化"通"货"，指钱币。　[8]"爵大夫而为国治"二句：原爵大夫又掌管国家的一项政务的，升而为官大夫。爵，前似应有"故"字。为国治，掌管国家一种政务。就为大夫，学者认为，"大夫"前应有"官"字，官大夫，秦爵第六级。　[9]大夫：学者认为，前应有"官"字。　[10]公大夫：秦爵第七级。　[11]就为公乘：学者认为，前应有"故爵五大夫"。公乘，秦爵第八级。　[12]"就为五大夫"二句：原来爵位是公乘的，升而为五大夫，享受某邑三百家的地税。就为五大夫，学者认为，前应有"故爵公乘"。五大夫，秦爵第九级。税邑三百家，国家把某城邑三百家的地税赏赐给某人。　[13]故爵五大夫：学者认为，后文有"就为大庶长。故大庶长，就为左更。故四更也，就为大良造"共22字，现移至"故爵五大夫"后。其中，"大庶长"的"大"字乃衍文，"庶长"实际包含"左庶长"（第十级）"右庶长"（第十一级）；一说认为，"大"字两次出现，恐不为衍文，似应左面为一"丿"，右面为一"又"，合在一起，指"左右"。"四更"应为"三更"，"三"讹为"三"，"三更"即"左更"（第十二级）、"中更"（第十三级）、"右更"（第十四级）。大良造，即秦爵"大上造"，第十六级；第十五级是"少上造"，疑此处的"大良造"应为"上造"，合"少上造"与"大上造"而言之，"右更"之后，紧接着就是"少上造"。　[14]"皆有赐邑三百家"二句：都有城邑三百家、地税三百家的赏赐。指给予左右庶长、三更的赏赐。　[15]爵五大夫：明显系衍文，因为后面的"有税邑六百家者，受客"是接着前面"皆有赐邑三百家，有赐税三百家"说的，意思是享受税邑六百家的就可以养客了。 [16]受客：即养客。 [17]大将、御、参皆赐爵三级：主将、驭手和骖乘都赏赐爵位三级。先秦时期，打仗时主帅乘车，驭手居中驾车，主帅居左击鼓，骖乘居右搏击护卫（所以又称"车右"），驭手和骖乘都由有身份的人担任。御，驾驭战车者。参，参乘，又作"骖乘"。 [18]"故客卿相"以下三句：原来的客卿担任参谋人员的，完成标准的，升而为正卿。相，军中参谋人员。论盈，即"盈论"，完成任务标准。正卿，一国之内除了国君以外地位最高的政治人物。 [19]"就为大庶长"以下五句：此 22 字应移至本段"故爵五大夫"之后。

以战故 [1]，暴首三，乃校，三日，将军以不疑致士大夫劳爵。其县四尉 [2]，訾由丞尉。

立功受奖要立竿见影，不能拖延。

【注释】

[1]"以战故"以下五句：因为战斗而被杀死的敌人，首级摆出来三次，加以核验，不出三天，将军根据核实后没有疑问的结果，按功劳向官兵授予爵位。暴，暴露，展示。三，三次。校，核对，核验。不疑，没有疑问的，确实的。劳爵，因功劳而授爵位。 [2]"其县四尉"二句：学者认为，前文"夫劳爵，其县过三日有不致士大夫劳爵，能"17 字应移至此节"其县四尉，訾由丞尉"前，是。如果弄错了功劳，结果县里过了三天还没有向官兵按功劳授予官爵，那就罢免四名县尉，由丞尉来审判。夫劳爵，学者认为系衍文；一说三字中"夫"乃"失"字之讹，失劳爵，即弄错了功劳和官爵的数量。能，通"罢（罢）"，

免去……职务。四尉不详。訾，议，此处指议罪、审判。丞尉，县里有县丞、县尉。

能得爵首一者[1]，赏爵一级，益田一顷[2]，益宅九亩，一除庶子一人[3]，乃得人兵官之吏[4]。

秦国的确有凭军功进入行政管理机构的传统。

【注释】

[1]爵：严校本据他本改为"甲"。甲首，甲士的首级。　[2]益：增加。　[3]一除："一"应该是衍文。除，任命官员。庶子：即前文有爵位者请求官府得无爵位者做家内仆役。　[4]乃得人兵官之吏：得以进入军队或官府为官吏。人，入，形近而误。兵，军队。官，官府。

其狱法[1]，高爵訾下爵级。高爵能[2]，无给有爵人隶仆。爵自二级以上[3]，有刑罪则贬。爵自一级以下，有刑罪则已。

剥夺特权，反倒实现了特权；取消不平等，反倒实现了不平等。这就是秦制的一个内在矛盾！

【注释】

[1]"其狱法"二句：军中治狱之法，高爵位的人受罚即降低爵位等级。其，指军中的。訾，处罚。下，降级。　[2]"高爵能"二句：高爵位的人罢免后，就不再给他有爵位的人本该拥有的仆役。能，罢（罢）。隶，奴隶。仆，仆役，例如前文的"庶子"。　[3]"爵自二级以上"以下四句：二级以上的有爵位者，犯罪后即处以降级。一级以下有爵位者，犯罪后就免除爵位。贬，降级。已，止。

小夫死[1]，以上至大夫，其官级一等[2]，其墓树级一树。

等级制体现在方方面面，墓葬也不例外。

【注释】

[1]"小夫死"二句：从小夫往上直到大夫去世。小夫，军队中最低级别的军官，严校本做"小失"，误，据他本校改。大夫，从低到高的第五级爵位。　[2]"其官级一等"二句：官爵高一级，坟墓上的树就加种一棵。

其攻城围邑也[1]，国司空訾其城之广厚之数。国尉分地[2]，以徒、校分积尺而攻之，为期[3]，曰："先已者当为最启[4]，后已者訾为最殿。再訾则废。"内通则积薪[5]，积薪则燔柱。陷队之士[6]，面十八人。陷队之士[7]，知疾斗，不得，斩首；队五人，则陷队之士，人赐爵一级；死[8]，则一人后；不能死之，千人环，规谏，黥劓于城下。国尉分地[9]，以中卒随之。将军为木壹[10]，与国正监与王御史参望之。其先入者[11]，举为最启；其后入者，举为最殿。其陷队也[12]，尽其几者；几者不足，乃以欲级益之。

挖地道和敢死队是攻城战斗的核心内容。

爵位激励和刑罚威吓是战斗的根本动力。

【注释】

[1]"其攻城围邑也"二句：攻城围邑时，国司空估量城墙的宽度和厚度。国司空，秦官，掌管工程。訾，测量。其，严校本做"莫"，盖形近而误，据他本校改。　[2]"国尉分地"二句：国尉划出各部（挖地道）的地段，命校徒分得相应的立方尺（体积）来完成。国尉，秦官，掌全国军政。分地，分配挖掘的任务。徒、校，即校徒。积尺，立方尺，指体积。攻之，完成各自的任务。　[3]为期：定下期限。　[4]"先已者当为最启"以下三句：先完成任务的应该评为最先进，后完成的斥为最落后。斥责两次就取消资格。已，完成。启，开头，先进。訾，斥责，贬斥。殿，居后。废，取消。　[5]"内通则积薪"二句：挖通到城墙下面就可在里面堆积柴草，堆积了柴草就可焚烧城墙地基中的木桩。燔，焚烧。柱，城墙地基中支撑城楼的木桩。　[6]"陷队之士"二句：攻城敢死队的队长们，每个要攻击的方面带领十八人。陷队之士，攻城敢死队的队长。陷队，即深入敌人队伍，指敢死队；面，指城墙要攻打的方面。　[7]"陷队之士"以下七句：攻城敢死队的队长知道拼命战斗，他所带领的队伍若没有得到敌人首级，他要受斩首处罚，每队斩敌人首级五颗，队长赐爵一级。疾，急，拼命。不，按句义应为"而"，形近而误。　[8]"死"以下六句：队长如果战死，就由家里一人继承爵位；不肯死命作战，那就在千人面前处以车裂之刑，若有人劝阻，则处以脸上刺字和割去鼻子的刑罚。后，作为……的后人，即继承。环，通"镮"，车裂。规谏，劝阻。黥，在面上刺字涂墨。劓，割鼻。　[9]"国尉分地"二句：国尉划分攻城位置，用中军之卒跟随敢死队发起冲锋。中卒，中军之卒，应为精锐。　[10]"将军为木壹"二句：将军搭了木台，与国正监和王御史共同瞭望。壹，应为"台（臺）"，形近而误。正监，监察之官。王御史，王特派的检察官员。王，

严校本作"正"，据他本校改。参，共同。　[11]"其先入者"以下四句：先攻入城的记为先进，后入城的记为落后。　[12]"其陷队也"以下四句：敢死队中，都是自己主动参加的人组成的，自己主动参加的人不足了，就用盼望官爵升迁的人补足。几者，志愿者。几（幾），通"冀"，期望，盼望，有志愿之义。欲级，希望升迁。

【点评】

题目"境内"，系本篇第一句化约而成，与主题无涉。

不论男女，在政府都有户口登记，这说明秦制的确如有学者所说的，是一种具有现代性的政治组织。它在某种意义上，体现了平等的精神。当然，我们可以说，这是秦剥削人民的制度，这不错，因为现代性不一定没有剥削，没有压迫，它只是说人人平等、人人在公共机构面前具有同样的权利和义务。

这里所记的，证明秦爵是真实存在的。而且通过不厌其烦的详细描述，让读者切实体会到了军功爵制度的基本精神，只要达到了官府规定的标准，就可得到更高级别的爵位，爵位也就是利益。这就体现了以功劳授予官爵的原则，是秦国变法的基本精神。正因为有这种制度，韩非所谓的"猛将必发于卒伍"就是真实存在的制度，而不仅仅是一个政治理想。

给人印象深刻的是关于立功授爵的描述。战斗之后，都要做总结，展示成果，核验战功，及时兑现，完成因功劳而授官爵的工作，这样的军队，怎能不打胜仗！文字不多，抓住了要害，生动形象。

《荀子·议兵》有"五甲首而隶五家"的记载；《韩非子·定法》关于商君之法，也有记载："斩一首者爵一级，欲为官者为五十石之官；斩二首者爵二级，欲为官者为百石之官。"

爵位是一种特权，高爵位的人可以得到大量赏赐，包括可以役使奴仆；有爵位的人犯法，可以用降低爵位级别的办法暂时免受刑罚。照此推理，爵位高的人可以享有犯罪或多犯罪的特权。这种法治是市场化的，是信用化的，就像银行，功劳大的就相当于储蓄多，应对"不虞"的能力就强。

本篇还专门描述攻城战术，技术性很强，读了对古代攻城战术会有更详细、更真切的了解：例如，司空测量城墙的宽度和厚度，国尉划分地段，分配挖地道的位置和任务，设定攻城期限和攻城步骤，然后是组织敢死队，用爵赏给予刺激，用刑罚给予威吓，再加上高级官员现场督战，这些描述表明作者深谙此道。

本篇以户籍制度上的男女平等开头，中间对于军队建制和爵位制度做了详细描述，最后以攻城战术收束，从头至尾，没有一点血缘的东西，没有见到一个贵族的身影，看到的，仿佛就是普通人凭鲜活的血肉之躯，争取在政府的功劳簿上写下自己的姓名，以获得财产、特权和富足生活。

不过，必须一提的是，在本篇文字中，虽然不会见到血缘的关系，却可以嗅到血腥的味道！立功授爵，那是以割下敌人的一颗颗头颅实现的！而战斗的失利，哪怕仅仅是出师不利，也会动用严酷的刑罚，让己方的战士付出鲜血和生命的代价！这就提醒我们，正像我们在批判秦制的残酷性时不能忘记它的现代性一样，我们在承认秦制具有现代性色彩的时候，也决不要忘了它的残酷性。

弱民第二十

民弱国强^[1]，国强民弱。故有道之国，务在弱民。朴则强^[2]，淫则弱。弱则轨^[3]，淫则越志。弱则有用^[4]，越志则强。故曰：以强去强者^[5]，弱；以弱去强者，强。

【注释】

[1]"民弱国强"二句：民弱了国才会强，国强在于民弱。 [2]"朴则强"二句：（民）朴实（国）才会强；（民）淫逸（国）就会弱。朴，朴实；淫，逸，不受约束。 [3]"弱则轨"二句：（民）弱就会遵守法度，（民）淫逸就要破坏规矩。轨，守规矩，守法度。越志，野心膨胀，超越规矩。 [4]"弱则有用"二句：民弱而守法则可以使用，民膨胀而违法就会强悍不羁。按上下文，"弱则有用"应为"轨则有用"。 [5]"以强去强者"以下四句：采用强民的办法去除强民，国家就弱；采用弱民的办法去除强民，国家就强。

弱民是古代中国自秦以后国家政权往往要做的事，因为这里所谓的民指的是强民，即有势力、不服国家权威的豪强。

民^[1]，善之则亲，利之用则和。用则有任^[2]，和则匮，有任乃富于政。上舍法^[3]，任民之所善，故奸多。

法是"公共"理性的代表。所谓民的喜好，往往是少数上层人士的偏见，却长期被当作全社会的价值观。战国时代，这一状况发生了根本性的改变。商鞅派法家是推动这一变革的先驱者。

【注释】

[1] "民"以下三句：人民，用他们所喜欢的方式对待他们，他们就会爱自己的亲人；役使他们并使他们从中得利，他们就会亲附于你。　[2] "用则有任"以下三句：役使他们（指民），他们就能承担任务，让他们亲附，他们就会竭尽所能，以这种状态承担任务，政治才会有好成绩。任，任务。匮，竭尽（力量）。富于政，政治有成效。　[3] "上舍法"以下三句：君上舍弃法度，按人民所喜欢的方式来行政，结果奸邪就多。舍，弃。

民贫则力富^[1]，力富则淫，淫则有虱。故民富而不用^[2]，则使民以食出，各必有力，则农不偷。农不偷^[3]，六虱无萌。故国富而贫治，重强。

【注释】

[1] "民贫则力富"以下三句：人民贫穷就要用力劳作而致富，劳作致富又会变得游荡，游荡就会产生"虱子"。　[2] "故民富而不用"以下四句：人民富裕了又不能参加战事，那么就要他们用粮食捐纳官爵，各自必须贡献力量，这样，农民就不会懒惰了。用，指用于战争。以食出，用粮食捐纳（官爵）。有力，即以力、用力。偷，懒惰。　[3] "农不偷"以下四句：农民不懒惰，六虱

就不会萌生。所以，国家富裕而采用使民贫穷的方法来治理，就会强上加强。六虱，六种虱子，破坏国家秩序的六种人，具体所指，本篇与其他篇不同，见下文。萌，萌生，出现。贫，严校本作"民"，据他本校改。重，重叠，更加。

兵易弱难强[1]。民乐生、安佚，死难、难正，易之则强。事有羞[2]，多奸；寡赏，无失。多奸疑[3]，敌失必，利。兵至强[4]，威；事无羞，利。用兵久处利势[5]，必王。故兵行敌之所不敢行[6]，强；事兴敌之所羞为，利。

【注释】

[1]"兵易弱难强"以下四句：军队削弱容易强大艰难。人民爱惜生命、安于逸乐。爱惜生命，所以难以为国赴死；安于佚乐，所以难以为国征战。什么时候（把为国赴死和为国征战）看得容易了就强大了。乐生、安佚，喜欢活着，安于逸乐。死难、难正，与之相对，"死难"对"乐生"，"难正"对"安佚"。正，征，征伐。　[2]"事有羞"以下四句：（敌国）做事有羞耻感，奸人就多；（本国）赏赐不滥，就万无一失。羞，耻，指敌国羞于战阵。奸，指违抗国家法令，拒绝从军参战的人。　[3]"多奸疑"以下三句：奸人多了必生疑虑，敌国因此而必然失败，这对我方有利！[4]"兵至强"以下四句：军队极其强大，因此而有威力；军事行动毫无可耻之感，才会有利。　[5]"用兵久处利势"二句：用兵长期处于有利形势的，一定成就王业。　[6]"故兵行敌之所不敢行"以下四句：所以，军队做敌人所不敢做的事，就一定会强大；

敢做敌人感到羞耻的事情，就一定会带来利益。

法有 [1]，民安其次；主变，事能得齐。国守安 [2]，主操权，利。故主贵多变 [3]，国贵少变。

【注释】

[1]"法有"以下四句：国有法度，则民安其位；主通权变，则事能得济。次，居所。齐，济，凡事做得好曰济。 [2]"国守安"以下三句：国家要保持安定，君主要掌握权衡，这样才有利。 [3]"故主贵多变"二句：所以，君主要重视多所变化，国家要重视少有变化。

国家治理讲究稳定，君主掌权讲究变化。把两者区分开来，大有深意！

利出一孔 [1]，则国多物；出十孔，则国少物。守一者治，守十者乱。治则强，乱则弱。强则物来，弱则物去。故国致物者强 [2]，去物者弱。

【注释】

[1]"利出一孔"以下四句：利益出于一个孔道，那么国家就会物资充盈，利益出于十个孔道，那么国家就会物资减少。利，指爵位禄位等赏赐。孔，孔道，渠道。 [2]致：获得。

"利出一孔"，财富就多，国家就得到治理；利"出十孔"，财富就少，国家就变得混乱。其中道理，值得深思。

民 [1]，辱则贵爵，弱则尊官，贫则重赏。以刑治民，则乐用；以赏战民，则轻死。故战事兵用曰强。民有私荣[2]，则贱列卑官；富则轻赏。治民羞辱以刑[3]，战则战。民畏死事[4]，乱而战，故兵农怠而国弱。

商鞅派法家重视贫民参军，对受到屈辱的、处境卑弱的、生活贫穷的民众，尤其看重；至于富裕之民参加军队能否有良好的表现，则持怀疑态度。这说明作者对世道人心有深刻了解。

【注释】

[1] "民"以下九句：人民，屈辱的，就会珍惜爵位；软弱的，就会尊重官吏；贫穷的，就会看重赏赐。所以，用刑罚来治理民众，民众就乐意为你所用；用赏赐激励民众参战，民众就会看轻死亡。所以，临战整饬，士兵出力，这就叫做强。战事兵用，战时整齐，士兵乐战。事，治。　[2] "民有私荣"以下三句：民若有个人的荣誉观，就会看轻爵位，鄙视官职；富裕了就会轻视赏赐。私荣，个人的荣誉观。贱，看轻。列，爵位。卑，鄙视。官，官职。　[3] "治民羞辱以刑"二句：统治人民要用刑罚羞辱他们，这样，要他们作战他们才会勇猛战斗。 [4]"民畏死事"以下三句：如果人民害怕死于战争，就会胡乱地参加战斗，所以，士兵和农民怠惰，国家就会削弱。

农、商、官三者[1]，国之常食官也。农辟地[2]，商致物，官法民。三官生虱六[3]：曰"岁"，曰"食"；曰"美"，曰"好"；曰"志"，曰"行"。六者有朴，必削。农有余食[4]，则薄燕于岁；商有淫利[5]，有美好，伤器；官设而不用[6]，志行为卒。六虱成俗，兵必大败。

此处所说的六虱指的是农民、商人和官员的不良行为，与《去强》相近，与《靳令》则大相径庭。

【注释】

[1]"农、商、官三者"二句：务农、经商和做官是国家固定的谋生职业。常食官，固定的谋生职业。食，以……为食，即以……为饭碗。　[2]"农辟地"以下三句：农民开垦土地，商人提供物资，官员治理人民。辟地，开垦土地。致物，提供物资。致，严校本无，据他本补。法民，治民。法，当为"治"，形近而讹。　[3]"三官生虱六"以下九句：这三种职业产生六种"虱子"：一叫"岁虱"，年终请客；二叫"食虱"，大吃大喝；三叫"美虱"，贩卖华美衣物；四叫"好虱"，贩卖珍奇玩好；五叫"志虱"，意志消沉；六叫"行虱"，办事消极。这六者有了依靠，国家必然削弱。朴，附，依靠。　[4]"农有余食"二句：农民有了剩余的粮食，就会在年终大肆请客。薄，勉，大肆。燕，通"宴"，请客吃饭。　[5]"商有淫利"以下三句：商人在贩卖华美衣物、珍奇玩好中获得暴利，就会妨害实用器具的经营。淫利，超额利润，暴利。伤器，妨害真正实用的器具。　[6]"官设而不用"二句：官吏在职却不做事，意志和行为都成了病态。卒，通"瘁"，病。

法枉治乱[1]，任善言多，治众国乱，言多兵弱，法明治省，任力言息，治省国治，言息兵强。故治大国小[2]，治小国大。

法家精兵简政，多做少说，效率为上，但负面效应是君主专制。儒家标举礼德，崇尚言谈，有民主作风，但负面效应是豪强主义。

【注释】

[1]"法枉治乱"以下八句：法度邪曲，政治就会混乱；遵循社会通行的所谓善，各种言论就会杂多；治理的方法过多，国家就会纷乱；言谈多了，军队就会削弱。反之，法度明确了，政治就会减省；任用力量，言谈就会平息；治道减省，国家就会大治；

言谈平息了，军队就会强大。枉，曲。　　[2]"故治大国小"二句：政治活动繁杂，国家就弱小；政治活动精简，国家就强大。

政作民之所恶[1]，民弱。政作民之所乐[2]，民强。民弱国强，民强国弱。故民之所乐民强[3]，民强而强之，兵重弱。民之所乐民强[4]，民强而弱之，兵重强。故以强重弱[5]，弱重强，王。以强政强弱[6]，弱存。以弱政弱强，强去。强存则弱[7]，强去则王。故以强政弱[8]，削；以弱政强，王也。

要用民所厌恶的办法（刑法）来弱民，弱民是成就王业的根本途径！

【注释】

[1]"政作民之所恶"二句：政治措施采用民所厌恶的，民就弱。民之所恶，指刑罚。　　[2]"政作民之所乐"二句：政治措施采用民所喜欢的，民就强。民之所乐，指礼乐。　　[3]"故民之所乐民强"以下三句：政治从民所乐意的做起，结果就是民强，民强，而又帮助他们强，结果，国家的军队就弱之又弱了。　　[4]"民之所乐民强"以下三句：学者认为本句原文应作"民之所恶民弱，民弱而弱之，兵重强"。政治从民所厌恶的做起，结果就是民弱，民弱而又使他们变得更弱，国家的军队就会强而又强了。　　[5]"故以强重弱"以下三句：学者认为当作"故以强重弱，削；以弱重强，王。"用使民强悍的办法，结果军队就弱而又弱，国土因此就削减；如果用使民弱小的办法，结果军队就强而又强，因此就会成就王业。　　[6]"以强政强弱"以下四句：用使民强悍的办法整治强民，

结果国弱，因为强民保存下来了；用使民弱小的办法整治弱民，结果国强，因为强民去除了。政，正，使……正，即整治……而使其正。　[7]"强存则弱"二句：强民保存下来，国家就弱；强民去除了，国家才会成就王业。　[8]"故以强政弱"以下四句：采用使民强悍的办法整治弱民，国家就会削减；采用使民弱小的办法整治强民，国家就会成就王业。政，正，整治。

　　明主之使其臣也[1]，用必加于功，赏必尽其劳。人主使其民信此如日月[2]，则无敌矣。今离娄见秋豪之末[3]，不能以明目易人；乌获举千钧之重，不能以多力易人。圣贤在体[4]，性也，不能以相易也。今当世之用事者[5]，皆欲为上圣，举法之谓也。背法而治[6]，此任重道远，而无马牛；济大川而无舡楫也。今夫人众兵强，此帝王之大资也。苟非明法以守之也，与危亡为邻。故明主察法，境内之民无辟淫之心[7]，游处之士迫于战阵[8]，万民疾于耕战[9]。有以知其然也。楚国之民[10]，齐疾而均，速若飘风，宛钜铁钝[11]，利若蜂虿[12]；胁蛟犀兕[13]，坚若金石。江、汉以为池[14]，汝、颍以为限[15]。隐以邓林[16]，缘以方城。秦师至[17]，鄢郢举，若振槁，唐蔑死于垂涉，庄蹻发于内，楚分为五。地非不大也，民非不众也，甲兵财用非不多也；战不胜，守不固，此无法之所生也，释权衡而操轻重者[18]。

要想强国，只有法治一条路！

【注释】

[1]"明主之使其臣也"以下三句：英明的君主役使臣子，任用时，一定要把官职授予有功绩的人；赏赐时，一定要让他们贡献全部力量。　[2]"人主使其民信此如日月"二句：君主要让人民相信这一点，就像相信日月之有规律一样，那么就会无敌于天下。　[3]"今离娄见秋豪之末"以下四句：离娄能看见鸟兽在秋天新长出毫毛的尖，可却无法把自己明亮的眼睛换给他人；乌获能举起千钧重量，却不能把自己的力气转移给人家。离娄，传说古代视力超群者。以，严校本无，据他本补。乌获，秦武王时的大力士。钧，重量单位，一钧三十斤。　[4]"圣贤在体"以下三句：身体之内的聪明睿智和贤明有才，那是本性啊，不能用来互换的。　[5]"今当世之用事者"以下三句：当今时代的掌权者，若想成为上等的圣人，那就看他怎么使用法度了。皆，学者认为当为"若"字，形近而讹。举，用。　[6]"背法而治"以下四句：违背法度实施治理，这就像背着很重的负担却没有马牛；又像横渡大河而没有船和桨。济，渡。舡（chuán），船。楫（jí），撑船的竿子。　[7]辟：邪辟。淫：逸乐。　[8]游处之士迫于战阵：游士和处士也被迫参加战斗。游，游士，说客。处，处士，隐者。士，严校本误作"壬"，据他本校改。阵，军阵。　[9]疾：急，努力。　[10]"楚国之民"以下三句：楚国人民，敏捷而整齐，速度像飘风一样快。齐疾，敏捷。均，整齐。　[11]宛：楚国地名，今河南南阳。钜：钢。铊（shī）：短矛。　[12]利若蜂蛋（chài）：锋利得像蜂和蝎的刺一样。蛋，蝎。[13]胁：两肋，此处作动词，

着于两肋。蛟：通"鲛"，楚国人用鲛鱼皮做甲。犀兕（sì）：犀牛，古代用犀牛皮做甲。　[14]江：长江。汉：汉水。　[15]汝：汝水。颍：颍水。　[16]"隐以邓林"二句：用邓林来隐蔽，用方城来做边界。邓林，据古代传说系神秘的树林，又作地名，大概在今湖北武当山东南部地区。方城，楚国北面长城，大概在今河南邓州、镇平县、方城县、泌阳县一带。　[17]"秦师至"以下六句：秦国军队到达，攻下鄢郢，就像抖动一下枯叶，唐蔑死于垂涉，庄蹻从内地出发，楚国分为五部分。鄢、郢，楚国地名，在今湖北宜城西。举，拔，攻占。振槁，摇动枯树叶。唐蔑（？—前301），一作唐昧，楚国将领；垂涉，或作"垂沙"，楚国地名，大概在今河南唐河县西南。庄蹻（？—前256），一作庄豪，楚国将军。　[18]释权衡而操轻重：放弃秤杆和秤砣，而用手衡量轻重，比喻不用法度。

附：《荀子·议兵》相似文字
（据王先谦《荀子集解》校定）

楚人鲛革犀兕以为甲，鞈如金石，宛钜铁釶，惨如蜂虿，轻利僄遫，卒如飘风，然而兵殆于垂沙，唐蔑死，庄蹻起，楚分而为三四。是岂无坚甲利兵也哉！其所以统之者非其道故也。汝、颍以为险，江、汉以为池，限之以邓林，缘之以方城，然而秦师至而鄢、郢举，若振槁然。是岂无固塞隘阻也哉？其所以统之者非其道故也。

【点评】

本篇与《去强》内容相近，前后呼应，可以对读。题目"弱民"，主张加强法治，使强民变得弱小，国家变得强大。弱民和强国是结合在一起的，这样看，篇名就与全篇内容吻合了。

本篇开头即提出民和国的关系问题，指出，民弱了，国才能强；国要想强，就一定要弱民。结论："有道之国，务在弱民。"在习惯了民主话语的当代人听起来，真的十分刺耳，以为商鞅派法家公然与人民为敌，实在是反动透顶。可是仔细读下去，又会发现，事情并不那么简单。这里所要使之变弱的民，事实上不会是普通的民，更不可能是贫穷无告的底层人民。能够成为本篇所要使之弱小的民的，往往是那些胸怀不同志向、超出国法范围的有身份、有地位、有力量、有影响的民，他们有闲暇超脱一般生产劳动，有高于绝大多数人的社会地位，后世史家常常用来指称这类人的一个词叫"豪强"。这样的人多了，国家当然就弱了，国家要想强大，就必须削弱这样的民。这是秦以后古代中国国家政权的一项重要政治任务，当然，能不能做到是一回事，想不想做则是另一回事。在古代中国，凡是中央集权势力稳固和强大的时候，都要严厉打击豪强，维护国家权威。而中央集权势力动摇和衰弱的时候，往往又是各地豪强势力膨胀扩张的时候。只是由于价值观的分歧，对于这些人的历史评价也会有所不同。

本篇所要弱的民，就是这样的豪民。在春秋时代及以前，他们一直是传统社会的价值观的代表者，到了战国时代，则成为新兴集权国家打击的目标。

阅读本篇，很明显地可以感受到民是分为上下两层的，对待不同层级的民，政策是不同的。对于受屈辱的、软弱的、贫穷的下层民众，可用赏刑政策激励他们参军参战。而对于有个人意志、不服从国家法令的富裕之民则采用削弱的办法加以对待，因为这些人轻视爵位和官职，鄙薄国家颁授的赏赐，又贪生怕死，厌恶劳作，如果民都像他们这样的怠惰，国家必然导致削弱乃至灭亡。

本篇还讨论了以下几个方面的问题。

关于应对邦际间军事斗争的策略。作者指出，军队要想强大，很难，要想变弱，则很容易。军队要强大，就一定要做敌人不敢做、羞于做的事情。

关于君主统治与国家施政策略的异同。作者指出，国家制度要稳定少变，国君理政要灵活多变。国君对待国内事务和对外事务要根据形势变化而有不同做法。

关于集中国家资源的策略。作者再一次重申了利出一孔的原则，认为是国家治理或发挥资源优势和威力的根本办法。

关于如何对待"六虱"。作者认为，农民、商人、官员这三种职业都会产生不利国家发展的负面因素，每个职业有两个，一共六个，叫六虱。看来，"六虱"这个词，使用起来比较灵活，可以随时赋予不同的含义，但都是负面的，是打击的对象。

关于如何搞好法治。作者认为，法度邪曲、因循俗见、治理的人多、进言的人多，结果法治不彰；反之，法度明确、崇尚力量、减少治理、止息言谈，这样，法治就会伸张。所以，政治搞得越繁杂，国土就会越小；政治搞得越精简，国土反而会越大。由此可见，法家思想与道家在精兵简政上有一致之处；而与儒家的尚言谈、任私誉正相反对。

其实，所谓做敌人不敢做、羞于做的事情，所谓国贵少变，主贵多变，所谓利出一孔，所谓整治六虱，所谓法度明确，精兵简政，说的都是加强法治，集中国家力量的事，都离不开动员基本群众投身农战事业，限制和打击违背法治、扰乱国家政务的少数强民的主题。

正因为全篇是从各个方面说明弱民和强国主题，所以，在文章快结束的时候，行文就明确回到弱民主题上来。作者重申，政治从民所厌恶的事情做起，民就会弱；政治从民之所喜欢的事情做起，民就会强。民弱国强，民强国弱。民和国的强弱是完全相反的。过去，学者忽视了这里的民在实践过程中只能指向强民，即豪强之民，所以，以此为据，说法家是反人民的，读者不明所以，也信以为真，跟着谩骂法家独裁、专制、与民为敌、惨无人道。其实，人民从来就不是铁板一块，内部永远是有结构，有分化的。豪民也叫民，细民也叫民，你说人民的时候，指的是哪一种民？这才是问题的关键。抓住了这个关键，一切问题就迎刃而解了。在实际政治生活中，豪民与官府有时会处在尖锐的矛盾和斗争中。一般情况下，豪民会得益于国家秩序，但随着势力的增长他们又的确会威胁到国家的制度和统治。正因如此，打击豪民，稳固小民，让下层民众在一定的范围内得到富贵的机会，就是法家的政策主张。

文章最后有与《荀子·议兵》的部分内容相似但语序略有不同的文字，学者以为系《商君书》杂抄《荀子》。仔细阅读，发现：两文都列举了楚国若干客观情况，但论证的目标显然有所不同。《议兵》描述楚国形胜势便，结论却是认为：楚国虽有如此好的条件，却无法抵抗秦国进攻，是因为掌握全局的人没有实行符合道的政策。而《弱民》则明确地把原因归结为没有实行法治。看来，两书分享了描写楚国客观形势的文字，而且都把它作为反面教材，但《议兵》想说明的是楚国行事没有符合荀子所信奉的道，所以导致地削国破；《弱民》想说明的却是楚国行事没有符合商鞅派法家所信奉的法治原则，所以导致地削国破。《弱民》涉及史实时间较晚，《议兵》中有荀子和李斯的对话，时间也较晚，很难说谁抄谁。

阅读本篇这段文字，很容易联想到楚国变法失败、奸臣当道的历史记载。由此可以断定，楚国之所以招致如此悲惨的结局，就是因为不能有效地实行法治，或者干脆说，是因为没有做好弱民强国的工作。这不恰恰是从反面为弱民这个主题提供了一个真实而生动的例证吗？

御盗第二十一（亡佚）

外内第二十二

民之外事，莫难于战，故轻法不可以使之。奚谓轻法[1]？其赏少而威薄、淫道不塞之谓也[2]。奚谓淫道？为辩知者贵、游宦者任、文学私名显之谓也[3]。三者不塞，则民不战而事失矣[4]。故其赏少[5]，则听者无利也；威薄，则犯者无害也。故开淫道以诱之[6]，而以轻法战之，是谓设鼠而饵以狸也，亦不几乎！故欲战其民者[7]，必以重法。赏则必多[8]，威则必严，淫道必塞，为辩知者不贵，游宦者不任，文学私名不显。赏多威严，民见战赏之多则忘死，见不战之辱则苦生[9]。赏使之忘死，而威使之苦生，而淫道又塞，以此遇敌[10]，是以百石之弩射飘叶也[11]，何不陷之有哉[12]？

【注释】

[1]奚：何。　[2]威：指刑罚。淫道：散漫逸乐的行为。　[3]为辩知者贵、游宦者任、文学私名显之谓也：从事辩论智慧之事者尊贵，游说者受到任用，读《诗》《书》者出人头地。辩知，辩才，知识。游宦，游走而谋官者，游说。文学，当时以《诗》《书》为文学。私名显，个人名誉得到传扬。　[4]事失：战事失利。　[5]"故其赏少"以下四句：因此，赏赐少了，那么服从者就不能获利（奖赏）；刑罚轻了，那么犯法者就得不到损害（惩罚）。听者，服从法律者，与"犯者"相对。　[6]"故开淫道以诱之"以下四句：所以，打开散漫逸乐通道来引诱人们，又用轻刑让他们战斗，这就像是用狸猫做诱饵去捕鼠，不是人民所希望的吧！设，设置某种器具以抓捕。饵，饵料，诱饵，此处用作动词，意即当作饵料。狸，猫。不几，不是希望的。几，冀，希望。　[7]战其民：使其人民战斗。　[8]多：丰厚，指量大，而非次数频繁。商鞅派法家主张赏要厚，但不宜频数。　[9]见不战之辱则苦生：见到因为逃避战斗所受到的刑罚羞辱而感到活着就是受苦。　[10]遇：见到，迎击。　[11]石：一百二十斤。弩：一种一次可以发射多支箭的机械。飘叶：飘落的树叶，比喻最轻薄之物。　[12]陷：穿透。

民之内事，莫苦于农，故轻治不可以使之。奚谓轻治？其农贫而商富，故其食贱者钱重[1]，重农可以，为什么要抑商？为什么不能用市场调节来刺激农业生产？粮食少了，价格不就上涨了吗？担心什么呢？

想一想，战国时代，哪个邦国可以等到粮食少了、粮价上涨了才来解决农的问题？没有！也不会有！战争形势下，不容许粮食有一刻的减少，市场上的时间差，没有哪个政府能等得起。

再者，市场即使真的刺激了农业生产，可是却不能杜绝商人的囤积居奇，如果全部听凭市场，政府还要接受商人的加价售粮。这是政府不能容忍的。

最大的问题是商人又往往扮演着高利贷者的角色，有着分化、瓦解农民和农业生产的邪恶作用。

所以，战国时代要重农就一定要抑商。

食贱则农贫，钱重则商富；末事不禁[2]，则技巧之人利，而游食者众之谓也。故农之用力最苦，而赢利少，不如商贾、技巧之人。苟能令商贾、技巧之人无繁[3]，则欲国之无富，不可得也。故曰：欲农富其国者，境内之食必贵，而不农之征必多[4]，市利之租必重[5]，则民不得无田。无田不得不易其食[6]，食贵则田者利，田者利则事者众。食贵[7]，籴食不利，而又加重征，则民不得无去其商贾、技巧，而事地利矣。故民之力尽在于地利矣。

【注释】

[1] 食贱者钱重：钱币和粮食形成反相关关系，粮食价格低了，就说明钱币更值钱了。贱，便宜，价格低。重，贵重，购买力强。　[2] "末事不禁"以下三句：工商不禁止，那么有技巧的人就会获利，而游走谋食的人就多。末事，指工商业。技巧之人，手工业者。游食者，商人。　[3] 繁：多。　[4] 不农之征：农业以外其他行业的徭役。不农，非农业的。征，征收，征发，此处应指徭役。　[5] 市利之租：商人的税收。　[6] "无田不得不易其食"以下三句：不种田就不得不购买粮食，粮食贵了那么耕田者就能获利，耕田者获利，那么从事耕田的人就越来越多。田，此处用作动名词，义即"耕田"。易其食，通过交易得到粮食，义即购买粮食。　[7] "食贵"以下五句：粮食贵了，购买粮食就

无利可图了，再加上沉重的徭役和赋税，那么民众不得不放弃从事手工业和经商活动，而从事土地之利（指耕田）啦。籴，购买粮食。

故为国者[1]，边利尽归于兵[2]，市利尽归于农[3]。边利归于兵者强，市利归于农者富。故出战而强、入休而富者[4]，王也。

【注释】

[1]为国：治理国家的人。　[2]边利：边境上得到的利益。　[3]市利：市场上得到的利益。　　[4]休：与战相对，指和平休息。

【点评】

本篇以"外内"为题，言对外战事和对内农耕的政策和策略问题，文题相应。学者认为应是商鞅本人所作。

第一段言对外。战事，需严刑重赏。道理似乎已经很清楚，论述理由充足，仿佛高屋建瓴，自上而下，一泻千里。如果单纯这样写，那意义就不大了。本篇要说的是问题。在严刑重赏问题上，存在着不同的做法，这才是问题所在。什么做法呢？那就是轻法，就是赏少而威薄。为什么会有如此的轻法？那是因为有淫道的缘故！什么是"淫道"？就是有辩才有知识的人受重视，到处游说的人被任用，读《诗》《书》的出人头地。有了这三者，人民就不愿意参战了，战事也就必然要失利。道理很清楚，赏赐少了，听从命令参加战斗的人不能获利；刑罚轻了，违反命令逃避兵役的人得不到贬损，如此，要想让战士拼命去打仗，那就像要捕鼠却用狸猫做诱饵一样，实在不是人民所希望的啊！

"设鼠而饵以狸"，是一个精妙比喻，是战国时代贡献的又一个文化成果。

民众的对内事务，最苦的就是农业，法治轻了同样不能奏效。在作者眼里这个道理似乎也很清楚，不烦细说。但问题是什么？这才是关键。作者看来，问题出在市场上。粮食贱了，钱币就重，钱币重了，人们就都知道钱珍贵，就竞相从事手工业和商业，希望更容易地获得钱币，这样，从事农业的人就会越来越少，人民就无心再下苦力种田了。有人也许会说，工商业者多了，到一定程度，钱就多了，货币过多，钱就不值钱了，那岂不是粮食价格就升上去了吗？不是物以稀为贵么！那时候，农民不就盈利了么！恐怕不能这么简单的看问题吧。因为有许多因素会产生影响，到不了钱币增多那一天，农业就可能崩溃了。工商获利的诱惑实在太大，稍不留神，农业的从业者就无心本业，纷纷离开土地。土地的生产周期是一年，人误地一时，地误人一年。待人民发现生产部类从业人员比例严重失调，市场饱和，钱币过多时，农业已经破产了。所以，农业与手工业和商业的关系，不仅仅是市场问题，还是吃饭问题，是农时问题。当时的粮食供应，基本靠国内，一旦违了农时，国家就会陷入饥荒。市场经济学是玩不得的。所以，只能靠政府严格管控，人为调节干预市场，提高工商赋税，限制工商业，以稳定农业，扩大农民人口，增加耕地面积，来保证国家的经济基础的稳固。这是本篇给人的最大启示。

这里提出边利和市利问题，很有意思。边利就是战争，战争之利，其实都是国家的，君主的，可是这里却说成是给了士兵，这就是秦国政府的高明处。市场之利过去是归商人的，现在，抑商，越来越多的人从事农业，不从事农业的人就必须付出高价来购买农产品，这样，市场上的利润，看起来好像就归了农民了。这又是秦国政府的高明之处。其中显然有宣传的意味。

此篇虽短，但主题明确、行文扼要，说理透彻，逻辑性强，是一篇难得的好文章。

君臣第二十三

古者未有君臣上下之时，民乱而不治。是以圣人列贵贱，制爵位，立名号，以别君臣上下之义。地广，民众，万物多，故分五官而守之[1]。民众而奸邪生，故立法制、为度量以禁之[2]。是故有君臣之义、五官之分、法制之禁，不可不慎也。处君位而令不行，则危；五官分而无常[3]，则乱；法制设而私善行[4]，则民不畏刑。君尊则令行，官修则有常事[5]，法制明则民畏刑。法制不明，而求民之行令也，不可得也。民不从令，而求君之尊也，虽尧、舜之知[6]，不能以治。明王之治天下也，缘法而治[7]，按功而赏。凡民之

从自然状态的描述径直说到国家和法制的起源，没有给儒家的礼治主张留下任何余地，可见作者论说意图之明确。

所疾战不避死者[8]，以求爵禄也。明君之治国也，士有斩首、捕虏之功，必其爵足荣也，禄足食也；农不离廛者[9]，足以养二亲，治军事。故军士死节[10]，而农民不偷也。

【注释】

[1]五官：按古代史籍所见，应为司徒、司马、司空、司寇、司事，分别掌管教化、军事、工程、治安、农事。 [2]度：丈量长度的工具。量：衡量多少的容器。 [3]常：法。 [4]私善：个人所认为的好，指与官方不同的个人价值观。 [5]修：整饬。 [6]知：智。 [7]缘：顺，循，遵循。 [8]疾：急切，努力。 [9]"农不离廛者"以下三句：农人不离开乡里的，足够养活双亲，习武事。廛，一户所居住的宅基地和房屋，此处指乡里。二亲，双亲，父母。治军事，即习武事，古代兵农一体，农闲习武。 [10]"故军士死节"二句：所以，战士死于值守，而农民绝不懒惰。死节，因职责（节）而死。偷，懒惰。

今世君不然[1]，释法而以知，背功而以誉。故军士不战，而农民流徙[2]。臣闻：道民之门[3]，在上所先。故民，可令农战，可令游宦，可令学问，在上所与[4]。上以功劳与，则民战；上以《诗》《书》与，则民学问。民之于利也，若水于下也，四旁无择也。民徒可以得利而为之者[5]，

法家不反对家庭制度，承认孝亲伦理，与儒家一致；但不允许它优先于国家制度和法令，则与儒家不同。

人民追求利益，就像水往低处流淌，没有固定方向。这是法家政治主张的人性论预设。

上与之也。瞋目扼腕而语勇者得[6]，垂衣裳而谈说者得[7]，迟日旷久积劳私门者得[8]。尊向三者[9]，无功而皆可以得，民去农战而为之[10]，或谈议而索之，或事便辟而请之，或以勇争之。故农战之民日寡，而游食者愈众，则国乱而地削，兵弱而主卑。此其所以然者，释法制而任名誉也[11]。

【注释】

[1]"今世君不然"以下三句：当今的君主则不然，放弃法律而用智慧，违背以功劳而奖赏的做法却靠名誉。释，放弃，丢弃。知，智，指君主个人的智能。誉，名声，名誉，指社会上认可的善行。　[2]徙：迁徙。严校本误作"徒"，据他本校改。　[3]"道民之门"二句：引导民众的门径，在于君上走在前面。道，导。门，门径，途径。先，领先，先导。　[4]与：给予，此指给予爵禄；一说赞赏、赞同。　[5]民徒可以得利而为之者：人民只要有可以得利的事就会去做。徒，但，只要。　[6]瞋目扼腕而语勇者得：瞪大眼睛、撸着胳膊，空喊勇猛的得到利益。瞋目，瞪大眼睛。扼腕，撸着胳膊，表示激愤。语勇，向人家说（自己）勇敢。　[7]垂衣裳而谈说者得：垂下宽大衣裳高谈阔论者得到利益。垂衣裳，下垂衣裳。衣服宽大，所以下垂，或意指从容镇定。谈说，指长篇大论地说辞。　[8]迟日旷久积劳私门者得：长期效力且有功于豪门的人得到利益。迟，长久。旷，远。积劳，积累劳苦，指效力日久年深。私门，有权势的大臣、豪门。　[9]"尊向三者"

二句：尊崇刚刚提到的这三种人，那无功者就都可以得到利益了。向，刚刚（提到）的。　[10]"民去农战而为之"以下四句：那么，民就要离开农战而做别的事情了，或者通过言谈议论而索要利益，或者巴结君上宠爱之人而请托，或者故作勇猛而争要。索，索要。事，巴结，逢迎。便辟，即"便嬖"，君主宠爱的人。请，请托。　[11]任：凭，靠。名誉：以《诗》《书》为名誉。

故明主慎法制。言不中法者[1]，不听也；行不中法者，不高也；事不中法者，不为也。言中法，则辩之[2]；行中法，则高之；事中法，则为之。故国治而地广，兵强而主尊，此治之至也。人君者不可不察也。

【注释】

[1] 中：合。　[2] 辩之：意动用法，意即认为……是有说服力的。下文"高之""为之"一例。辩，有说服力的。

【点评】

篇名"君臣"，系开篇第一句中拈出，并非本篇主题。

开篇从自然状态说起，古代没有君臣上下等级制度，所以混乱而无治理。圣人创制君臣上下的道理，安排官员加以管理，设立法度用以禁止奸邪。由此指出，英明的君主治理天下，一定要遵循法度，按功而赏。人民为什么要在战场上努力杀敌？还不是为了获得爵禄么？既然如此，英明的君主就一定做到：战士有了斩敌首级、捕获俘虏的功劳，颁发的爵位要足够让他荣耀，赏赐的俸禄要足够让他吃用；居住乡里的农民要能够养活二老双亲，同时还要有余闲练兵习武。只有这样，战士才会为了职责而死，农民才不会懒惰。

接着，话锋一转，指出当今的君主丢弃了法治而凭个人的智慧，违背了功劳而听信传闻的声誉。结果，战士就不战斗了，农民甚至流徙各地。为什么这样说呢？作者指出，老百姓的何去何从，全靠上面的引导和示范，你可以让他们耕田参战，也可以让他们游说觅官，还可以让他们从事学问，就看你表扬什么。你表扬功劳，人民就努力战斗；你表扬《诗》《书》，人民就大搞学问。人民追求利益，就像水往低处流一样，没有固定方向，四面八方都可以。人民只要得利就会去做，就看上面怎么引导。如果你让无功者可以得到利益，那么，人民就会离开农战的岗位，转而去学高谈阔论，巴结权势者，或者逞强好勇以吸引上头注意。那样的话，从事农战的人就会一天天减少，靠游说吃饭的人就会越来越多，结果，国家就会混乱，土地就会缩减，军队就会衰弱，君权就会下移。为什么会这样呢？就是因为放弃了法制，而任用名誉呀！

本段与上段正好一正一反，形成对比论证，给因功而赏这个法治原则以有力的说明。

本篇有些内容，具有普遍的理论意义。

例如，开篇即从自然状态直接过渡到法治主张，没有给儒家礼治主张留下任何余地，为接下来要谈的话题提供了具有普遍意义的理论前提。这是聪明的做法，也是有效的论证。

　　再例如，对农战中有功者要实行厚赏，要使赏赐足够养活二老双亲，这一点极为重要。它表明，商鞅派法家对待社会结构的态度符合中国文化传统，这一点与儒家并无本质区别，这或许也是法家之所以能在今天仍然会引起读者强烈共鸣的根本原因。同时也说明，法家反对传统是有限的，大概局限在政治领域，框定在与豪民的权力斗争和政见之争的领域内，在基本的所有制和社会组织方面，则没有根本的不同。据此，我认为，对于法家的反传统，要遵循具体情况具体分析的思路，不能一概否定。

禁使第二十四

人主之所以禁使者[1]，赏罚也。赏随功，罚随罪。故论功察罪，不可不审也。夫赏高罚下[2]，而上无必知，其道也与无道同也。

【注释】

[1] 禁使：禁止或驱使，令行禁止。 [2]"夫赏高罚下"以下三句：赏功罚罪，上面并不一定知道功罪的实际情况，那么所用的办法就如同没有办法一样。赏高罚下，即赏功罚罪，高下指功罪。

凡知道者[1]，势、数也。故先王不恃其强，而恃其势；不恃其信，而恃其数。今夫飞蓬遇飘风而行千里[2]，乘风之势也；探渊者知千仞之深[3]，县绳之数也。故托其势者，虽远必至；守其数者，虽深必得。今夫幽夜[4]，山陵之大[5]，而离娄不见[6]；清朝日颛[7]，则上别飞鸟，下察秋豪。故目之见也，托日之势也。得势之至[8]，不参官而洁，陈数而物当。今恃多官众吏[9]，官立丞、监。夫置丞立监者，且以禁人之为利也；而丞、监亦欲为利，则何以相禁？故恃丞、监而治者，仅存之治也[10]。通数者不然也。别其势[11]，难其道，故曰：其势难匿者[12]，虽跖不为非焉。故先王贵势。

飞蓬飘风、探渊悬绳、目明托日，用这三个比喻来说明势治的道理，精妙！

商鞅派法家也重视势治，而且把势治和术治结合起来，认为只有会用术的人，才可用势。

【注释】

[1]"凡知道者"二句：所谓知道统治方法，就是知道势和术。势，君主的权位、权威、权势。数，通"术"，即君主用来整治官员、推行政务的方法。　[2]蓬：蒿草。飘风：旋风。　[3]"探渊者知千仞之深"二句：探测水潭的人能知道千仞的深度，是因为使用了悬绳的办法。仞，成人伸开双臂为一寻，八尺，用于量高度时称"仞"；一说七尺。县，通"悬"。悬绳，用一端拴着石头的绳子垂到水底，看绳子浸湿的长度得以知道水潭的深度。　[4]幽夜：黑夜。幽，暗。　[5]陵：岭。　[6]离娄：传说中古代视力最好的人。　[7]"清朝日颛（tuān）"以下三句：清早阳光明亮时，向上看可以分辨出飞鸟，向下看可以观察到秋天的毫毛。颛，明。秋豪，豪即毫，秋天的毫毛，动物在秋

天换上的毫毛最细，所以用秋毫比喻最细小的东西。　[8]"得势之至"以下三句：国君最懂得势治的，不在官员之外另设同列之官，却能让在任官员保持廉洁；使用术的手段而使政事处置得当。参官，指与官员同列的人员以为监督。参，同列，并列。　[9]"今恃多官众吏"二句：如果依靠众多官吏，设立丞、监之官。丞，主官之下最大的佐官。监，监督之官。　[10]仅存之治：暂时存在的治理效果。　[11]"别其势"二句：划分他们的权限，阻塞他们谋私的渠道。　[12]"其势难匿者"二句：在难以藏匿不轨意图的客观形势下，即使是盗跖也不敢为非。跖，又称"盗跖"，传说中古代的强盗。

或曰[1]："人主执虚后以应，则物应稽验；稽验则奸得。"臣以为不然。夫吏专制决事于千里之外[2]，十二月而计书以定，事以一岁别计，而主以一听，见所疑焉，不可蔽，员不足。夫物至[3]，则目不得不见；言薄，则耳不得不闻。故物至则变[4]，言至则论。故治国之制[5]，民不得避罪，如目不能以所见遁心。今乱国不然，恃多官众吏。吏虽众[6]，同体一也。夫同体一者相不可。且夫利异而害不同者[7]，先王所以为俫也。故至治[8]，夫妻、交友不能相为弃恶盖非，而不害于亲，民人不能相为隐。上与吏也[9]，事合而利异者也。今夫驺、虞以相监[10]，不可，事合而利异者也。若使马、焉能言[11]，则驺虞无所逃其恶矣，利异也。利合而恶同者[12]，父不能以问子，君不能以问臣。吏之与吏，利合而恶同也。夫事合而利异者[13]，先王之所以为端也。民之蔽主[14]，而不害于盖。贤者不能益，不肖者不能损。故遗贤去知[15]，治之数也。

"事合而利异"，这是人力资源管理的正确做法；"事合而利同"，这是人力资源管理的错误做法。区分两者，就是术。这个观点是对古代中国术治思想的一大贡献。

【注释】

[1]"或曰"以下四句：有人说："君主保持空虚（指排除成见）和后发状态，以此应对形势，那么事情就会考察清楚，考察清楚了，奸邪之臣也就可以得到。"虚，虚心，指排除成见、保持冷静客观。后，后发，《老子》有"后其身"，又有"不敢为天下先"。稽验，考验，考察，检验。　[2]"夫吏专制决事于千里之外"以下七句：官员在千里之外全权决断政务，十二月以计书的形式把所做的事情写定。这就是说，他做的事情是按年汇报的，而君主只听取一次，即使有所怀疑，也不能确定，因为证据不足啊。专制决事，全权决断政务。计书，上计报告，古代官员年底把全年工作写定报告向国君汇报。蔽，断。员，物证的数量。　[3]"夫物至"以下四句：事物到了，眼睛不得不看见；语言说在跟前，耳朵不能听闻。薄，迫，迫近。　[4]"故物至则变"二句：所以事物到了眼前才能辨别清楚，言语到了耳畔才能听得明白。变，通"辨"，分辨。　[5]"故治国之制"以下三句：所以治理得好的国度，它的制度是，人民不得逃避罪责，就像眼睛不能让所看见的东西逃离内心一样。治国，治理得好的国家。遁，逃。　[6]"吏虽众"以下三句：官员所做的事是相同的，他们又是一体的，不

能相互监督。　[7]"且夫利异而害不同者"二句：而且，利害不同，先王才用来建立相互作保的办法啊。傝，学者认为即"保"，相互担保，也即监督。　[8]"故至治"以下四句：所以，最好的政治，夫妻、朋友不能相互放任对方做坏事或替对方掩盖罪行，这并不妨害他们之间的亲密感情，人民之间不能相互替对方隐瞒。至治，最好的政治。　[9]"上与吏也"二句：君上与官员，做的是同样的政事，但利益却不同。事合，做的事情是相合的，即同做一项事务。　[10]"今夫驺（zōu）、虞（yú）以相监"以下三句：如果让作驺、虞的相互监督，就不行，因为他们做的是同一件事而且利益相同。严校本下有阙文符号（□）十六个，据他本删。驺，古代为天子养马的官。虞，古代为天子养鸟的官。异，按文意应作"同"。　[11]"若使马、焉能言"以下三句：假如马和鸟能说话，那么驺、虞的罪行就无法逃脱了，因为只有它们与他们（马、鸟和驺、虞）的利益才是相异的。若使马、焉能言，严校本做"若使马马能焉"，据他本校改。焉，焉鸟。　[12]"利合而恶同者"以下三句：凡是利益一致而且罪恶也相同的人，父亲就不能用他来追究儿子，君主也不能用他来追究臣下。　[13]"夫事合而利异者"二句：职事相关但利益不同的，才是先王用来整治官员的人。端，正，动名词，使……正，即整治。　[14]"民之蔽主"二句：即使民众都想蒙蔽君主，君主也不会被他们的遮遮盖盖所损害。　[15]"故遗贤去知"二句：所以丢掉贤能，去除智慧，这就是治理的定数。

【点评】

这是一篇上书，标题"禁使"，出自第一句，并非本篇主题。

通篇谈论势治和术治，有重要的理论创新。

我们读《韩非子·定法》，知道公孙鞅为法而申不害用术。又读《韩非子·难势》，知道较早提出用势的是慎到。读本篇，发现商鞅派法家也讲势治和术治。文中没有提申不害和慎到的名字，也没有与申、慎完全相同的文句，是不是从申不害和慎到那里学来的，还不好确定。

前段用飞蓬致远是凭借飘风之势、探测深渊是靠悬绳之法、眼睛看见事物是借太阳之光做比喻，慎到用的则是龙蛇凭云雾而飞的比喻，从中也很难断定两者有继承关系。更令人疑惑的是，本段所讲的势治，主张少设官员。作者发现，多设官员互相监督，那负责监督的官员谁来监督？如此循环下去，就会无穷无尽，造成冗员繁多，不但低效，还会增加国家负担。在这里，似乎漏了点马脚，看起来应该是针对申不害和韩非主张多设耳目的思想而发的。据此，本篇作者很可能是秦国后期商鞅派的法家学者。本段主张势和术结合，划分官员权限，增加违法难度，提高犯罪成本，他们相信，在难以藏匿不轨意图的情势下，即使是盗跖也不会为非作歹。也就是说，他们只是利用术治和势治的方法，最终还是回归了法治。把杜绝官员犯法纳入法治的轨道。这是难能可贵的。

后段所批评的，很像是申不害、韩非的术治理论。其一，批评虚、后以应的主张。虚、后以应是《管子》和申韩的一贯主张，是从道家学来的，内容是君主不要有主观成见，待官员年终复命时再加考核。本段则通过官员上计的具体情况，说明官员在一年的工作期间，有很大自主权，年终才来复命，君主只能听到一面之词，对于行政的全过程无法全面了解。所以虚、后以应的做法是没有效果的。其二，申、韩都主张使用官员相互监督。本段则指出这样做未必有效。重要的是要区分官员之间的关系究竟是"事合而利同"还是"事合而利异"。这是对术治理论作出的一个创新性贡献。两个官员做同一件事情，他们的利益又是相同的，那么他们凭什么不串通勾结，共同谋私，反而要互相监督呢？官员结党营私，是古代王朝政治中经常见到的现象。那么，怎样才能让官员们真的相互监督呢？作者提出，只有他们既要做同一件事，互相了解，而又要利益相异，这样才可相互监督。这就把过于简单的靠增加官员数量实施相互监督的方法超越了，它解决了官员凭什么要互相监督的问题，从而使术治思想大大地向前迈进了一步。这项新的术治原则，在官员管理、反腐倡廉上，是有启发意义的，值得认真思考。

在人力资源管理中，实施相互监督是通常的做法，在官僚科层制度刚刚建立不久，就能揭示出"事合而利异"的原则，是难能可贵的。关于这个问题，本篇分析之精到、计算之精准，超过了慎到和申、韩，真可谓用尽心机，难以企及。这条发现，即使到了今天，对于各类管理学说和实践，都有十分重要的启发意义。

但是，怎样做才能使官员们处在"事合而利异"的状态呢？本篇现有文字没有见到详细说明，这大概是作者留给后人的一道思考题吧。

慎法第二十五

凡世莫不以其所以乱者治，故小治而小乱，大治而大乱，人主莫能世治其民，世无不乱之国。奚谓以其所以乱者治^[1]？夫举贤能^[2]，世之所治也，而治之所以乱。世之所谓贤者^[3]，言正也。所以为善正也^[4]，党也。听其言也，则以为能；问其党，以为然。故贵之不待其有功^[5]，诛之不待其有罪也。此其势正使污吏有资^[6]，而成其奸险，小人有资而施其巧诈。初假吏民奸诈之本^[7]，而求端悫其末，禹不能以使十人之众，庸主安能以御一国之民？彼而党与人者^[8]，不待我而有成事者也。上举一与民^[9]，民倍主位而向私交。民

慎法第二十五

凡世莫不以其所以乱者治，故小治而小乱，大治而大乱，人主莫能世治其民，世无不乱之国。奚谓以其所以乱者治[1]？夫举贤能[2]，世之所治也，而治之所以乱。世之所谓贤者[3]，言正也。所以为善正也[4]，党也。听其言也，则以为能；问其党，以为然。故贵之不待其有功[5]，诛之不待其有罪也。此其势正使污吏有资[6]，而成其奸险，小人有资而施其巧诈。初假吏民奸诈之本[7]，而求端悫其末，禹不能以使十人之众，庸主安能以御一国之民？彼而党与人者[8]，不待我而有成事者也。上举一与民[9]，民倍主位而向私交。民

《画策》篇不是主张举贤能么？本篇为什么认为举贤能是导致国家混乱的原因呢？这涉及到判断贤能的标准问题，涉及到评价背后的社会群体及群体利益的问题，涉及到治理国家是尽本分、做实事，还是结党派、逞言谈的问题。法家主张选任以政府法令为行动原则的贤能，而反对任用据守传统社会习俗，与政府法令相对抗的另一种所谓的贤能。

倍主位而向私交，则君弱而臣强。君人者不察也，非侵于诸侯，必劫于百姓。彼言说之势[10]，愚智同学之，士学于言说之人，则民释实事而诵虚词。民释实事而诵虚词，则力少而非多[11]。君人者不察也，以战必损其将，以守必卖其城。

【注释】

[1] 奚谓以其所以乱者治：什么叫做用导致混乱的办法来实施治理？奚，何。　[2] "夫举贤能"以下三句：推举贤而有能力的人，这就是世上用来治理的办法，也恰恰就是治理混乱的原因啊！世之所治，当为"世之所以治"。　[3] "世之所谓贤者"二句：世上所谓的贤，就是善良正直。言，据下句，应为"善"，善良，形近而误。正，正直。　[4] "所以为善正也"二句：认为（某某）善良正直，原来是出于党与或偏私。为，以为，认为。　[5] "故贵之不待其有功"二句：所以，不等到立功就让他富贵，不等到有罪就让他受罚。这与前句讲的善良正直皆由党羽吹捧有关。诛，罚。　[6] "此其势正使污吏有资"以下三句：这种势头直接就会使贪官污吏有了形成奸险的条件，使小人有了施展巧诈的条件。资，凭借，条件。　[7] "初假吏民奸诈之本"以下四句：一开始就给官民打下了奸诈的基础，然后想要获得正直诚实的结果，如此，即使是大禹也不能驱使十人，普通君主怎能用来驾驭一国的人民呢？假，授予，给予。端，正，正直。悫，诚实。庸，中庸，平常。御，驾驭，治理。　[8] "彼而党与人者"二句：那些能与他人结党的人，都是些不依靠君主自己就能办成事的人。而，能。党与，这里用作动词，与人结成团伙、相互声援、帮助。我，这

里指君主。　[9]"上举一与民"二句：君主提拔一个党与之民，民众就会背叛君主权威，而倾向私交。与民，党与之民、结成党与的民。倍，通"背"，意即背叛、背离。主位，君权。向，倾向。私交，结成党与。　[10]"彼言说之势"以下四句：言说的技艺，不论是愚昧的、还是聪慧的，都来学习。士人也向言说之人来学习，那么人民就会放弃实际的事情不做，而专门传诵虚浮的言辞了。势（勢），学者认为乃"艺（藝）"字形近而讹，技艺。释，放弃。诵，传诵，到处说。　[11]非：诽，诽谤不实之言。

　　故有明主忠臣产于今世而散领其国者[1]，不可以须臾忘于法。破胜党任[2]，节去言谈，任法而治矣。使吏非法无以守，则虽巧不得为奸[3]。使民非战无以效其能[4]，则虽险不得为诈[5]。夫以法相治[6]，以数相举者，不能相益；訾言者不能相损。民见相誉无益[7]，相管附恶；见訾言无损，习相憎不相害也。夫爱人者不阿，憎人者不害，爱恶各以其正，治之至也。臣故曰：法任而国治矣。

【注释】

　[1]"故有明主忠臣产于今世而散领其国者"二句：所以，当今有英明的君主、忠诚的臣子出现并要治理国家，那就一刻也不能忘记了法度。散，一说"欲"也。领，治。　[2]"破胜党任"

破除"党与言谈"，唯有法治！为什么？因为依法举贤，才会有客观标准，个人私见、集团利益就无从起作用，也不会有人从中获利或受损，"党与"和"言谈"自然就消除了。

以下三句：破除党与奸佞，清除言谈，依靠法律，国家就治理了。任，佞，奸邪。节，断也，裁也。任法，依靠法度。　[3]巧：机智。　[4]效：致，尽。　[5]险：难测。　[6]"夫以法相治"以下四句：利用法来治理民众，使用术来推举官吏，（即使相互吹捧）也不能为对方带来好处，即使相互毁谤，也不能给对方带来损害。数，通"术"。举，推举官吏。益，增加好处。訾，诽谤。　[7]"民见相誉无益"以下四句：人民看见相互赞誉并无好处，便会自觉管控随附恶人的行为；见到诽谤之言对人并未造成损害，那么即使平素相互憎恶，也就不再相互陷害了。相管，相互管控。附恶，随附恶人。习，平素。

作者认为，战国时代，对于国家来说，最重要的是实力，而不是言谈。要增强实力，靠的是粮食多，军力强。可耕田和战斗却是最苦的差使，孝子都不愿意为了父亲而主动去做，忠臣也不愿意为了君主而主动去做。国家凭什么驱使人民去做？凭仁爱？凭言谈？凭帮派？显然都不行，只能靠法，靠刑赏。

千乘能以守者[1]，自存也；万乘能以战者，自完也；虽桀为主，不肯诎半辞以下其敌。外不能战[2]，内不能守，虽尧为主，不能以不臣谐所谓不若之国。自此观之[3]，国之所以重，主之所以尊者，力也。于此二者力本，而世主莫能致力者，何也？使民之所苦者无耕[4]，危者无战，二者，孝子难以为其亲，忠臣难以为其君。今欲驱其众民[5]，与之孝子忠臣之所难，臣以为非劫以刑而驱以赏莫可。而今夫世俗治者，莫不释法度而任辩慧，后功力而进仁义，民故不务耕战。彼民不归其力于耕，即食屈于内[6]；不归其节于战[7]，则兵弱于外。入而食屈于内，出而兵弱于

外，虽有地万里、带甲百万，与独立平原一贯
也[8]。且先王能令其民蹈白刃，被矢石[9]。其民
之欲为之？非。如学之[10]，所以避害。故吾教
令：民之欲利者，非耕不得；避害者，非战不免。
境内之民莫不先务耕战，而后得其所乐。故地
少粟多，民少兵强。能行二者于境内，则霸王
之道毕矣。

霸道和王道并行，是商鞅派法家的一贯主张。

【注释】

[1]"千乘能以守者"以下六句：千辆战车的国家之所以能够守卫，是因为有自我保存的能力；万辆战车的国家之所以能够发动战争，是因为有加强自我的条件。即使桀为君主，也不肯说半句软化，屈服于敌人。完，坚固。诎，屈，屈服。　[2]"外不能战"以下四句：对外不能发动战争，对内不能自我守卫，即使尧为君主，也不能以平等身份与自己比不上的国家和谐相处。不臣，不臣服、平等。谐，和谐相处。不若，不如。　[3]"自此观之"以下四句：由此看来，国家之所以被人看重，君主之所以受人尊敬，是因为有实力作为根本。　[4]"使民之所苦者无耕"二句：使人民感到苦的莫如耕田；使民感到危险的莫如战争。无，即"无若"，莫如，唯有。　[5]"今欲驱其众民"以下三句：如想驱使民众，把孝子、忠臣都难以为父亲和君主做的事情（指农战）交给他们，臣认为，非用刑罚来胁迫，用赏赐来驱使是不行的。劫，胁迫。　[6]屈：竭，短缺。　[7]节：气节。　[8]独立平原：一个人孤零零地站在平地上。一贯：一事，一类，一例，一样。　[9]蹈

白刃，被矢石：脚踏刀刃，身遭箭石。 [10]"如学之"二句：因为他们能学习法令，所以才可躲避刑罚啊。如，能。之，指下文"吾教令"，即法。

【点评】

这也是一篇上书，学者认为系商鞅所作。标题《慎法》，与内容相关，上书者建议君主要慎重对待选任贤才，不能为了选贤而纵容了朋党和空谈。进而建议实行法治。认为法治可提供客观标准，平息选贤中出现的纷争；更重要的是，法治可驱使人民从事艰难的农战事业，使国家强大，这样才能立于不败之地。

从古今中外政治历史来看，实和虚、实事和虚言的确可以看作两种治国理念。对于君主集权制国家来说，制度健全，法治分明，要的是每个个体实实在在地尽本分做实事，最怕的就是拉帮结派、议论言说，尤其是关于是非善恶的话题，说多了，必然就会对帮派、朋党起到推波助澜的作用，不但会降低各项工作的效率，更危险的，是会造成政治风潮和社会动荡，最终威胁到国家体制和权力结构。本篇作者所担心的恰恰就是这个问题。

前段从任用贤能谈起，认为这是导致政治混乱的做法。指出，国君任用贤能，就会导致关于贤与不肖、善与恶的辩论。辩论的结果，必然形成朋党。有了朋党，是非、善恶、贤不肖就失去了客观标准，而只有帮派的标准。你选出来的所谓"贤者"，其实是某个朋党通过他们的强大的言论系统起哄造势推举出来的。你选出一个朋党的人，人民就会背叛你而更加趋向朋党。所以，作者提醒君主，千万不要再相信言谈，不要再从朋党中选出所谓的"贤者"啦！

怎样处理好国家治理和党与言谈的关系呢？作者在中段文字中指出，只有法治。法是标准，是客观的标准，如果都能遵守法度，就会免去各种观点、各种利益、各种势力的纷争，这比起申韩用术来，应该是更根本的办法。由此可以看出，这个观点是商鞅派法家的根本观点。韩非认为，因为执法官员的寻租和腐败，单纯的法治是不足用的，所以才会引进术治，这当然有他的道理。可是，如果术治违背了法治的精神，那也会走向反面。从这个意义上说，商鞅派法家坚持用法来解决党与、言谈、奸佞的问题，方向是对的。至于具体问题，还可继续探究。

末段，则转到立国最根本的问题上，那就是实力。

作者认为，国家若不能自存，不能自强，管你君主是尧舜还是桀纣，都无法做想做的事情，不得不为形势所迫，做屈辱的事情。因此必须明确，对于国家来说，最重要的是力量，是实力。可是实力从哪里来？只能从两个最艰苦的事情上来，一个是农耕，一个是战斗。这两件事，孝子都不愿意为了父亲而主动去做，忠臣都不愿意为了君主而主动去做，你要想让百姓去做，请问：凭什么？除了刑赏，没有别的办法！这个道理，硬邦邦的，讲得头头是道，没有一点纰漏。接下来再看现实是怎样的。现实是统治者放弃法度，而任用能言善辩的、聪颖绝顶的人，把仁义放在实力的前面。这样做的结果是什么？结果就是粮食不足，军队衰弱。这样，尽管有万里疆域，百万军队，君主还是会像一个人站在平原上那样，感到孤零零的。

于是结论只有一条，那就是实行法治，用刑赏的手段，驱动民众投身农战事业，使国家增强实力，变得强大，舍此别无他途。

最后这部分揭示了一个具有普遍意义的问题，那就是国家怎样处理实力建设和文化发展的关系问题。文中提出的许多见解，对当今诸多领域的管理工作者和研究者具有重要的启发意义，值得阅读，更值得反思。

定分第二十六

　　公问于公孙鞅曰[1]："法令以当时立之者，明旦欲使天下之吏民皆明知而用之，如一而无私[2]，奈何？"

【注释】
[1]公：指秦孝公。　[2]如一：保持一致。

　　公孙鞅曰[1]：为法令，置官吏，朴足以知法令之谓者，以为天下正，则奏天子。天子则各主法令之[2]，皆降受命，发官。各主法令之民[3]，敢忘行主法令之所谓之名，各以其所忘之法令名罪之。主法令之吏有迁徙物故[4]，辄使学读法令所谓[5]，为之程式[6]，使日数而知法令之所谓；不中程，为法令以罪之。有敢剟定法令、损益一字以上[7]，罪死不赦。诸官吏及民有问法令之所谓也于主法令之吏[8]，皆各以其故所欲问之法令明告之。各为尺六寸之符[9]，明书年、月、日、时、所问法令之名，以告吏民。主法令之吏不告[10]，及之罪，而法令之所谓也，皆以吏民之所问法令之罪，各罪主法令之吏。即以左券予吏之问法令者[11]，主法令之吏谨藏其右券木柙，以室藏之，封以法令之长印。即后有物故[12]，以券书从事。

主管法令的官员必须严格遵守法令，不能篡改增删，违者判处死刑。其他官员和普通百姓，来问法令内容及含义，必须给予明确答复。如因所告不确而导致其他官员和民众犯法，则主管法令的官员须接受该条法律之处罚。可见，这已经不再是贵族的国家了。即使现代，这个思想仍然是有意义的。

【注释】

[1] "公孙鞅曰"以下六句：公孙鞅说："创制法令，就需要设置官吏，找到懂得法令含义，可以担任国家官员的人，上奏给天子。"朴，学者认为系"拊"字，同音通假，义"求"。谓，说，意味着，此处指所说的内容。天下，秦人称本国为"天下"。正，官长。天子，秦人称本国君主为"天子"，按理应该是在秦公称王之后。　[2] "天子则各主法令之"以下三句：天子则分别命他们主管法令，他们都走下台阶，接受任命，出发赴任。天子则各主法令之，学者认为应为"天子则各令之主法令"。降，回到台阶下。发，遣送，赶赴。　[3] "各主法令之民"以下三句：各位主持法令的官吏，如有敢于忘记实行所主持法令的条款的，就按

所忘记之条款治罪。民，疑为"吏"字之讹，下句即有"主法令之吏"，可以为证。　[4] 徙：严校本做"徒"，据他本校改。物故：去世。　[5] 辄使学读法令所谓：便让学习法令之人宣读法令的内容。学，学者疑下当有"者"字。学者，指平日学习法令的人。　[6]"为之程式"二句：给他定出日程，让他以日为单位，规定时间内了解法令的内容。程式，日程。日数，以日为数，即按日计算。　[7]"有敢剟（duō）定法令、损益一字以上"二句：有敢删改法令，增损一字的，判处死罪，不予赦免。剟，删削。定，订，改动。　[8]"诸官吏及民有问法令之所谓也于主法令之吏"二句：官吏和人民有向主管法令官吏询问法令内容即含义的，都各以他们所问的法令明确告诉他们。　[9]"各为尺六寸之符"以下三句：还要准备一尺六寸的木板（或竹板），明确写上年月日时，及所问法令的名称，把这些告诉官吏和民众。　[10]"主法令之吏不告"以下五句：主管法令的官吏如果不告诉来访的官吏和民众，等到官吏及民众犯了罪，而所犯的正是所问的这条法令所指的罪行，那就以这条法令，处罚主管法令的官员。之罪，陷于罪，犯罪。之，至，罹。而，乃。　[11]"即以左券予吏之问法令者"以下四句：然后把左半边木板（符）交给询问法令的官吏和民众，主管法令的官员则小心地把右半边木板收藏在木盒中，放在专门放置木板的房间（档案室）里，钤好法令之长的印章。即以左券予吏之问法令者，"吏"后当有"民"字，与上文一致。木柙，严校本误作"木押"，据他本校改。　[12]"即后有物故"二句：即使以后主管法令的官员死去，也以木板（符）上的内容办理。

法令皆副[1]，置一副天子之殿中。为法令为禁室[2]，有铤钥，为禁而以封之，内藏法令一副法律副本藏在天子殿中的禁室之内，采取严格管理办法，每年按副本抄写法令颁发授予官员，显示了法律的权威性和严肃性。

禁室中，封以禁印。有擅发禁室印[3]，及入禁室视禁法令，及禁剟一字以上，罪皆死不赦。一岁受法令以禁令[4]。

【注释】

[1]"法令皆副"二句：法令都制作副本，一份副本放置在天子的殿中。　[2]"为法令为禁室"以下五句：为法令设置禁室，有锁钥，做好禁室标志用来封门。一副法令藏纳在禁室中，加盖禁室之印章。"为禁室"的"为"，意即设置、建立。铤钥，即锁钥。铤，键。内藏，纳藏。禁印，禁室之印章。　[3]"有擅发禁室印"以下四句：有擅自启封禁室之印，进入禁室查看禁藏的法令，及在禁室内删改法令一字以上的，判处死刑，不予赦免。擅，擅自。禁剟，在禁室之内删除禁藏的法令。禁，指在禁室内。　[4]一岁受法令以禁令：每年把按禁藏的法令副本抄写的法令授予官员。受，通"授"。禁令，藏于禁室的法令副本。

天子置三法官，殿中置一法官，御史置一法官及吏，丞相置一法官。诸侯、郡、县皆各为置一法官及吏，皆此秦一法官[1]。郡、县、诸侯一受宝来之法令[2]，学问并所谓。吏民知法令者[3]，皆问法官。故天下之吏民无不知法者。吏明知民知法令也[4]，故吏不敢以非法遇民，民不敢犯法以干法官也。遇民不修法[5]，则问法官，法官即以法之罪告之，民即以法官之言正告之吏。吏知其如此，故吏不敢以非法遇民，民又不敢犯法。如此，天下之吏民虽有贤良辩慧，不能开一言以枉法；虽有千金[6]，不能以用一铢。故知诈贤能者皆作而为善[7]，皆务自治奉公。民愚则易治也[8]，此所生于法明白易知而必行。

法令公开，且有专门的法官为民众提供法律咨询。如有官吏以非法对待民众，民众可咨询法官，并以官吏所犯罪名警告官吏。

实行法治的结果是人人奉公，人人行善。这里的"善"尽管不是亲亲而爱私的仁和礼，而是政府认可的行为，但至少说明，商鞅派法家也有自己的价值理想，也是以善作为价值目标的。

【注释】

[1] 皆此秦一法官：学者认为应作"此皆奉一法官"，"皆此"乃"此皆"的误倒；"秦"乃"奉"字形近而误，谓此句所言之法官及吏都听从一个法官统领。　[2]"郡、县、诸侯一受宝来之法令"二句：郡县诸侯一接到朝廷下发的法令，就学习法令的条文。宝（寶），学者认为乃"赍（齎）"字形近而误，意即送达。并，学者认为乃"其"字。　[3] 知法令：按文意，前应有"欲"字。　[4]"吏明知民知法令也"以下三句：官吏明白知道百姓知道法令，所以，不敢用非法的行为对待百姓，百姓也不敢犯法给法官捣乱。遇，对待。干，扞、犯，干扰、捣乱。　[5]"遇民不修法"以下四句：官吏不按法令对待百姓，百姓就可询问法官，法官就把官吏所犯法律规定的罪名告诉百姓，百姓就可把法官的话严正地告诉官吏。遇民，对待民众，指官吏对待民众。修，循，遵守。　[6]"虽有千金"二句：尽管拥有千金，但也不能动一铢行贿。秦制，一金（一镒）二十两，一两等于二十四铢。　[7] 故知诈贤能者皆作而为善：所以不论是巧诈的、还是贤能的，都行动起来做好事。知，智。善，好事，指下文所说的"奉公"。　[8]"民愚则易治也"二句：人民愚戆就容易治理，这正是源于法的明白

易懂而又一定执行啊！生，发生，起源。

法令者，民之命也，为治之本也，所以备民也 [1]。为治而去法令 [2]，犹欲无饥而去食也，欲无寒而去衣也，欲东而西行也，其不几亦明矣。一兔走 [3]，百人逐之，非以兔为可分以为百，由名分之未定也。夫卖者满市 [4]，而盗不敢取，由名分已定也。故名分未定 [5]，尧、舜、禹、汤且皆如骛焉而逐之；名分已定，贪盗不取 [6]。今法令不明，其名不定，天下之人得议之。其议，人异而无定。人主为法于上，下民议之于下，是法令不定，以下为上也 [7]。此所谓名分之不定也。夫名分不定 [8]，尧、舜犹将皆折而奸之，而况众人乎？此令奸恶大起、人主夺威势、亡国灭社稷之道也 [9]。今先圣人为书而传之后世，必师受之 [10]，乃知所谓之名；不师受之，而人以其心意议之，至死不能知其名与其意。故圣人必为法令置官也，置吏也，为天下师，所以定名分也。名分定 [11]，则大诈贞信，民皆愿悫，而各自治也。故夫名分定，势治之道也；名分不定，势乱之道

街上乱跑的兔子谁抓到就是谁的；市场摊位上的兔子非用钱不能取得。这是古代中国关于"名分"（所有权）未定还是已定的经典比喻，《慎子》《韩非子》等都使用过。

设置官吏作为天下的老师，以传授法令知识，让天下人相信名分之道，避免违法乱纪，根除巨奸大恶。这是秦国重视法令宣传和教育的重要举措。

也。故势治者不可乱，势乱者不可治。夫势乱而治之^[12]，愈乱；势治而治之，则治。故圣王治治不治乱。

【注释】

[1] 备民：使民生得以保全。据上下文，政府立法置吏，实施法律咨询和教育，目的是为了让百姓避免受到恶官污吏的欺瞒，避免陷入法网，这就是保全民生之意。备，全，保全。　[2]"为治而去法令"以下五句：严校本无"而"字，据他本校改。不几，指不符合愿望。几（幾），冀，希望。　[3]"一兔走"以下四句：一只兔子在跑，一百人在追，并不是因为这只兔子可以分成一百份被百人分，而是由于它的所有权还没有确定。走，跑。非以兔为可分以为百，由名分之未定也，严校本"非以兔也"，据他本校改。　[4]"夫卖者满市"以下三句：市场上到处是卖兔子的，即使是盗贼也不敢去拿，那是因为所有权已经确定。　[5]"故名分未定"二句：所以名分没有确定时，尧、舜、禹、汤这样的圣人都会像纵横奔驰的马一样去追逐它。骛，（马）乱驰。　[6]贪：严校本作"贫"。　[7]以下为上：把下面的意见当成君上的意见。　[8]"夫名分不定"二句：名分不确定的话，尧、舜那样的圣人都会卑鄙地据为己有。折，折节，不讲尊严，引申为卑鄙。奸，私，指据为己有。　[9]此令奸恶大起、人主夺威势、亡国灭社稷之道也：这是让奸人、恶人都起来，君主的权势被抢夺，国家社稷被灭亡之道啊！夺，被夺。社稷，土神谷神，代表国家。　[10]必师受之：一定是由老师来教授。受，通"授"。　[11]"名分定"以下四句：名分确定了，那么，大奸就变得正直而诚信，大盗也变得谨慎而诚恳，各个都自我约束了。

贞，正。信，诚信。民皆，据他本应为"臣盗"。愿，谨慎。悫，诚恳，诚实。　[12]"夫势乱而治之"二句：大势乱了才实施治理，就会愈来愈乱。本句及上句两个"势乱"，严校本作"世乱"，据他本校改。

夫微妙意志之言[1]，上知之所难也。夫不待法令绳墨而无不正者，千万之一也，故圣人以千万治天下。故夫知者而后能知之[2]，不可以为法，民不尽知；贤者而后知之，不可以为法，民不尽贤。故圣人为法[3]，必使之明白易知，名正，愚知遍能知之；为置法官，置主法之吏，以为天下师，令万民无陷于险危。故圣人立天下而无刑死者[4]，非不刑杀也，行法令，明白易知，为置法官吏为之师，以道之知，万民皆知所避就，避祸就福，而皆以自治也。故明主因治而终治之[5]，故天下大治也。

【注释】

[1]"夫微妙意志之言"以下四句：精微玄妙、志向高远的言论，上等智慧的人都难以理解啊。不用法令和规矩就可无往而不正确的，只能是千千万万人中才出一个的人物啊。　[2]"故夫知者而后能知之"以下三句：等到成为智者才能知道的，不可以作为榜样，因为人民不可能全都成为智者。知，通"智"。　[3]"故

商鞅派法家承认有无须法律约束的圣人存在，但那只是千千万万人才出现一个的非常人物。治理国家不能以这样的人为准，而应以千千万万的普通人为准。这是法家思想不同于儒家思想的根本所在。

商鞅派法家声称：法令是为普通人而设，是为保全民生而设的，所以必须明白易知，这就需要懂得法律的官吏担任老师，做好普及、宣传、教育工作，让人民知道避就，最终达到自治的目标。

法令要明白易知，要概念明确，而且要设置法官、法吏，做好宣传、普及、教育工作，目的是让民众知所避就，免得因不懂法律而陷入法网。

圣人为法"以下四句：圣人制定法律，必定要使法律明白易懂，（法律规定的）名分确定，不论智慧的还是愚笨的都能理解。名正，名分确定。愚知，愚蠢的、智慧的。知，智。　[4]"故圣人立天下而无刑死者"以下九句：所以圣人治理天下而没有以法杀人的。不是不判死刑，而是推行法令，（让法令）明白易懂，（而且）设置法律方面的官吏做人民的老师，教导人民懂得法律。（这样）人民都知道怎样使用法律，怎样避免犯法。（人民能够）避免罹祸，享受福祉，都因此而自治啊！立，通"莅"，治理。道，通"导"。　[5]"故明主因治而终治之"二句：所以英明的君主在人民自治的基础上才会最终实现自己的统治，如此才会有天下大治。前一个"治"，指上文的"自治"；第二个"治"，指君主的统治。

【点评】

"定分"是从权利的意义上对法的另一种表达，文内有此内容，但不止于此。

开篇，秦孝公的提问非常重要，揭示了法治的本质特征：一是当时立法；二是尽快公布；三是公平无私。"当时立法"是战国时期各国君主在加强中央集权过程中获得的最大权力。国君可以根据形势发展，创制新法，废除旧法，这样，就摆脱了传统习惯势力的束缚，确立了君主的最高统治权。"尽快公布"是提高行政效率，推行法治的重要措施。"公平无私"是新法的根本属性，它要求境内之人，不论贵贱，一律遵守。这三条，严重打击了传统的贵族及其代表的血缘势力，打击了以礼为代表的旧的社会制度和伦理，为新的地域性国家，为齐民型社会的建立，做出了重要贡献。使秦国成为具有某种现代性因素的新型国家。

接下来的话是托名商鞅说的，是否确实，不好判定。但说这是商鞅派法家的主张，当不为过。

按照变法者的设想，有了法令，就要选用主管法令的官员，本段文字都是对主管法令的官员的要求。首先要求他们要牢记所掌管的法令的条文，不许忘记，忘记了，就以该法令治罪。其次，主管法令的官员调动或去世，继任者要按时尽快履行职责，违者治罪。其三，擅自删削更改法令的，一字以上，就判死刑，不得赦免。然后就是关于其他官员和百姓来询问法令内容即含义的，主管法令的官员应该如何做。这是制度化的。原则上，主管法令的官员必须对询问内容给予明确答复。如果不明确告知，前来询问的官员及百姓犯了罪，而且正好犯的就是所询问的那条法律规定的罪行，那就用这条法律处罚主管法令的官员。询问法令并非仅仅是口头上的，如果是那样，很可能形同虚设，无法落实了。询问法令有正规的制度规定。官府备好一尺六寸长的符（或木制或竹制），左右两半，一式两份，内容相同，上面有年月日时、所问法令的名称，左券交给来访的官吏和百姓，右券则由主管法令的官员装在木柙里，放在专门的档案室，用法令长官的印章封好。即使主管法令的官员不在了，也要照符上的内容办理。

这部分文字，包含内容较多。

首先，民本精神。这样的国家是什么国家？可以肯定，它已经不再是贵族的国家了。贵族时代，没有身份的普通人想要到官府里了解法令的内容，校准法令的含义，是不可想象的。现在，普通人可以到官府里询问法律的内容和含义，而且与主管官员写下符书，一式两份，双方各执一份，以便核验对质。作为普通百姓，大概会有一种扬眉吐气的感觉吧。当然，你可以说，这是君主专制的国家。可是君主专制的结果，却是普通百姓能够在官府里得到这样的对待，难道不是一种进步么？毋庸讳言，即使在战国法治化的国家里，在实际生活中，民的上层也会得到比下层好些的结果，因为他们有文化，会有更多机会享受到制度带来的福利。不过，法家文献中反复强调政府官员负有明确告知的责任，下文还有以吏为师、普及法律知识的具体要求，这些，多多少少会为下层民众带来些许便利，这是值得肯定的。

其次，信用精神。法律不得随意更改，要有信用。有人询问法律，必须回答，要有信用。询问内容记录在案，而且一式两份，双方各执一份，以便核验，更要讲信用。官员把右券小心翼翼地放在木柙中，藏在档案室，而且用官长印章封好，这更是重视信用的表现。

以上两条，足以让读者感受到，两千年前的商鞅派法家思想，即使放到今天，也不过时，也许还是需要努力才能做到，才能坚持下去的。由此可见，说法家思想和秦制有某种类似现代性的东西在其中，并非无稽之谈。

在接下来，是法令抄写和颁布授予情况的记录。这既是法律工作，又是档案工作。从中可以看出，法律副本藏在天子殿里的禁室之中，管理极为严格，充分表现了法律的严肃性和权威性。

紧接着的文字也有重要意义。

　　天子设置三大法官，在殿中，即自己的身边设置一个法官；御史那里设置一个法官及相应的官吏；丞相那里也设置一个法官和相应的官吏。诸侯和郡县也都设置法官和相应的官吏，这些人都听命于朝中的一个法官。这说明，秦的法官队伍是成系统的。基层的法官接到朝廷下发的法令，就组织学习。不论官吏还是百姓，想要了解法令，就向法官请教。这样，天下所有的官吏和人民没有不知道法令的。这种情况好处极大。首先，官吏清楚地知道，百姓是知道法令的，所以，就不敢不按法令来对待百姓。其次，百姓知道法令，一般情况下就不会犯法。最令人振奋的是，如果有官员胆敢不按法令对待人民，人民可以咨询法官，法官就会告诉人民这种情况法令规定是什么罪过。于是人民就用法官的话正告非法对待他们的官员。这样，官员当然就不敢不按法令来对待百姓了。本篇作者认为，有了法令，即使是天下贤良的、善辩的、聪慧的，也不能用言语来枉法；钱财再多，也不会动用来行贿；机巧的也罢，善良的也罢，人人都会好好表现，自我约束，奉公守法。所有这些都源于法令明白易懂而且一定执行啊！

　　此篇有"天子""丞相"字样，显然不是秦孝公、商鞅时代的文字，应该是秦君称王之后的，但内容所说的制度哪怕是设想，则只能出在秦，应该是秦制的一种理想的表达。历史上是否真的实行过，需要进一步考察。但作为精神成果，至少可以表现秦国商鞅派法家的政治理想，在思想史上是极有价值的，它从另一个方向上标志着人类精神觉醒或人类自我解放的某一个高度。

　　在接下来，文字回归主题，与标题一致。先说法令是根本，是民生的保障。接着就讲到名分问题，引用了著名的街兔市兔的比喻。这个比喻是古代中国的一个重要贡献，主要是法家的一个重要贡献。一只兔子在街上乱跑，一群人在追；市场上有很多卖兔子的，不掏钱就不能拿。道理很简单。前者是名分（所有权）未定，人人都有机会成为它的所有者；后者名分（所有权）已定，不付出代价进行交易就不能得到。这个比喻说明名分的重要性。法就是名分的标志。法令不明确，就像名分不确定一样，人人争之。名分不定，再好的人也可能不择手段，阴险邪恶什么事都可能做。巨奸大恶往往是因为名分不定而兴起的。多少亡国家灭社稷的惨剧都是名分不定造成的。所以，名分一定要确定。

　　名分确定了，没有老师传授还是不行，所以还要有老师传授名分之道。正因为如此，国家除了要制定明白易知的法令，还要设立官员，作为天下人的老师，来传授名分之道。人民了解了名分之道，就会形成安定的大势，避免出现动乱的大势。安定的大势一旦形成，就不会出现动乱；混乱的大势一旦形成，想治理都来不及了，只能是越治越乱。

　　这段论述有极为重要的理论意义。治乱大势的根本在于名分。名分就是所有权。所有权属于权利范畴，在西方是法律问题，更是是非问题；在中国也是法律问题，但却更是利益分配问题。利益分配公平了，利益关系均衡了，社会就稳定了，让所有权观念深入人心，是培植社会安定大势的根本办法。本篇的这个见解，意义极为深远，值得反思。

最后是结论，中心思想是，法律不是为极少数精英和圣人设立的，而是为广大人民设立的，是为保全民生而设立的。要想实施法令，一个重要的前提条件就是要让它明白易知。所以，在法令制定后，要设置专职官员，作为老师，负责做好向群众宣传和讲解的工作，让普通民众知道如何避免犯法，如何争取权利，从而达到自治的目标。如果不带意识形态偏见，就该承认，这种认识是有一定的善意在其中的，它的某些积极因素，可以穿越不同的历史阶段，显示出强大而持久的生命力。

主要参考文献

商君书 （清）严可均校 《诸子集成》第 5 册 上海书店 1986 年

商子校本 （清）孙诒让著 《孙诒让全集》本 中华书局 2014 年

商君书解诂定本 朱师辙著 古籍出版社 1956 年

商君书集解 王心湛撰 广益书局 1936 年

商君书校释 陈启天著 文听阁图书有限公司 2010 年

商君书锥指 蒋礼鸿撰 中华书局 1986 年

商君书注译 高亨注译 中华书局 1974 年

商鞅及其学派 郑良树著 台北学生书局 1987 年

商君书校注 张觉校注 岳麓书社 2006 年

商君书导读 张觉等著 中国国际广播出版社 2009 年

商君书校疏 张觉撰 知识产权出版社 2012 年

商鞅评传——为秦开帝业的改革家 李存山著 广西教育出版社

1997 年

诸子平议　（清）俞樾著　中华书局 1954 年

先秦诸子系年　钱穆著　中华书局 1985 年

慎子　《诸子集成》第 5 册　上海书店 1986 年

申子　《群书治要》卷三十六　中国书店 2012 年

管子校注　黎翔凤撰　中华书局 2004 年

荀子集解　（清）王先谦撰　《诸子集成》第 2 册　上海书店 1986 年

韩非子集释　陈奇猷著　上海人民出版社 1974 年

韩非子新校注　陈奇猷校注　上海古籍出版社 2000 年

韩非子校注　张觉校注　岳麓书社 2006 年

史记　（汉）司马迁撰　中华书局 1959 年

史记会注考证　［日］泷川资言撰　新世界出版社 2009 年影印

盐铁论校注　王利器校注　中华书局 1992 年

战国策　（汉）刘向集录　上海古籍出版社 1985 年

汉魏丛书　（明）程荣纂辑　吉林大学出版社 1992 年

《中华传统文化百部经典》已出版图书

书　　名	解读人	出版时间
周易	余敦康	2017 年 9 月
尚书	钱宗武	2017 年 9 月
诗经（节选）	李　山	2017 年 9 月
论语	钱　逊	2017 年 9 月
孟子	梁　涛	2017 年 9 月
老子	王中江	2017 年 9 月
庄子	陈鼓应	2017 年 9 月
管子（节选）	孙中原	2017 年 9 月
孙子兵法	黄朴民	2017 年 9 月
史记（节选）	张大可	2017 年 9 月
传习录	吴　震	2018 年 11 月
墨子（节选）	姜宝昌	2018 年 12 月
韩非子（节选）	张　觉	2018 年 12 月
左传（节选）	郭　丹	2018 年 12 月
吕氏春秋（节选）	张双棣	2018 年 12 月
荀子（节选）	廖名春	2019 年 6 月
楚辞	赵逵夫	2019 年 6 月
论衡（节选）	邵毅平	2019 年 6 月
史通（节选）	王嘉川	2019 年 6 月
贞观政要	谢保成	2019 年 6 月
战国策（节选）	何　晋	2019 年 12 月
黄帝内经（节选）	柳长华	2019 年 12 月
春秋繁露（节选）	周桂钿	2019 年 12 月
九章算术	郭书春	2019 年 12 月
齐民要术（节选）	惠富平	2019 年 12 月
杜甫集（节选）	张忠纲	2019 年 12 月
韩愈集（节选）	孙昌武	2019 年 12 月
王安石集（节选）	刘成国	2019 年 12 月
西厢记	张燕瑾	2019 年 12 月

书　　名	解读人	出版时间
聊斋志异（节选）	马瑞芳	2019 年 12 月
礼记（节选）	郭齐勇	2020 年 12 月
国语（节选）	沈长云	2020 年 12 月
抱朴子（节选）	张松辉	2020 年 12 月
陶渊明集	袁行霈	2020 年 12 月
坛经	洪修平	2020 年 12 月
李白集（节选）	郁贤皓	2020 年 12 月
柳宗元集（节选）	尹占华	2020 年 12 月
辛弃疾集（节选）	王兆鹏	2020 年 12 月
本草纲目（节选）	张瑞贤	2020 年 12 月
曲律	叶长海	2020 年 12 月
孝经	汪受宽	2021 年 6 月
淮南子（节选）	陈　静	2021 年 6 月
太平经（节选）	罗　炽	2021 年 6 月
曹操集	刘运好	2021 年 6 月
世说新语（节选）	王能宪	2021 年 6 月
欧阳修集（节选）	洪本健	2021 年 6 月
梦溪笔谈（节选）	张富祥	2021 年 6 月
牡丹亭	周育德	2021 年 6 月
日知录（节选）	黄　珅	2021 年 6 月
儒林外史（节选）	李汉秋	2021 年 6 月
商君书	蒋重跃	2022 年 6 月
新书	方向东	2022 年 6 月
伤寒论	刘力红	2022 年 6 月
水经注（节选）	李晓杰	2022 年 6 月
王维集（节选）	陈铁民	2022 年 6 月
元好问集（节选）	狄宝心	2022 年 6 月
赵氏孤儿	董上德	2022 年 6 月
王祯农书（节选）	孙显斌	2022 年 6 月
三国演义（节选）	关四平	2022 年 6 月
文史通义（节选）	陈其泰	2022 年 6 月